百名山以外の名山50

【新装版】

深田久弥

河出書房新社

百名山以外の名山50〈新装版〉◎目次

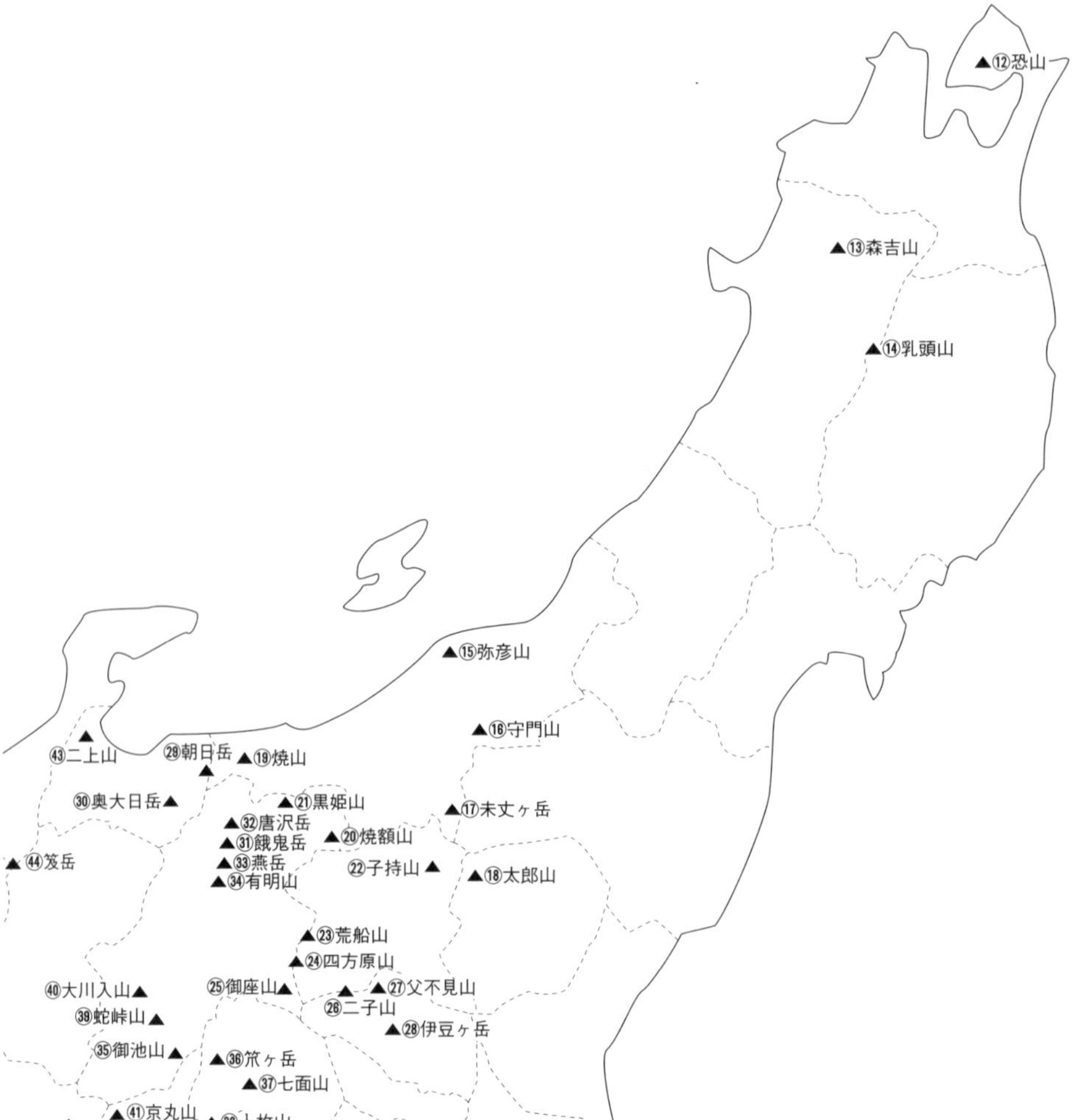
⑫恐山
⑬森吉山
⑭乳頭山
⑮弥彦山
⑯守門山
⑲焼山
㉙朝日岳
㊸二上山
㉚奥大日岳
㉑黒姫山
⑰未丈ヶ岳
㉜唐沢岳
⑳焼額山
㉛餓鬼岳
㉝燕岳
㊹笈岳
㉒子持山
⑱太郎山
㉞有明山
㉓荒船山
㉔四方原山
㊵大川入山
㉕御座山
㉗父不見山
㉖二子山
㊴蛇峠山
㉘伊豆ヶ岳
㉟御池山
㊱笊ヶ岳
㊲七面山
㊶京丸山
㊳十枚山
㊷鳳来寺山

①礼文岳
②ピヤシリ山
③音更山
⑥暑寒別岳
④石狩岳
⑦芦別岳
⑤ニペソツ山
チセヌプリ⑨
⑧ニセコアンヌプリ
⑩駒ヶ岳
⑪大千軒岳
高塚山
㊿桜島山
㊺日野山
㊻御在所山
㊽二上山
㊼高見山
㊾金剛山

装幀——山元伸子
カバー写真 © PIXTA「芦別岳」

百名山以外の名山50〈新装版〉

1 礼文岳（490m）

船で山へ向かうのは、ちょっとした遠征気分である。たとえ三十トンの船にしてもだ。ただ私たちには一筋のテープの見送りもなかった。

一九六〇年九月十二日の夕方、「おたる丸」は定刻より三十分おくれて六時半に埠頭を離れた。私たち四人は甲板に立って、暮れ行く小樽の町を眺めた。海岸筋に一並び明るい灯が続いているだけで、あとの灯はすべて背後の丘陵の斜面に散らばっている。それだけに海からの夜景は美しい。

防波堤を出ると、急に風当たりが強くなって寒い。私たちは船室に帰った。汽車の寝台のように、上下二段のベッドが向かいあわせになった狭い部屋である。トウキビをかじり、トリスを傾けて、まず首途の杯をあげた。私たちは今日出あったばかりである。今朝早く連絡船で北海道へ着いた私、それを出迎えた函館の浅利欣吉君、それから二人で札幌まで来て、そこで落ちあった望月達夫君、その山友の高沢光雄君。その四人が、三井信託銀行札幌支店長の望月君の車に乗って、午後おそく小樽へ着いたのであった。

この山旅の計画を私は春頃からもくろんでいた。利尻《りしり》と礼文《れぶん》、十勝と大雪山、それを二十日間で廻って来ようというのである。そしてよい同行者を得た。小樽から利尻島へ定期船が出ると聞いたのは、出発数日前だった。私は一も二もなくそれに決めた。北海道の西海岸を航海しながら、増毛《ましけ》の山々や天塩山脈を眺めるという空想が、私をそそったのである。ところが船は夜であった。それが隔日で、しかも海の模様で欠航することもあるという。現に私が東京を立とうとする前日、船が予定より一日おくれるという知らせがあった。私はそれに合わせて出てきた。

そんな不便はあるが、しかしこの船旅はなかなかいい。汽車で行くのと時間も料金も変わらない。ゆっくり横になって行けるのが何よりである。前夜連絡船でほとんど眠れなかった私はグッスリ寝こんだ。雄冬《おふゆ》の岬にかかった頃揺れたそうだが、ちっとも知らなかった。朝五時すぎ起こされて甲板に出てみると、すぐ眼の前に利尻島の沓形《くつがた》港があった。迎えに出た風見武秀君の顔が見える。

風見君と袋一平さんは私より一日早く東京を出発したが、小樽からの船が欠航したので、陸路稚内《わっかない》まで行き、そこから船で利尻島へ先着したのである。二人のほかに、眼を細くして笑うと好人物そのものの顔になる大兵漢がいた。それがこれから私たちを案内するためわざわざ旭川から出て来られた、当麻《とうま》

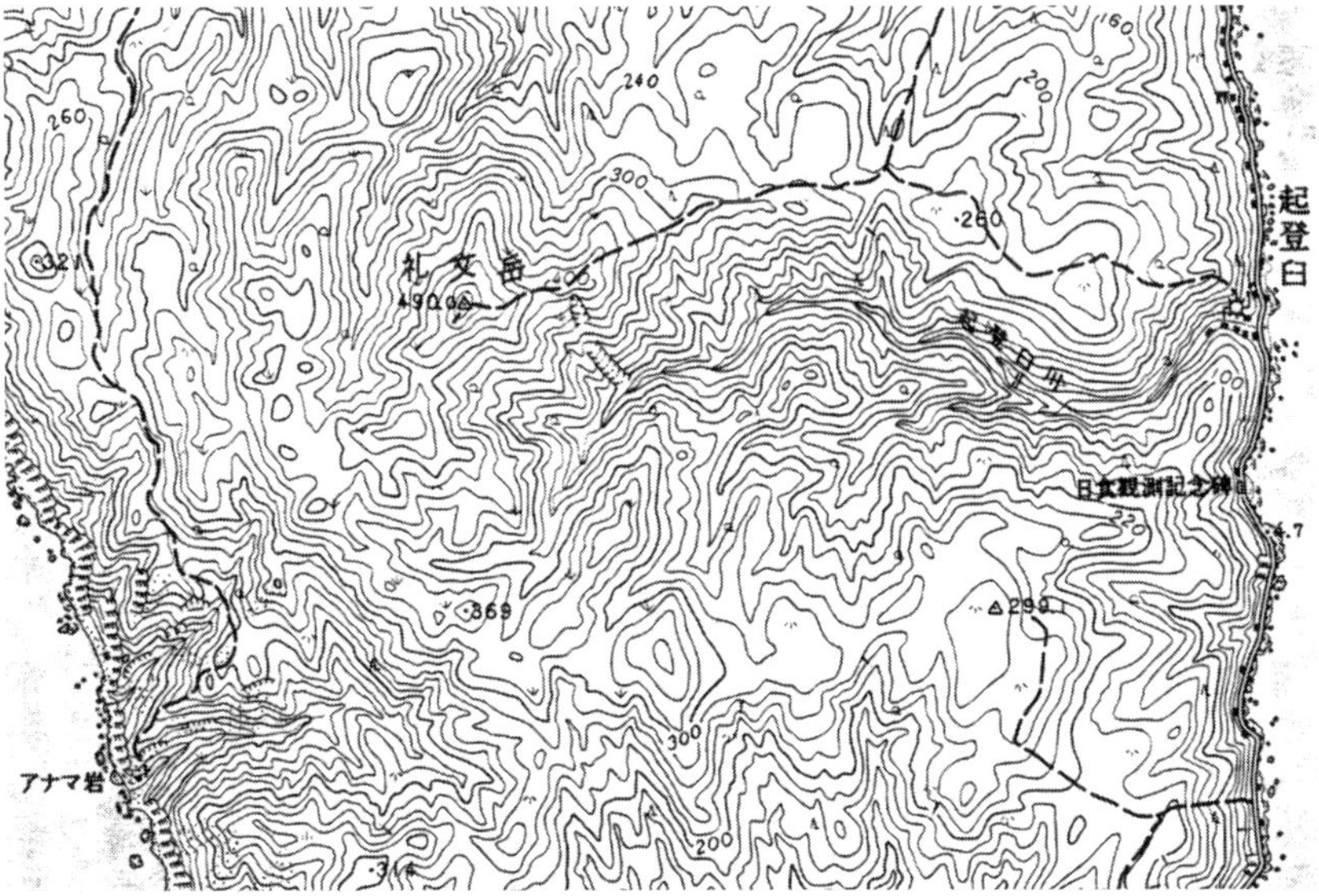

 礼文岳　▲礼文島北部

山岳会の片山弘君であった。

総勢七人になったので急に賑やかになった。私たちは沓形の宿の二階の部屋で、今後の行程を相談した。何しろ利尻と礼文と稚内を結ぶ船は一日に一回しかないので、よほど要領よくプランを樹てないと、無駄な時間を作ってしまう。話の合間にも私たちの視線は窓の外へ注がれた。そこに利尻岳があるが、中腹以上は雲で見えない。時々晴れそうになっては私たちの気を揉《も》ませるのである。

たった一度だけ稜線にそって次第に霧があがり、頂上、それからギザギザの岩峰を持つ南稜が現れた時には、私たちは立って窓べに群がった。しかしそれも束の間、再び重い雲に覆われてしまった。今日の登山は駄目ときまった。

それなら今日のうちに礼文島へ渡ろうと意見が一致して、宿を出た。沓形の町役場へ行って、病院のジープをお借りして、鴛泊《おしどまり》まで走った。その間の約十キロは、利尻岳の裾の広々した原野で、噴火当時の大きな岩がゴロゴロ転がっている。青い平地の見えるのは飛行場で、鴛泊と稚内間に、三人乗りのセスナが二日おきに定期航空しているそうである。鴛泊は、海へ突き出た岩山の岬のかげに紺碧の水を湛《たた》えた、明るい港であった。青い芝生で覆われた岬の背に細い道が通じ、その道の果てにお宮が見える。少し離れて灯台の白堊の建物が立っている。その背景がこの小さな港を明るく美しいものにしていた。埠頭には「おたる丸」の数倍もある白い定期船が横づけになっていて、十一時半、私たちは辛うじてその出帆に間にあった。

この定期船は礼文島に立ち寄って稚内へ行く。見送り人、テープ、銅鑼《どら》、レコード音楽、――ささやかながらそんな別離の情景の後、船は海へ出た。高く曇っていて利尻岳の中腹以上は隠れていたが、遥か右手に稚内の丘陵地帯が見え、眼の前に、ところどころ陽を浴びながら、低い山々の重なりあった礼文島が次第に近づいてくる。

「あれが礼文岳だろうな」

その重なりの間のピラミッドに私たちは眼をつけた。

最高峰と言ったところで、五百メートルに足りない。しかし日本で一番北の山という魅力がある。私の登山には一種ゲテモノ趣味があって、誰も行かないような山を探す癖がある。この旅行を企てた時から、私は是が非でも礼文岳に登ることを予定していたのである。

だから一時間の後、香深《かぶか》港に上陸するや否や、まっ先に訊《き》いたのは、礼文岳へ登る道があるかないかであった。地図には道がついていない。何の五百、ヤブ尾根を漕いで行ったって頂上へ着けるだろう、と船の上では皆でタカをくくっていた。ところがちゃんと道のあることがわかった。それは東海岸の内《ない》路《ろ》から通じているという。私たちは簡単な昼食をすますと、トラックに便乗して海ぞいの道路を北上した。

礼文島は南北に細長く、サソリの形をしている。北に向かって二つの角《つの》を差し出し、南は利尻島の方へ尾を振っている。香深はその尻っ尾の所にある。車の通れる道路は東海岸の一条だけで、西海岸はそのほとんどが絶壁の連続をなしている。社会科勉学の参考に付記すれば、人口約一万、漁業が主な産業であって、米は穫れない。近年耕地が拓《ひら》かれてきたがその農産物も島民の副食を補うにすぎない。気候は暖流（対馬海流）の影響で、われわれがその位置から推して考えるほど寒くない。厳冬でもマイナス十度以下にさがることは稀だという。

日本の北の端にあるこの島が、一度だけ文化の光に浴したことがある。それは一九四八年五月九日の金環蝕で、その時は米国との共同観測で、科学者や報道陣が千名余りも押し寄せてきたという。香深を出た私たちのトラックが、海ぞいの道を内路まで約十キロ走る途中に、その金環蝕観測の記念碑が立っていた。

　内路は小さな漁港で、その山際にある小・中学では、明日が開校六十周年記念日だというので飾りつけがしてあった。礼文岳登山道は、その校庭のすぐ脇から始まっていた。急坂を登りきると、尾花の咲き乱れた尾根へ出た。それからずっと長い尾根伝いの緩やかな登りである。熊笹の中の切明け道を行く。行手遠くに笠形をした礼文岳が立っている。

　自分たちの位置が高くなるにつれ、眺望が開けてきた。振り返って北を望むと、サソリの二つの角、金田ノ岬とスコトン岬が海へ伸び出している。

「スコトン岬、いいね、スコトンとは」と望月君はこの名が気に入ったらしい。このごろはやりの言葉で言えば、いかにもさいはての岬らしい感じの名前である。そのスコトンの手前に、江戸屋という部落が地図に記入されている。

「銭屋五兵衛がきんつば焼きを始めたところだってさ」と今度は風見君がひどく嬉しそうである。香深で貰ったパンフレットによると、今から百五十年前、銭屋五兵衛がロシアと密貿易をしていた時、そこできんつばを焼き、江戸屋と名乗っていたという。その記念塔がいま立っているそうである。江戸屋と書いてエンドヤと呼ぶ。

　私たち七人はそんなのんきな話をしながら頂上へ近づいて行った。樹林帯を抜けると、ハイマツが現れ、ゴゼンタチバナやコケモモが実をつづっている。コブを一つ越えて、最後の急な坂を登ると、そこが海抜四九〇メートルの頂上であった。一等三角点の標石の上に測量のヤグラが立っていた。内路から一時間四十分だった。

標高こそ低いが、一面ハイマツに覆われた頂上は、内地の三千メートル級の気分があった。ゆるい緑の丘陵の起伏が幾重にも眼下に拡がり、その果ては海である。スコトン岬の手前で西へ張りだしたゴロタ岬が、みごとな岩の絶壁を見せて、その底に海が光っている。南の方の山続きは雲で隠れていた。

ともあれ、ささやかなりとも日本最北端のこの頂上獲得は、私にとっては嬉しい収穫であった。ゆっくり休んでから、元の尾根道を引返した。その途上、今まで曇って見えなかった利尻岳が、海を距てて、夕空にスックとそびえているのを眼にして、私の喜びは完成された。それは利尻富士と呼ばれる整った姿というより、むしろ鋭い岩峰の形で立っていた。

内路まで戻ると、頼んでおいた中型トラックが迎えにきていた。私たちはそれに乗って、さらに北の海を見に行った。上泊という漁港で海岸線を離れ、丘陵地帯を抜け切ると、すぐ眼の前に久種《くす》湖が現れた。たそがれの柔らかな光の中で、その静かな湖はひどく神秘的に見えた。湖畔を辿《たど》って船泊《ふなどまり》へ出た。

礼文岳　▲ph. 伊藤健次

礼文島は近年一島一町の礼文町となったが、町らしい体裁をそなえているのは、南の香深と、北のこの船泊だけである。私たちは町裏の海岸へ出てみた。船泊湾の向こうに、スコトン岬が長い腕を伸ばし、その先端に少し離れて、黒い軍艦のような海馬《とど》島が浮かんでいた。薄暗くなった海辺には白い波が打ち寄せ、遠くの漁村にはもう灯りがチラチラしていた。すべてがたそがれの中で印象的であった。

長い夜道を香深まで引返して、そこの加藤旅館に泊まった。夕食の膳についた刺身が何の魚か、誰も当てられずにいると、北海道のことなら何でも委しい片山君が、「ガヤという魚です」と教えてくれた。

翌朝、早起きして、もう一度トラックで久種湖と船泊の海岸を見に行った。ゆうべの印象が忘れられなかったからである。ことに写真家の風見君にとっては、逸してはならない北方風景の好画題だったのであろう。しかし私には、ゆうべの景色の方がはるかによかった。やはり第一印象は、あとから再版せず、大事にしまっておいた方がいいのだろう。

宿へ帰っておそい朝食を食べ、それから町役場の石川さんの案内で、西海岸の名所桃岩へ行った。サソリ島の南の尻っ尾のところは幅が狭く、香深から小さな峠を越えると西海岸へ出る。その峠の上から桃岩へ登る道がついていた。これは二五〇メートルの三角点のある巨大な一個の岩山で、三方岩壁に取り巻かれている。下から見ると桃の形そっくりなのでその名がある。頂上は高山植物に覆われていて、礼文岳ではいくら探しても見当たらなかったレブンウスユキソウを、ここで、もうすがれかけていたが見つけることができた。

頂からの眺めはすこぶるよい。すぐ眼下に断崖続きの西海岸が伸び、南側のゆったりとした青い山の背は、昔ここのアイヌが増毛《ましけ》アイヌと戦った所だと伝えられている。今でも古いものが発掘されるそうである。

私たちは西海岸の漁港元地へ下りて、その先にある地蔵岩を見に行った。高さ五十メートルもある一本のオベリスクで、どうして海岸にこんな奇岩が突っ立っているか、いろいろ臆測的議論をたたかわせたが、明確な解答を与える学者は、私たちの間にはいなかった。この地蔵岩から海岸にそって断崖絶壁がずっと北へ続いている。その間に隠れた奇岩怪石はまだあるにちがいない。おそらく礼文島の西海岸はわが国で一番辺境の名に価するところだろう。

元地の柳谷さんの「番屋」で、私たちは昼食の御馳走になった。取れたてのエビやイカやホッケが卓上に溢れた。番屋とは漁期に集まってきた漁師の一種の合宿所で、今の建物は当主の先々代が建てられたものだという。木組みのガッシリした、昔のおもかげの残っている、大きな古い番屋で、鰊《にしん》がむやみに獲れたよき時代の豪勢さが偲《しの》ばれた。

香深へ戻ってくると、定期船が今にも陸を離れようとする時だった。私たちは大あわてで飛び乗り、再び利尻島へ向かった。海上から明日登ろうとする利尻岳がよくみえた。

2 ピヤシリ山（987m）

ピヤシリ山、と言っても知っている人は少ないだろう。三省堂編纂《へんさん》の中等学校用の地理付図で北海道の所をあけてみると、北見と天塩《てしお》との国境にこの山が記入されている。こんな粗い地図にも出ているくらいだから、何か特別の山かとかねがね注目していた。

今年の二月初め、僕は北海道庁から講演旅行の招きを受けた。予定は、函館、江差、室蘭、浦河、旭川、留萌《るもい》、稚内《わっかない》の順で、函館を除けばいずれも僕には初めての土地であり、ことに江差とか浦河とかいう辺鄙《へんぴ》な町は、こういう機会でもなければおそらく行くこともないと思ったので、喜んでその招きに応じた。旅行が好きな上に、冬の北海道と言えば直ぐ楽しいスキーが連想され、夜の講演の重荷は昼のスキーで吹っ飛ばす積もりで出かけた。ところがこの旅行たるや相当の肉体的労働で、朝から夕方まで汽車に乗りずくめという日が多く、いたずらに車窓から雪を眺めながら、長いスキーを荷厄介にするだけだった。

最後の稚内でようやく一日の暇を得たので、早速役場の武沢君を案内に頼んで、町はずれの中学校の裏手の丘へスキーで上った。ちょうどこの丘はノシャップ岬の脊梁《せきりょう》になっているので、ここに上れば利尻《りしり》島が見えるだろうと期待して行ったのだ。利尻島は島そのものが利尻富士という形の良い山をなしていて、かねてからその姿に憧れていた。

しかし残念ながら天候が悪くて僕の望みは達せられなかった。ただ見渡す限り流氷で埋められた海の、一種凄愴《せいそう》な景色で我慢しなければならなかった。

ここは北海道の最北端だが雪はあまり多くはなかった。稚《おさな》い白樺の疎《まば》らに生えた丘で、枯れた芒《すすき》が所どころ雪の上に頭を出しているほどだった。だが寒気はさすがに酷《きび》しく、一枚のスキーの手袋では指先が痛かった。

その夜、講演を済まして十時十五分発の急行に乗った。ようやく十日間の役目を果たしてホッとした気持だったが、もう一つ私の役目が残っているので、安堵して眠るわけにはいかなかった。ピヤシリ登山のため暁方四時十二分着の名寄《なよろ》駅下車を寝過ごしてはならないのだ。

寝不足の眼で、ガランとした夜半の名寄駅前の雪の上へ、放り出されたように一人立った時には、少し後悔に似た気持もあった。駅の近くの富士屋という宿屋へ、支庁から連絡を取って貰っておいたはずなのに、宿屋では何も知らず、火の気のない街道向

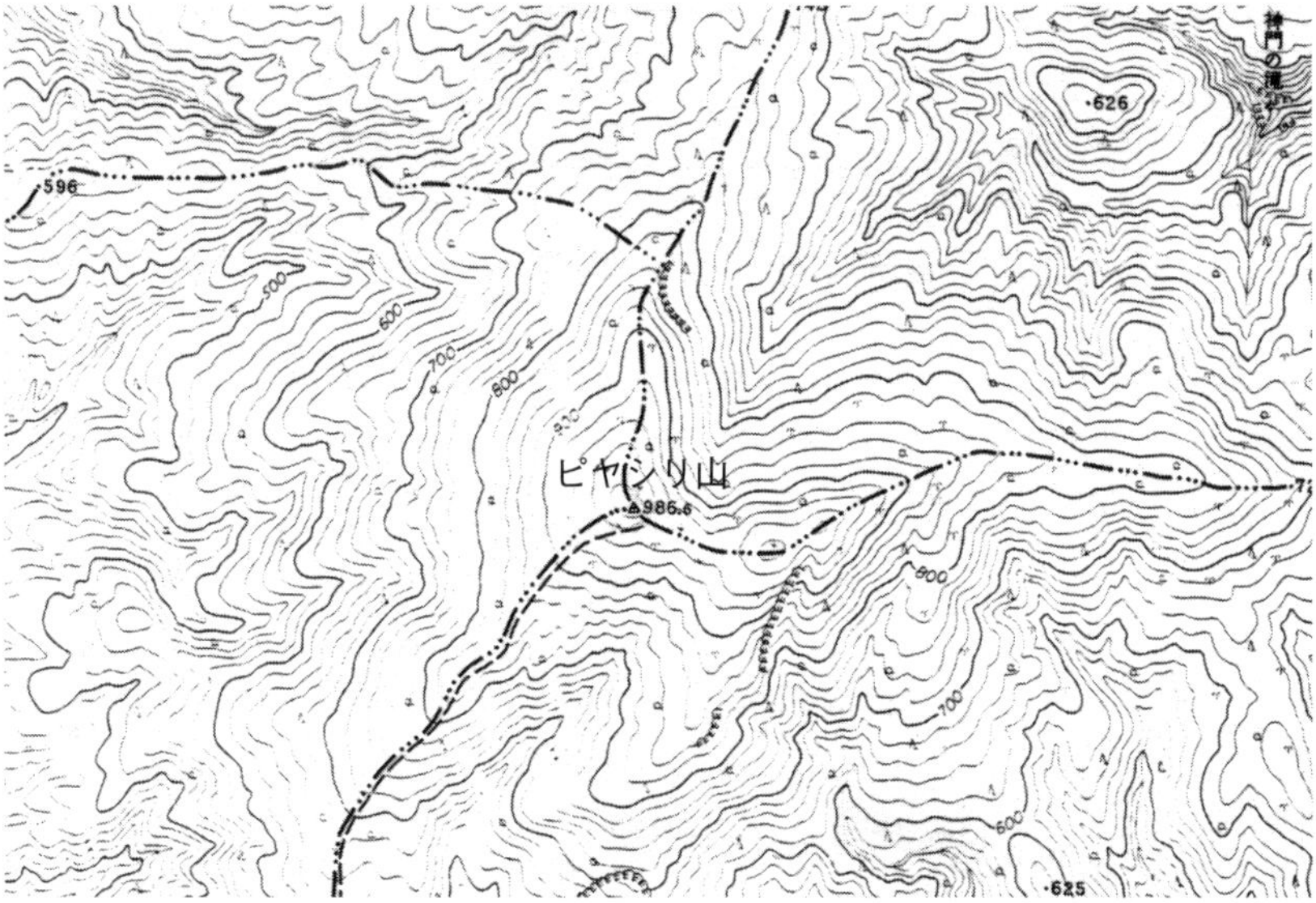

19 ピヤシリ山 ▲サンル（縮小）

きの一室に通された時には、寒さに震えながら後悔は少しまた度を増した。

だが女中の火を入れて行ったストーヴがだんだん熱くなってくるに従って心も落ちつき、夜明けまで一眠りしようかと思っている所へ、柳瀬包美という名刺を持って女中が入って来た。ペンで名寄南小学校訓導と肩書が入れてあったので、さては案内に頼んであった先生だなと、救われた気持で玄関へ出てみると、背の高いのとガッシリ低いのと二人の青年がスキーを持って立っている。

直ぐ用意をして、二人と一緒に、まだ夜の明けぬ駅へ行った。ピヤシリへ登るには、智東《ちとう》という駅まで一つ引返すのだ。三十分ほど遅れて来た汽車で智東に着いた時、ようやくうっすらと夜が白んできた。

この寒駅を出てみておどろいた。停車場以外に家なんか一軒もない。しかも駅の前から直ちにスロープになっていて、その上が落葉松《からまつ》の林だ。僕等は直ぐスキーを着けて上り始めた。

東京を立つ前から僕はこの山に目星をつけて、五万分の一仮製版の「名寄」と「サンル」を用意して来たが、登り道はいっこう知らないので二人任せだ。ここから尾根伝いに九度山というのを越えて、ピヤシリに達するのだそうだ。九度山まではスキーに行く人が日曜など随分あるが、ピヤシリ山まで行く人は少ないという。背の高いのが柳瀬君で、ガッシリした方は稲葉広君という、これも名寄南小学校の先生だ。二人ともレース用の軽快なスキーを穿《は》いて行くあとを、僕は六尺七寸の長いスキーで遅れじと付いて行く。どうやら天気も良くなりそうで、天の一角に青空が現れ、振り返ると遠くの山並が鮮やかだ。何しろ全く未知のこんな山の中にポツリとおかれたので、方角の見当がつかない。北を南と教えられても頷《うなず》いたかもしれぬ。

広い雪原を横切ったり、白樺や大きな栂《つが》の木の林を通り抜けたりして、約一時間半の後、九度山の「山の家」に着いた。これは札幌鉄道局の建設だが、ほんの休憩小屋の程度で、中にはストーヴが一つ、その脇に丸太の薪が積んであるだけだ。このあたりの景色はまことに素晴らしい。大きいなだらかな原がゆったりと伸びて、あちこちに立っている恰好のいい木がさらにこの原に精彩を加えている。おまけにちょうどこの時斜めの朝の光が、あたりへ息を吹きこむようにパッと差してきたので、景色はますます生き生きと見事さを加えてきた。僕は夢中で写真を撮って廻った。

冬山の紀行文を書いていて、いつも僕がハタと筆をとめるのは、こういう時の描写だ。そしていつも美しいとか素晴らしいとかいう単語を並べるよりほか能の無いことをもどかしがっている。だが誰がこの見た通りを書けるだろう、せいぜい概念上だけの美辞麗句を綴《つづ》り合わせる他に。

今度の旅行中、僕はジードの『コンゴ紀行』を持って歩いて読んだ。その頁の上へ強く爪の痕を引いた個所の一つに、こんなのがある。コンゴ河のある荘厳な風景を前にして、見物人の一人が言った。「これほどの風景がいまだに画家に描かれずに居るなんて考えられますか」そばに居たジードに水を向けたわけだが、ジードは応じなかった。彼は記している、「芸術は節度には耐へられるけれど、法外なものは嫌ふのである。或る描写が一の代りに十のものを含ませたとしても、そのために一層人を動かすことにはならないのだ。人々はコンラッドが『颱風』のなかで、嵐の最も強い場面は描かずに誤魔化したと云って非難したが、私はむしろ反対に、彼が凄惨な場面の一歩手前で物語をきっぱりと打ちきり、まづ我慢の出来る程度の恐ろしさのところまで読者を引きずって行って、あとは読者の想像力の自由な働きに委ねた点に敬服してゐる。云々」

見事な雪山の景色について、もし誰かが僕に向かって、「自然のうち最も美しいものであるこの素晴らしい風景を、わが国の文学者の間にいまだ一人も文章に現した者の居ないことは、まことに遺憾である」と言うなら、僕はジードの言葉で答えよう。「我々は全く同意しかねる遺憾である」

この美しい（また出た！）雪と光の交錯した景色が惜しくて小屋へなんぞ入りこんで休む気になれなかった。僕等は長い影を引きながら九度山の頂上目がけてダラダラ上りを登って行った。

頂上には簡素な祠《ほこら》があった。そこに立って始めて僕はピヤシリ山を眺めた。それは実に遠い。ここから普通三時間だというが、見たところ今日のうちに行けるかと思われるほど遥かな所に、ゆったりと峰を張っている。休む暇もなく、僕等は九度山の東側の急斜面を滑って降りた。高距二百メートルくらいだが、樹間を潜り抜けて行く滑降は愉快だった。もし、帰途この斜面をもう一度登らねばならぬ、という懸念さえなかったら、もっと愉しい気持で滑ったろう。

下まで降りると、もう九度山は見上げるほど高くなっている。そのこちらに面した岩の崖が厳《いか》めしい。そこからまた幅の広い尾根を伝ってピヤシリ山まで行くのだが、この道は実に長かった。いくら行ってもピヤシリは遥かに遠く、自分の位置はなかなか九度山より高くならない。

あんなに輝かしかった日の光も消えて、一帯が乳色に澱《よど》んだ景色になった。北海道の山で感じることは木が伸び伸びと高いことだ。栂が主だが、その枝にたっぷり雪を載せて、亭々とそびえている姿は、まことに“Wie treu sind deine Blätter!”と賞めたくなる。

先の滑降でシールが剝げて、代わりにワックスを塗って上って行くので、両杖に力が入る。大体緩る緩るした上りだが、腕に始終力を籠めていなければならぬので、身体は汗が出るくらいあつい。しかし、標高は大したこともないがさすが北海道の中でも北の山だけあって、ほんのわずか休んでもたちまち身体の熱がスーと奪われて行く。

ピヤシリに近づくと、尾根の幅が広くなって、このへんでガスに巻かれると見当が付かなくなるそうだ。前に二、三度来たことのある柳瀬君が慎重に道を択《よ》って行く。始めてだという稲葉君も、柳瀬君に

ピヤシリ山　▲ph. 伊藤健次

代わって新雪をラッセルして行く。雪が深いのであまり楽ではないらしい。

とうとうピヤシリ山の一角に取りついた。雪は吹き払われてカリカリになっている。急に風当たりが強くなって、寒気が身に沁《し》みて来た。半ば氷になった雪の上を、カランカランとスキーの音を立てながら、ついに頂上に達した。

頂上は寒くて堪らないので、真下の岩蔭に雪のウロを作ってそこで休んだ。時々雲の切れ目から光が落ちて来た。そのたびあたりの景色が活きづいて、東に大きく延びた原に林立している樹氷が見事だった。どちらを眺めても知らない山ばかりだ。東・北の山の合間にわずかの平野が見えて、その先はずっとオホーツク海に拡がっていた。我々登山家はよく言葉にだまされる。オホーツク海などと聞くと、僕も何か特別な感情を抱いて、空と見分けのつかないような遥かな、陰鬱な青黒い水平線を眺めるのである。

弁当を食っているうちに、もう我慢が出来ないくらい寒くなってきたので、怱々《そうそう》に降る用意をする。降りは速い。僕の記述もスキーの如く素ッ飛ばして、もう九度山の下まで戻ってきたことにする。ほとんど細工なしの、直滑降一点張りの痛快な降りだった。

　再び九度山の斜面を上って、そこからまた滑降に移る。スキーに堪能な二人の青年の間に位置して、樹の間を危うく擦り抜けたり、広っぱを真一文字に貫いたり、久しぶりに溜飲をさげた。この降りはひどく凸凹のある道で、始めは手強く思ったが、だんだんそれに処する呼吸を会得してくると、かえってそのバウンドが面白くなって、身体を伸ばしたり縮めたりうまく調子を取りながら、一目散に智東駅の玄関先まで滑りこんだ。九度山からここまで、行きしなに二時間も要したところを、二十分とかからなかった。ピヤシリの頂上を出て停車場の前でスキーを脱ぐまで、僕如き者でさえ一回の転倒もしなかったことをみれば、いかに愉快な滑降であったことが分かるだろう。

　駅へ着くと直ぐ汽車が来たので、それに乗って名寄まで帰った。まだ午後の日は高かった。両君を宿屋へ招いて、夕方までいろいろ話をした。力士名寄岩を出した名寄の町は、もうこの夏の地方巡業の切符さえ売り切れたという話、旭川から野付牛《のつけうし》の方へ石北線が通じたため名寄線が寂れて、この町も交通上の要地でなくなった話、もっともこれから雨竜《うりゅう》の方へ鉄道が通じることになっているから、その暁《あかつき》にはまた町も活潑になろうという話、その他。名寄名所絵葉書が売ってあったので試みに買ってみると、「名寄公園」とか「名寄大橋」とかはまあいいとしても、「バス待合所」がその一枚になっているのに、思わず噴き出した。

　その夜の汽車で札幌に向かった。

3　音更山と石狩岳[4]（1932m／1967m）

朝東京を発って、次の日北海道でも一番奥深い裏大雪の音更《おとふけ》・石狩の両頂上を踏んだと言っても、戦前の登山者には信じられないかもしれない。有体《ありてい》はこうである。六月二十日（一九六八年）午前八時三十分羽田を離陸したＹＳ11は、三時間の飛翔《ひしよう》で私を帯広に運んだ。空港には四人の山友達が待ち構えていた。見おぼえのあるオレンジ色のコンテッサ一三〇〇、それと並んで真っ白なコロナ。この二台に分乗して四人はその日朝早く札幌を発って、帯広空港まで私を迎えに来て下さったのである。コンテッサの持主平野明君と助手席の高沢光雄君とは、私はこれまでに数回一緒に北海道の山へ登っている。その車にもたびたびお世話になっている。コロナを運転する氏家民雄さんとは初対面だが、その同伴者浅利欣吉君とは登山を通じて旧知の間柄である。

まず町なかの小料理屋で昼めしを註文して久闊を叙す間も、私は鬱陶《うつとう》しい内地の梅雨を抜け出してきた私自らを祝福し、これから約十日北海道で登り残した山々をめぐり歩こうとする幸福な予感で胸いっぱいであった。その手初めが音更山と石狩岳である。午後一時三十分帯広を出発した二台の車は、広漠とした十勝平野を貫く一直線道路を疾走する。道はほぼ音更川と平行して北上、上士幌《かみしほろ》町を過ぎると、次第に山が近づいてくる。道端に大きな蕗《ふき》や鮮やかな色のタンポポ、草地に寝そべったり立ったりの若干の牛、ごく稀に耕す人も見える。「耕す」という言葉がこの曠野ほど似つかわしい所はないだろう。

　両側に山が迫って、やがて糠平《ぬかびら》湖の下端に到着する。そこで私を喜ばせたのは、縦に一筋細い雪を刻んだウペペサンケ山の鷹揚な姿だった。糠平湖は二度目である。二年前ニペソツ山へ登るために来た時は、やはり平野君のコンテッサだった。しかし音更川を堰《せ》きとめた人造湖としてまだ年が浅かったので、糠平温泉から先は車の通れる安全な道がなかった。今度は湖の東岸沿いに車道がついていた。二年後にはまた糠平湖から然別《しかりべつ》湖へ坦々たる観光道路が通じるだろうという。かくの如きが駸々乎《しんしんこ》として山の奥へ奥へと延びて行く日本の交通事情である。

　糠平湖の東岸の道は、湖へ流れこむ川を一つ一つ川の上手で渡って行くために曲がりくねっていた。ようやく湖畔を通りすぎ、幌加《ほろか》を経て、十勝三股《とかちみつまた》の手前で西へ入る。音更川本流の谷である。午後四時三十分、車の行きどまりになった所が、通称「御殿」と呼ばれる飯場の跡で、そこに先着の帯広エーデルワイス・クラブの四人が私たちを待っていた。

　流れに臨んだ平地で、背の高い川柳が数本立っている。その柳絮《りゅうじょ》がしきりに散ってくる。テントが三つ張られ、焚火を囲む夕食の場も作られた。私の若い山友だちはいつの山行の時も、隠し持ってきた北海道の珍味で私を驚かせるのが常であったが、今夜はそれが、よく味を沁《し》みこませた若鳥の金網焼と見事な毛蟹であった。十勝名産の赤ワインで乾杯した後、生ビールとウイスキーが続いたことは言うまでもあるまい。当然歌が出る。帯広の四人は、鈴木和夫、大山幸太郎の二君に、大西大子《ひろこ》、小谷容子の二嬢である。いずれも私には初めての人だが、歌が遠慮を払いのけてくれた。

　年長の氏家さんと私とが一つテントに寝る。酒の酔いで束の間ぐっすり眠ったが、ふと眼がさめるともうテントの外は明るくなっている。時計を見ると三時前、なるほど北の国である。夜明けが早い。それに今日は夏至《げし》と来ている。鳥がしきりに鳴いている。

朝食を怱々《そうそう》にすまして、五時二十分という時刻にはもう総勢九名がテントをあとにしていた。昨日来た道を少し戻ると、一つの沢が本流に注ぎこんでいる。「石狩岳」五万分の一図幅ではそこに岩間温泉と記してあるが、それは誤りで、温泉の湧いているのは本流をさらに一キロほど溯《さかのぼ》った所だそうである。私たちは合流点からその沢へ入った。初め道があったが途中で見失い、苦労して沢沿いに進んで行くと、ようやく登山道に行きあった。

音更と石狩の中間から、一本の短いけれど急な尾根が派出している。この尾根伝いに近年新しい登山道が開かれた。沢からこの尾根の上に取りつくまでが凄い急坂で、「熊ころがし」という名がついている。喘《あえ》ぎながらやっと尾根に出たが、それから先も傾斜はいっこう楽にならない。その辛い登りを慰めてくれたのが、ニペソツ山の姿であった。それは南の晴れた空に実に鋭い形で立っていた。あの錐のよ

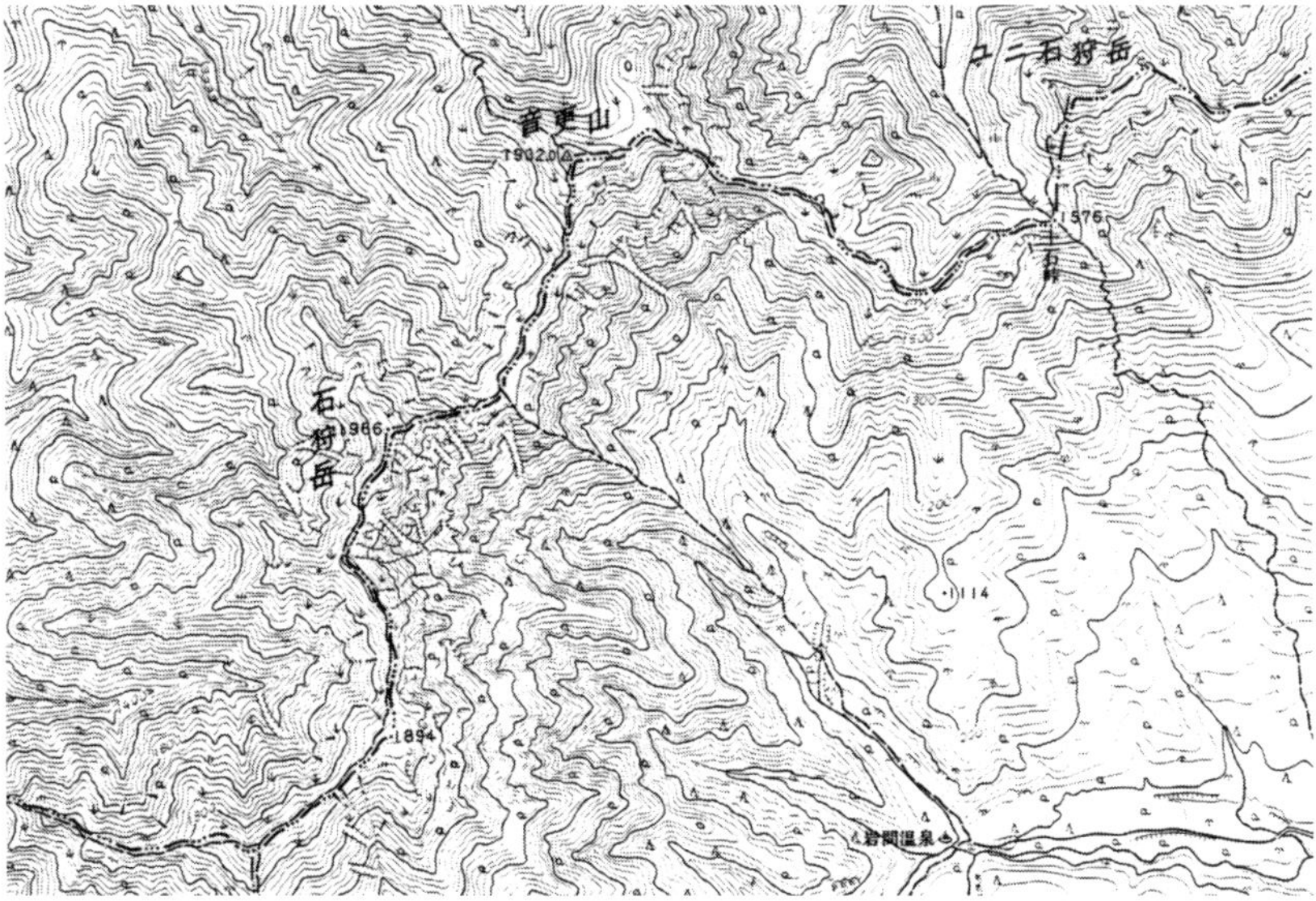

うなてっぺんに私も足をおいたことがあると思うと、いっそう感慨が深かった。

森林帯を出て灌木帯に入り、午前十時ようやく音更・石狩をつなぐ稜線の鞍部へ出た。あたりはハイマツで覆われ、その間にキバナシャクナゲの花が美しい。ところどころに雪が残っている。一つの雪の傍で弁当を食べてから、音更山へ向かった。ゆるやかな散歩道である。

音更の頂は、岩石の散らばった、ゆったりとした平地だった。積んであったケルンのそばでウイスキーの乾杯。昨日の朝は東京にいたのに、いまこの辺陬《へんすう》の山頂に立った私の幸福感は大きかった。西から北へかけて、まだ雪のたっぷりある大雪山の連峰が見える。北から東へかけて連なっているのは武利《むり》・武華《むか》の山々であろう。東にはクマネシリの連山、そして南へ眼を移すとニペソツとウペペサンケがある。四周を山に囲まれ、全くここが北海道のドマンナカであろう。

尽きぬ眺めに別れを告げて、再び元の鞍部に戻り、雪の中に冷やしておいたユデアズキを金時にして食べてから、今度は石狩岳へ向かった。この方は距離は短い代わりに幾らか急である。音更がゆったりした山頂であるのに反して、石狩岳は瘠せた岩稜であった。その最高点は一九六二メートル、音更より三十メートル高い。その頂上に私はヒマラヤの高山植物の種子を埋める名誉を与えられた。ヒマラヤの写生旅行から帰られた坂本直行画伯からゆだねられたのである。石狩岳の頂上にヒマラヤの花の咲くことがあるだろうか。咲いたにしてもそれを私が見る機会はおそらくあるまい。

すぐ眼下に、石狩川源流を育てる沼ノ原台地が見えた。その源流の中の源流は、この石狩岳から流れ出ているものだという。北海道の人で石狩川を口にしない人はあるまい。その大河が呱々《ここ》の声をあげたばかりのところを、いま私は見ている。ここに発した一滴が、次第に仲間を寄せ集めて、ついに大海に注ぐ晩年期まで、この川が演じたさまざまのドラマこそ、北海道文学の豊かな題材であった。

一日の晴天も崩れかけて霧が巻いてきた。大急ぎで鞍部へ戻り、それから往路を下り始めた。例の急坂の「熊ころがし」で、相当へたばっていた私は、つまずいた途端、完全に一回転してモンドリ落ち、皆をハッとさせた。泥だらけになったほか何の怪我もなかったのは、天の恵みと言わねばなるまい。

御殿飯場跡に帰り着いたのは五時半、十二時間におよぶ今日のアルバイトであった。テントをたたみ、あとを奇麗に片づけて、再び私たちは車上の人となった。途中で、帯広へ帰るエーデルワイス四人の車と別れて、私たちの二台が幌加温泉のたった一軒の宿屋の玄関に乗りつけた時は、さすがの長い一日も暮れかけていた。

奥深い谷間へ入ったところにあるその温泉を、昔の素朴な宿と想像していた私たちは、ペンキ塗りの洋風に改造された家に裏切られた。それならいっそ山田温泉まで今晩中に飛ばそうということになった。幌加温泉に失望したというより、山田温泉の魅力が大きかったのに違いない。そこを知っているわが友人たちは推賞してやまないのである。

　昨日通った糠平湖畔をすぎ、糠平から山道へ入った時には全く暗くなっていた。暗かったからどこをどう通ったのか地図の上で探しあてられないが、何でも両側に原始林のある山道を長々と走って行った記憶が残っている。

　山田温泉の明かりが見えたのは八時すぎていた。いかにも湯治宿らしい平屋建の昔風の建物である。渡り廊下を通ってランプのついた部屋に通される。エーデルワイスの別組の四人が、ジンギスカン鍋の材料を携えて私たちの到着を待っていた。岩風呂で汗を流した後、渡り廊下の横の空地で鍋を囲んだ。化粧柳が青く、ツバメが盛んに飛び交うていた。賑やかな談笑が終わり、帯広へ夜通し車で帰って行く四人組を見送って、私たちが寝についたのは夜中の十二時、まことに長い長い夏至《げし》の一日であった。

　翌朝は爽やかにあけた。昨夜広い前庭と見たのは、建物を取りこわした跡だった。そこに元の大きな宿があったそうだが、いま再建の手筈《てはず》になっているという。釣りの好きな氏家さんは持参の釣道具を持って、私たちの寝ている間に然別《しかりべつ》湖の方へ出かけて行った。私たちは山田温泉（たった一軒）の老主人から、この宿の由来を聞いた。中気が出たがまだ元気な八十一歳翁は、然別湖を舟で渡ってきて、初めてこの温泉宿を作った時以来の話をこまごまと語った。

5 ニペソツ山（2013m）

ニペソツ、ウペペサンケと並んだ山に前から心を引かれていた。まずアイヌの名前がいい。それからニペソツは二〇一三メートル、北海道では二千メートルを越える山は数えるほどしかない。その高さもいい。『日本百名山』を出した時、私はまだこの山を見ていなかった。ニペソツには申し訳なかったが、その中に入れなかった。実に立派な山であることを、登ってみて初めて知った。

帯広にエーデルワイスという山の会がある。その会からニペソツへ登りに来ないかと誘われた。行かざるべけんや。折しも羽田から帯広直行の航空路が開かれたばかりであった。

東京の家で朝食をすまして、昼にはもう帯広の洋食店の卓についていた。一昨年の八月十二日のことである。

久しぶりで坂本直行さんにお会いして一緒に食事をした。何十年間十勝の原野で百姓をしながら絵を描いていられた直行さんの、岩乗《がんじょう》なからだつきとドッシリした風貌を見ていると、「老いしライオン」という言葉が浮かんだ。この老ライオンに比べると、われわれ東京の山の仲間は青白い哺乳類にすぎない、そんな感じがした。

私たちは郊外の鈴蘭公園へ行った。その小高い丘から、広々した十勝平野の彼方《かなた》に見えるはずの日高山脈が、残念ながら雲に隠れていた。直行さんの絵によく出てくる日高山脈、その中で特に高くはないが奇麗な三角錐のラッコ岳というのが、妙に私の印象に残っていた。しかしその山も他の山も今日は全部駄目だった。その代わり私は目の下を流れる十勝川を見た。大雪、日高の山々から軽捷《けいしょう》な水を集めてきたこの大河は、平野に流れ出て、幾らか疲れたような、物憂いような風に見える。もう海に出るまで狭間もなければ岸壁もない。有為転変を終わった晩年の姿がそこにあった。以前はまだその晩年を活気づけるものがあった。溯上する鮭の大群である。水の色か、魚の背の色か、判別出来ないくらい、川いっぱいに充満したという。しかしその活気ももう見られなくなった。

　夜は私に講演の役目があった。そのあとで地元の山の好きな人たちと語りあった。最近日高山脈を日勝アルプスとか北海アルプスとかに改称しようという案が、観光施策に持ち出されているという。愚かしいにもほどがある。「もしそんなことになりそうだったら、君たちは松明《たいまつ》行進をして猛反対運動をおこすべきだな」私は力をこめて言った。山を愛する人たちに異論はなかった。その夜は十勝川温泉へ行って、直行画伯と枕を並べて寝た。

　翌朝部屋のカーテンを引くと、すぐ下を十勝川が流れていた。昨日は何となく気だるいようにみえたが、朝のせいか、間近のせいか、見違えるように勢いよく流れている。水は川いっぱいに満ちて、さすがは大河の風格である。地図を見ると、昨日の鈴蘭の丘からこの温泉まで約八キロの間に、十勝川は、音更《おとふけ》川、札内《さつない》川、士幌《しほろ》川の三つの支流を容れている。水量の多くなったこともそれで納得出来た。

　午前十時すぎ、今度の旅行の発端から世話になっているエーデルワイスの滝本幸夫、平野明の両君が、平野君の愛用車コンテッサ一三〇〇を駆って迎えに来て下さる。帯広で直行さんと別れて、私たち三人は一路山へ向かって走った。市街を離れるともうそこは北海道風景があった。林があり、草地があり、畑がある。そしてその中を一直線の道路が通じている。原野の果てにはゆったりした丘陵が続いている。

内地では見られない広大な野性的風景である。ところどころにポツンポツンと家が見える。いかにもフロンティアといった感じである。

道路はほぼ音更川に平行して北上する。上士幌で町役場に立ち寄って昼食を食べた。上士幌から先でようやく道は山間に入る。そして間もなく眼の前に青い湖水が現れた。糠平《ぬかびら》湖である。小雨模様で湖面は神秘的に煙って、全体を見渡すことは出来なかったが、地図で目分量しても長さ六キロはあろうか。音更川を堰《せ》きとめて作られた湖である。まだ出来てからあまり年を経ていないが、やがては観光地として有名になるところだろう。

湖畔に糠平温泉がある。そこから先へは自動車が通じないので、車を旅館にあずけて糠平駅へ行った。帯広から士幌線が十勝三股《とかちみつまた》まで伸びている。その途中の駅である。駅には汽車で来たエーデルワイスの会員、小塩丘平、井上一捷、樋渡美代子の三君が待っていた。これで総勢六人となった。六人は午後二時四十七分発の気動車で終点の十勝三股まで行った。

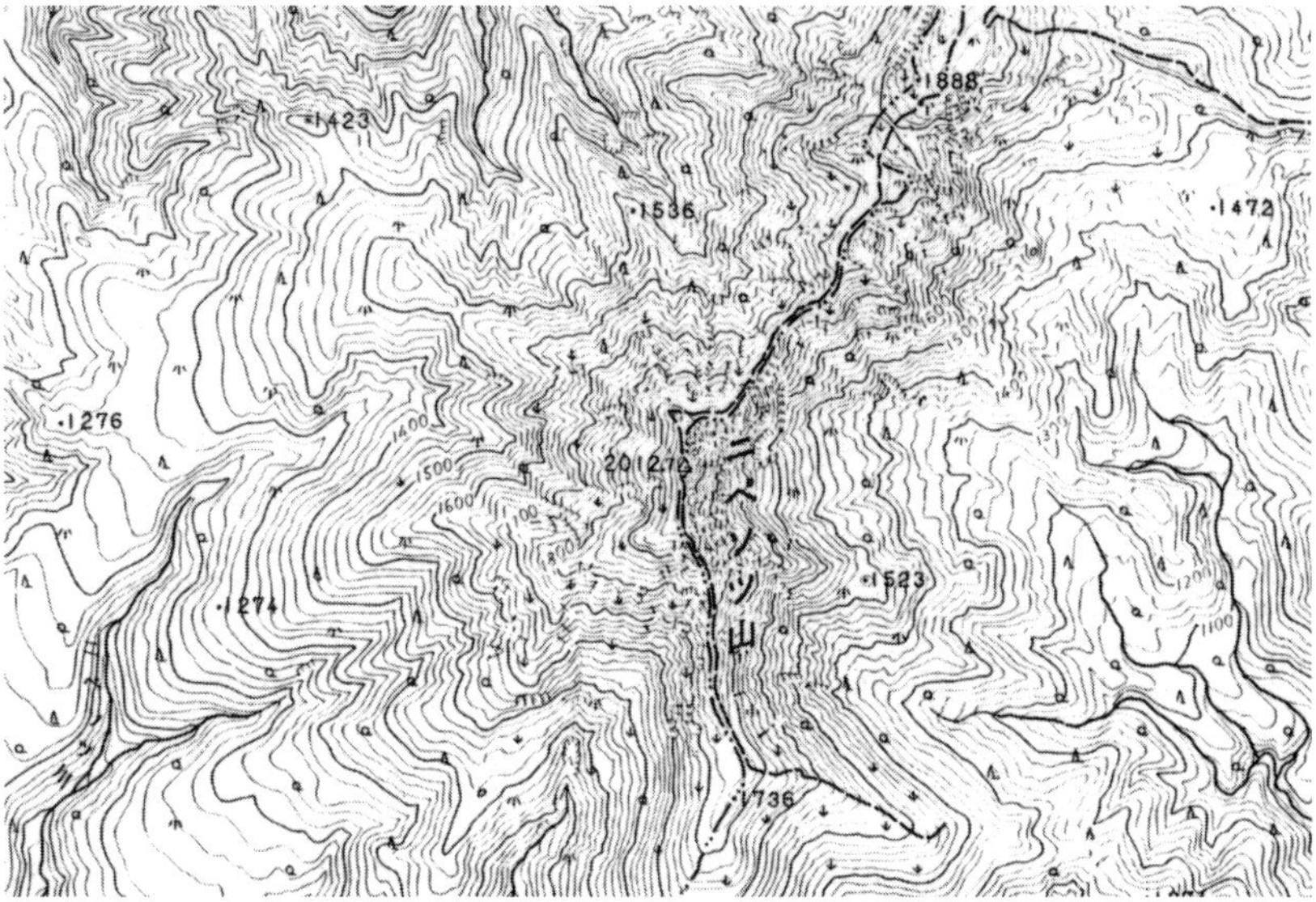

33　ニペソツ山　▲糠平

十勝三股は袋の底のような地勢を示している。南だけ開いて、あとの三方は山に囲まれている。西にあるのが、ニペソツから石狩岳、音更山に続く山脈、北は三国山の連嶺、東はピリベツ、クマネシリなどの山脈、そしてその三方から来た川がここで会するので三股の名が由来する。晴れていたらさぞ素晴らしい景観だろうと思われるが、天はそうやすやすと新参者に幸運を与えてはくれない。トラックを雇って、私たちはさらに山の中へ入って行った。以前はニペソツなどという山は奥深くてなかなか近づけなかったのであろうが、便利になったのは、近年営林事業の道がついたためである。その道は私たちをその夜の設営地まで運んでくれた。

設営地は、杉沢と十六ノ沢の二つの沢の合流点にあった。昔は鬱蒼《うつそう》とした森林に覆われていたそうだが、今は切り開かれ、それでもなお残された木が高々とあちこちに立っている。すぐテントが張られ、焚火が作られ、炊サンの準備に諸君は忙しいが、私は能なし《タウゲニヒツ》であるよりほかはない。皆で豪勢な焚火を囲んだ時は、もう暗くなりかけていた。ビールに、御馳走はジンギスカン。昨日から十分に果汁など吸収させておいたというマトンである。その珍味に舌鼓を打ちながら楽しく歓談している最中、突然の夜襲を受けた。

背後から歌声を放ちながらバラバラと人が現れた。何ごとぞと思ったのは束《つか》の間《ま》、すぐそれが私の友人たちであることがわかった。かつて北海道の山を一緒に歩いたことのある新妻徹、高沢光雄、浅利欣吉の三君に、混じえる紅一点は阿岸明子さん、いずれも札幌在住の日本山岳会会員である。この奇遇には理由があった。彼等は私のニペソツ登山をどこからか聞きつけ、一足先に今日その登山を果たして戻って来たところだが、降り道で待機して、私たちの饗宴の潮時《しおどき》を見計らって夜討ちをかけてきたのであった。おまけに彼等は奇襲のための即興の歌まで用意していた。この一団を迎えて焚火のまわりの団欒

ニペソツ山　▲ph. 伊藤健次

はいよいよ勢いを加えた。新妻君が道々作詞作曲したという「エーデルワイスの皆さん、今晩は」を皆で合唱し、その歌ごえは夜空にひびいた。一物も残さず食べつくし、アルコールも尽きたところで、ようやく賑やかな宴は終わった。

　翌朝六時、私たちが出発した時には、札幌組のテントはシンと寝静まっていた。登路は二つの沢の間の尾根についている。帯広の諸君にとっては、このあたりの山は夏冬を問わず熟知の領域である。私は甘んじてついて行きさえすればいい。林の中の長い坂道を登って行く途中で、木の間越しに見える山を教えられる。石狩岳、音更山、それからずっと離れてクマネシリ岳があった。しかしそれらの山々はやがて雲に消されてしまった。

　やや平坦な道になったので、ホッとして歩いて行くと、また登りになった。もう樹林帯を抜け出て、背の低い灌木帯となり、それが疎《まば》らになったり混んでいたりする。辛い登りを慰めてくれたのは、そのあたりでしきりに出没するナキウサギであった。ネズミを大きくした形で耳の長いこの小動物を、私はヒマラヤの四〇〇〇メートルの高地で見たことがある。雪男はこれを餌食《えじき》にしていると伝えられる。その珍しいナキウサギをこんなにしきりに見かけるのも、北海道の人の少ない山だからだろう。チチチと鳴きながら、岩の間の穴から顔を出す。チョコチョコ走ってすぐ穴に隠れる。中には岩の上に立って臆病《おくびよう》そうにあたりをうかがっているのもある。今日は曇天なので猛獣類に襲われる心配もなく、こうして出盛っているのであろう。

小天狗を過ぎて、前天狗と呼ぶガラガラの岩山の斜面ではシマリスの遊んでいるのを見た。これもこの山ではあまり見かけないそうで私の運がよかった。しかし登りの辛さは変わらない。おくれて一番あとから天狗のコルへ近づくと、皆が何かを私に期待する面持で待っていた。それも道理、コルで初めて私はニペソツを見た。全く意表を衝くニペソツの現れかただった。それはスックと高く立っていた。私は息を飲んで見惚れた。天は私に幸いして、しばらく山巓《さんてん》にまとう霧を払ってくれた。

流れるガスの間に隠見するニペソツは、高く、そして気品があった。峨々《がが》たる岩峰をつらね、その中央に一きわ高く主峰のピラミッドが立っている。豪壮で優美、天下の名峰たるに恥じない。それにしてもこれからあの高さまで登らねばならぬかと思うと、気が怯《おく》れた。いったん下ってまた登り、それからガレ場が続いた。そして最後の急峻な尾根になった。私は軽いリュックを負ってるだけだが、この急坂には参った。頂上まであと少しという所で、とうとう道ばたに座りこんでしまった。

一服して、チーズやバナナを貰って頬張り、ようやく元気を取り返して、ついに頂上に達した。一人一人に握手をしながら、私の嬉しさには限りがなかった。頂上には石を積んで小さな祠がまつってあった。曇って何も見えなかったけれど、私は頂上に立ったことだけで十分な満足であった。

登りの亀も下りには兎になる。疲れた足も傾斜に任せて機械的に動かして行くうち、ドンドンはかどって、午後三時前に杉沢へ帰り着いた。おや、テントがない。札幌組が去りしなにたたんでおいてくれたのだった。あたりもきれいに片づけられていた。谷川の水に冷やしておいたスイカが私たちを待っていた。そのうまかったこと！　迎えにきたトラックで三股に戻り、そこからの汽車で井上、樋渡の両君は帯広に帰ったが、残りの四人は糠平で下車した。そこの温泉で一泊するためである。

　糠平には札幌組が待っていて、昨夜のジンギスカンのお返しにビールを届けさせ、また一交歓の後、彼等は夕方の汽車で発って行った。その夜は上士幌町のもてなしを受けた。翌日再び平野君の操るコンテッサで帯広に戻り、飛行機で東京へ帰った。

　ニペソツとはどんな意味か。北海道の山の名を詳しくしらべている村上啓司君の説によると、判然としないそうである。おそらくニペシオツがつまってニペソツとなったのだろうという。「もとは沢の名であってニペソツナイと呼ばれていたに違いない。ニペシ・オツとはシナノキが多いという意であって、ニペシはシナノキの樹皮の繊維のことである。アイヌは樹皮をさらして繊維をとり、縄を編んだり、敷物を作ったりしたのであって、シナノキはアイヌにとって生活上重要な木であった」。これが村上君の説の要約である。

　坂本直行画伯に冬のニペソツのすばらしい水彩画がある。直行さんの話では、ニペソツは下界からあまりよく見えない山で、それを望見出来る地点は、ごくわずかしかないそうである。

6 暑寒別岳（1491m）

札幌から北へ向かう国道十二号線を、空色をした一台の自動車が快適に走っていた。運転するのは車の持ち主の平野君、あとの三人は、札幌に住む高沢君と浅利君、それに東京から暑寒別《しよかんべつ》岳へ登るためにやって来た私。東京も暑かったが、その頃北海道も暑かった。八月初旬のことである。

滝川まで来て国道とわかれて石狩川を渡り、今度はその左岸の道を雨竜《うりゆう》まで走った。そこが登山の出発地点である。町役場へアイサツに立ち寄り、他の諸君が買い物に回っているあいだ、私は町長さんからいろいろ聞いた。教養に富んだ人で、話はおもしろかった。

町役場で昼食をごちそうになってから、頼んであった小型トラックで雨竜を出発。ことしは大豊作だという石狩平野から、山のはざまへはいって行く。

オシラリカ川を堰《せ》きとめた暑寒ダム、そこには何か青少年の催しがあるらしく、にぎやかな湖畔風景を作っていた。その人造湖のわきを過ぎると、谷は次第に迫って、支流ベンケペタン川沿いに切り開かれた道にはいってからは、馬力のあるトラックの車輪でさえためらうことがあった。

最後の急坂を、折しものにわか雨の中で乗り切って、南暑寒荘の前に着いたのは三時すぎ。雨竜町で建てたモダンな自炊制のヒュッテである。男女の高校生でいっぱいだったので、私たちは別むねの管理人の住む売店に泊めてもらうことにした。

私と同行の三人は、前にも一緒に北海道の山へ登ったことがあり、いつも楽しい食事には意表をつく献立で私をもてなしてくれていた。今度はそれが豆腐の冷や奴であった。つめたい沢水につけてあったので、私たちはそれを『沢やっこ』と呼んだ。それからいろいろの珍味を入れた闇汁。歓談のうちに食後の西瓜《すいか》が割られたころには、もう夜もおそかった。満天の星といううれしい予報で、四人まくらを並べて寝た。

翌朝四時半にもう歩き始めていた。沢沿いの急な登り道で、まず夜明けの空に、城塞のようにキリッと立っている岩峰がいかめしい。名は円山だが、角形をしている。その次は白竜ノ滝、一本、棒のように落ちている。そばに古い石仏があるのは、むかしここへ雨ごいに来たなごりだという。

急坂を登りつくしたころ、不意に私たちの目をおどろかせたのは、前面に現れた大湿原であった。シラカバのスクスクと立ったかなたに、広々とした緑の原がひろがっている。そのはるか向こうの果てに、

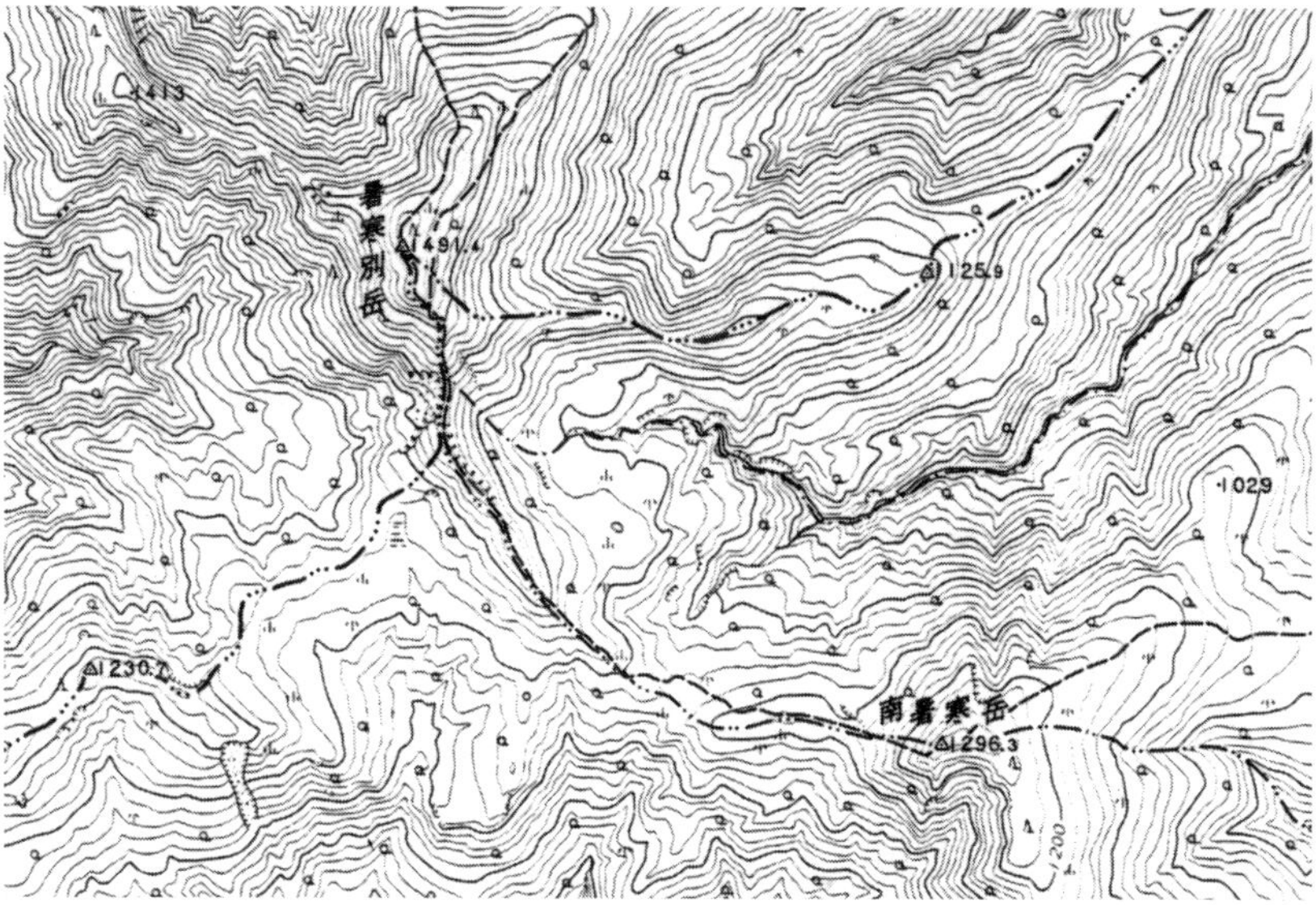

ゆったりと二つの山が並んでいる。左が南暑寒岳、右が暑寒別岳であることが、直観的にわかった。暑寒別岳にはまだ若干の残雪が光っている。

天上の楽園というありふれたことばも、ここでは真実であった。私たちはまず一つの沼にありついて、その美しさに見惚れたが、そんな沼はそれから次から次へと現れた。湿原の中に点々と象嵌《ぞうがん》されたそれらの鏡面には、山が影をおとし、真っ黄色のコウホネの花が咲いている。そのすばらしい自然の中で、私たちは朝食の包みを開いた。

広大な雨竜沼湿原を行きつくして、南暑寒岳の登りになる。急なのか、ゆるいのか、なんだか要領の得ない長い登りであった。ハイマツと岩の世界になって、やがて頂上に達した。第一の眺めは群別岳、谷を隔てて颯爽《さっそう》と立っている。あんな山へ登った人はごくわずかだろう。

暑寒別岳へ行くのに、いったんおそろしく急な坂を下った。やっと鞍部に着いて、雪の残っているあたりで昼食にした。物を食う間もうるさく虻《あぶ》がつきまとう。ノロマな虻で、たたくとコロリと参るのだが、なにしろうるさい。

鞍部から暑寒別への長い急な登りで、ついに私の精も尽きかけた。ところどころネマガリザサを掻きわけて行くようなところもある。山くずれの上っぷちをたどって行くようなところもある。私は何度も休んでは息を入れた。尾根道の両側に、美しい広い高原が見おろされる。沼が点在しているから、あそこも湿原かもしれない。テントでも張って一晩寝てみたいようなところだ。そんな気持のよさそうな原が、名もなくほったらかされているのも、北海道の山の贅沢さである。

最後の一番急な登りでヘコタレていると、上から迎えが来た。増毛《ましけ》山岳会の人たちであった。雪渓を渡って、岩の道を登ると、そこが頂上であった。留萌《るもい》に住む私の山友滝本君もそこに待っていた。午後

二時だった。普通なら正午ごろ着くはずで、増毛の人たちはそのつもりで長い間山頂で待っていて下さったらしい。

頂上は広々として、暑寒別山群の主峰たるにふさわしい風格をそなえていた。浜益岳、浜益御殿、雄冬山、天狗岳などの山々が前面に連なり、その果ての日本海は残念ながら曇って見えなかったが、しかしこの眺望だけで私には十分であった。北海道の未登の山が、私のリストから一つ消されたのだ。私の喜びにはきりがなかった。

下りは増毛側の道を採った。紙屑や空罐などの汚れのない清潔な道、ただし長かった。何しろ海辺まで下るのだから、長いのは当然である。北へ向かって尾根を行く。一〇七六メートルの三角点は「炭釜ノ上」と呼ばれ、そこの道ばたに座りこんで休んだ。それから暑寒荘までの下りも長かった。暑寒荘は増毛山岳会の山小屋である。立派な小屋だった。

増毛に着いた時はもう夕暮れになっていた。札幌から山越えしてきた私たち四人は、その夜は川浪武男さんのお宅に泊めていただいた。川浪さんはここの郵便局長さんで、増毛山岳会の中心人物の一人。大へんな読書家らしく、部屋の壁がギッシリ本のつまった書棚で覆われていた。そのお宅から南に向かって暑寒別山群の山が居ながらにして見えることを、翌朝になって知った。部屋から山が眺められるということは、今では東京人にとってはこの上もない贅沢である。

その日の午前増毛山岳会の人たちに案内されて海を見に行く。増毛そのものが海ばたであるが、私たちは車でもっと南の方へ連れて行かれた。二キロほど離れた別刈までは海ぎわを走るが、それから先は断崖になる。この断崖はずっと南の浜益あたりまで続いている。海辺は通れないので、道は山の中についている。むかし北海道の駅逓《えきてい》が盛んだった頃、このルートは増毛山道と呼ばれて重要な役をつとめた。いつか坂本直行氏がこの山道を歩かれた時の文章を読んだことがある。この地方は道内でも有数の豪雪地帯で、逓送人夫は電線につかまって歩く。雪が溶けて電線に履き古したツマゴがぶら下がっているのを直行氏は見たそうである。山中に武好《ぶよし》という孤立した駅逓のある話もおもしろかった。

いま私たちが車で走っているのは、その増毛山道ではなく、もっと西寄りの、目下建設中の新しい道らしく、やがてはこれが札幌まで伸びて国道第何号線とかになるという話だった。そうなると、今まで辺鄙《へんぴ》に思われている増毛も非常に便利になります、と案内の人が付け加えた。「辺鄙な方がいいんだがなあ」と私は口の中で呟いたが、それはたまにしか訪れてくることのない東京人の言うことであろう。しかし辺鄙ということは決して非文化的ということではない。登山に限ってみても、増毛には整った山岳会があり、山小屋を持ち、山は清潔に保たれ、暑寒別の山群のあらゆるルートが開拓整備され、「未踏」と題する山岳会の年報も出ている。

私たちの車は、歩古丹《あゆみこたん》の海の見える高台まで行き、そこで持参のビールを飲み西瓜を食って、また元の道を引返した。それから親切だった増毛山岳会の人々に別れて、バスで留萌へ出た。北海道西海岸とは言え、さすがは夏である。留萌の市中には海水着姿の人が目立った。

7 芦別岳（1726m）

北海道のめぼしい山はたいてい登ったが、まだ若干残っている。芦別岳はその一つであった。十勝の方から狩勝峠を越えて空知《そらち》川のほとりへ出たのは、もう夕方だった。豊かな水を持った川の彼方《かなた》に、私は初めて岩峰を連ねた芦別岳を見た。

北海道の山はたいていなだらかな稜線を持つ鷹揚な山容である中に、芦別岳はこごしい岩根をもって知られている。北海道の谷川岳とも言われ、道内のロック・クライマーを集めている。

富良野《ふらの》に泊まった私は、朝早く山部《やまべ》まで車で走った。山部は独立した村であったが、数年前富良野と合併して、富良野市の一部となった。ここに山部山岳会があり、その若い五名に私は迎えられた。山部からユースホステルのある登山口まで行き、そこで車を棄てて、ユーフレ沢沿いの道を歩き出す。まだ七時前である。旧道を登って頂上まで八時間、新道を下って四時間、今日は十二時間のアルバイトと聞かされている。

砂防ダムがあって、そのすぐ下に新しい吊橋がかかっている。橋を渡ると広場があって、夏はテント場となって賑わうそうだ。しきりにカッコウが鳴いている。今は六月下旬、山に向かって正面に、二つの岩峰がむつまじげに空高く並び立っているのが見える。夫婦《みようと》岩である。空知川のほとりから芦別岳を仰いだ時も、この特色のある岩はすぐそれと気がついた。

一つの役目が私に課せられていた。出来て間のない吊橋に名前を付けよ、というのである。断っても堪忍してもらえそうもないし、私を案内してくれる山部山岳会に対する義理もある。夫婦岩がよく見えるから夫婦橋はどうかと思ったが、その明るい声があまりに印象的だったので、カッコウ橋にきめた。そしてその夜宿で、大きな横板に「かっこうばし」と書かされた。あの恥ずかしい悪筆は今も曝《さら》されているのだろう。

テント場からしばらく川ぶちを辿ったと思うと、高捲きの道となった。ユーフレ沢は函（咽喉《ゴルジュ》）となって河原は歩けないらしい。この高捲きほど山歩きで嫌なものはない。いずれ川ぶちへ降りるに決まっているのに、余計な登りである。しかも今度の高捲きは急だった。歩き始めの朝の元気はあったものの、山部山岳会の猛者《もさ》連のあとに続くのは苦しかった。沢のほとりにおりてホッとする。

やがて二股に着く。登山道は右手の沢だが、左手の地獄谷へ入ったのは、地元の人の自慢のユーフレ

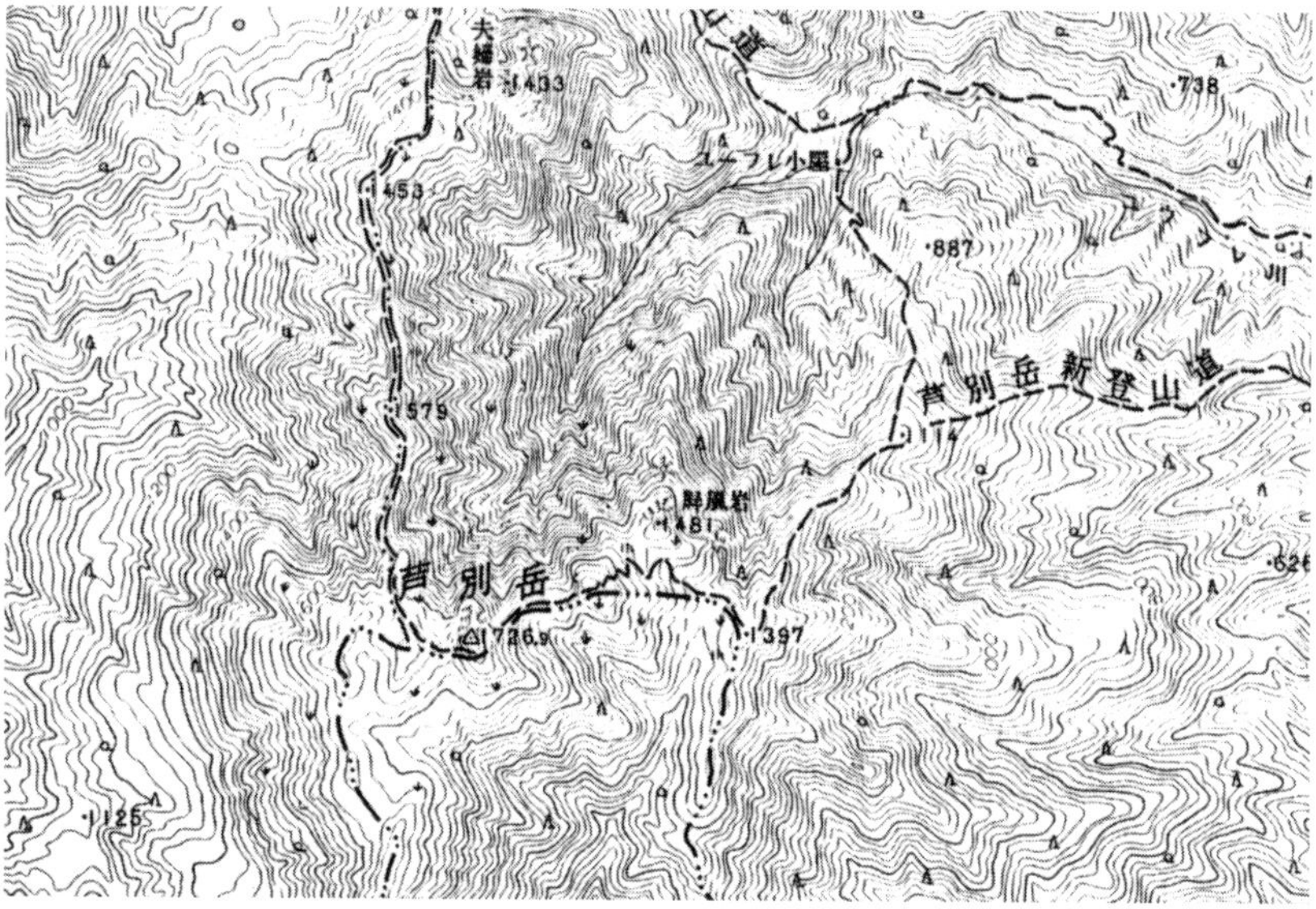

小屋を是非私に見せようという心組みからだった。三段ノ滝というのを見て、三十分あまり行くと、ちょっとした台地があってそこに小屋が建っていた。なるほど自慢の価値がある。鉄筋コンクリート作りで、その壁は玉石で積んである。大きくはないが、がっちりしていて、山小屋としては一級品と称していい。中もきれいに整頓されていた。

　このユーフレ小屋がロック・クライマーたちの根拠らしい。小屋のところで沢は二つに分かれている。地獄本谷と熊ノ沼沢。その源流に険しい支稜や岩壁が彼等を待っているようであった。

　二股まで戻って、そこから旧道のコースに就《つ》く。初めは急坂であるが、やがて夫婦岩の岩壁の真下を通過するあたりから、登りも幾らか緩《ゆる》くなる。右手にはビャクシン山の迫力のある岩壁が望まれる。ようやく稜線上に達して一休みする。二人の若者がおくれて来たのは、途中でアイヌ葱《ねぎ》（行者ニンニク）をどっさり摘んできたからであった。

　それから芦別岳までの稜線伝いは長かった。夫婦岩を裏側から見るようになり、息の切れる急坂があるかと思えば、気持のいい原があり、高山植物が道の辺に咲き満ちている場所もあれば、まだずっと雪を踏んで行くところもあった。上り下りを繰り返しながら進んで行くうち、行手に芦別岳が鋭い岩の穂を現した時には、思わず歎声をあげた。それはピラミッドと言うにはもっと細く、犬歯のような鋭さで立っていた。

　尾根伝いは長かったが、それにしても退屈もせず、あまり疲労も感じなかったのは、移り行く景観のためであろうか。空は初夏の色に晴れて、近くは芦別岳につづく岩稜や岩峰、遠くは十勝・大雪の山々も大観出来た。私の拙い俳句をここに掲げて、描写に代えることをお許し願おう。

鶯の声の巧拙尾根を行く
万緑の上に突兀夫婦岩
雪つけて鋭し芦別岳の穂は
鶯や登りつつ摘むアイヌ葱
雪渓や挙《こぞ》る芦別岩峰群

近づくにつれて芦別岳はいよいよ尖鋭に、いよいよ威をもって、私の眼に迫ってきた。芦別岳から東へ延びた稜線上には幾つかの岩峰が並び、そこから落ちている数条の沢には雪渓が白く光っていた。

最後の急坂を終えてハイマツの原に出、そこから岩を攀《よ》じて頂上に立った時は、もう午後おそかった。霧が巻いてきて一面白濁の中に私たちはいた。

長いけれど変化に富んだ旧道に比べて、帰路に採った新道は、時間と距離には経済的であっても、面白みのない道であった。ひたすら下り一方で機械的に足を動かすだけである。途中で日が暮れ、登山口のユースホステルの灯が見えた時はもう八時をすぎていた。

8 ニセコアンヌプリ（1308m）

北海道へ三度行ったが、三度とも雪のある季節であった。三度目は昭和十九年の二月下旬で、さすがこの時はスキーを持って行くわけには行かなかったが（もうその頃の日本はスキーなど携えて旅行するとブン殴られそうな形勢にあったということを、若い読者のために付け加えておく必要があろう）しかし機に応じて滑ることが出来るように、スキー靴はもちろん、ルックの中には、手袋、アザラシ、眼鏡等、万端の用意は忍ばせて行った。

この旅行は鉄道省の国際課（とか言ったと思う）からの依頼で、厳冬の北海道における国鉄従業員が窮乏の悪条件の中でいかに雄々しく銃後の務めを果たして居るかということを親しく見学し、それを全国民に文章をもって伝えるという任務を僕は負わされて居た。

約一週間、小樽、室蘭、岩見沢、旭川等を廻って、いろいろな施設を見たり現場の話を聞いたりして、予定のスケジュールを終わると、僕個人のこの旅行の最大の目的であったところの、ニセコアンヌプリへ登ることになった。

ニセコアンヌプリという名を初めて聞くと何か蝦夷《えぞ》的なエクゾチックな感がするが、北海道ではポピュラーなスキーの山になっている。前二回北海道へ来た時も、帰途ちょっと立ち寄ろうと（たしかにちよっと立ち寄ろうくらいで登って来られる山である）思っていながら、事情のため果たさなかった。今度はもうスキー登山などという閑事は許されないような、押しつまった国内の情勢であった。そこで僕はごくこっそりとスキーを楽しむつもりで、この手軽な山を選んだのであった。ここ十数年一冬もスキーを足に付けずに終わったことのない僕のスキー記録も、この冬はついに破れるかと思ったが、辛うじてこの行によってその継続を保つことが出来た次第であった。

岩見沢で最後の任務を済ますと、僕は函館行に乗って一路ニセコに向かった。打ち合わせがしてあったので、途中札幌鉄道局のK君が僕用のスキーを携えて、乗りこんで来られた。K君のほかにやはり札鉄のB君が一緒だった。このお二人が僕と同行して下さるわけである。

函館本線の狩太《かりぶと》駅で降りた時には、もう午後かなり過ぎていた。駅の近くにうまい蕎麦《そば》屋がある、と事情を知ったB君に案内されて行く。東京ではすでに実力貧弱な飲食店ばかりの時代であったから、卵を落とした分量豊富な蕎麦は大変美味しく、これから約十キロの道のりを行くのに結構な腹ごしらえになった。

正面に形のいいニセコアンヌプリを望みながら、このシーズン最初の、そしておそらく最後であろうスキーを滑らせて行く。あちこちにポツリポツリと農家が見える。たいていの家屋に、塔のような尖った屋根を持った建物の付随しているのが、本州から来た者の眼には牧歌風な風景に映った。これはサイロとか呼ばれて、乾草を入れておく納屋だそうである、振り返ると、蝦夷富士の名で知られている後方《シリ》羊蹄《ベシ》山が見える。この方はニセコより約六百メートルも高いことにもよるが、眺めて実に優秀な感じのする山容である。

ごく緩慢な傾斜を持った台地状の雪原を真っ直ぐに上って行く。雪曇りの空になって、ニセコアンヌプリの頭も見えなくなった。侘《わび》しい夕方の色が早や我々を包み始めた。原を行き尽くすと森林帯の入口になる。そこでしばらく休憩した。ここまで来て一休みするのが常識だそうである。

森林帯に入ってから幾らかずつ傾斜が加わってくる。最後に相当の勾配のある坂を登り切ると、広々とした原に出た。これを一文字に突き切って、すでに夜の灯のともっている山の家に達した。

札鉄経営のこの「山の家」を普通のヒュッテくらいに想像して行った僕は、その立派なのにちょっと驚いた。電灯もついているし、食堂もある。何より結構なのは豊富な温泉を引いた浴室のあることだ。札鉄の二君とごく懇意らしい「山の家」の番人（まさかこれだけは支配人とも呼びかねる）は、我々を歓待して特別の料理を作ってくれた。他に客とては三人組の青年が居ただけで、さすがに急迫した時勢下の山の寂れ方が察せられた。腹いっぱいに食べ、熱い温泉に浸り、それから特別室の寝台に横になったが、この豪奢《ごうしゃ》が何か時勢に対して申しわけないような気がしないでもなかった。

が、ともかく多年宿望のニセコアンヌプリにやっ

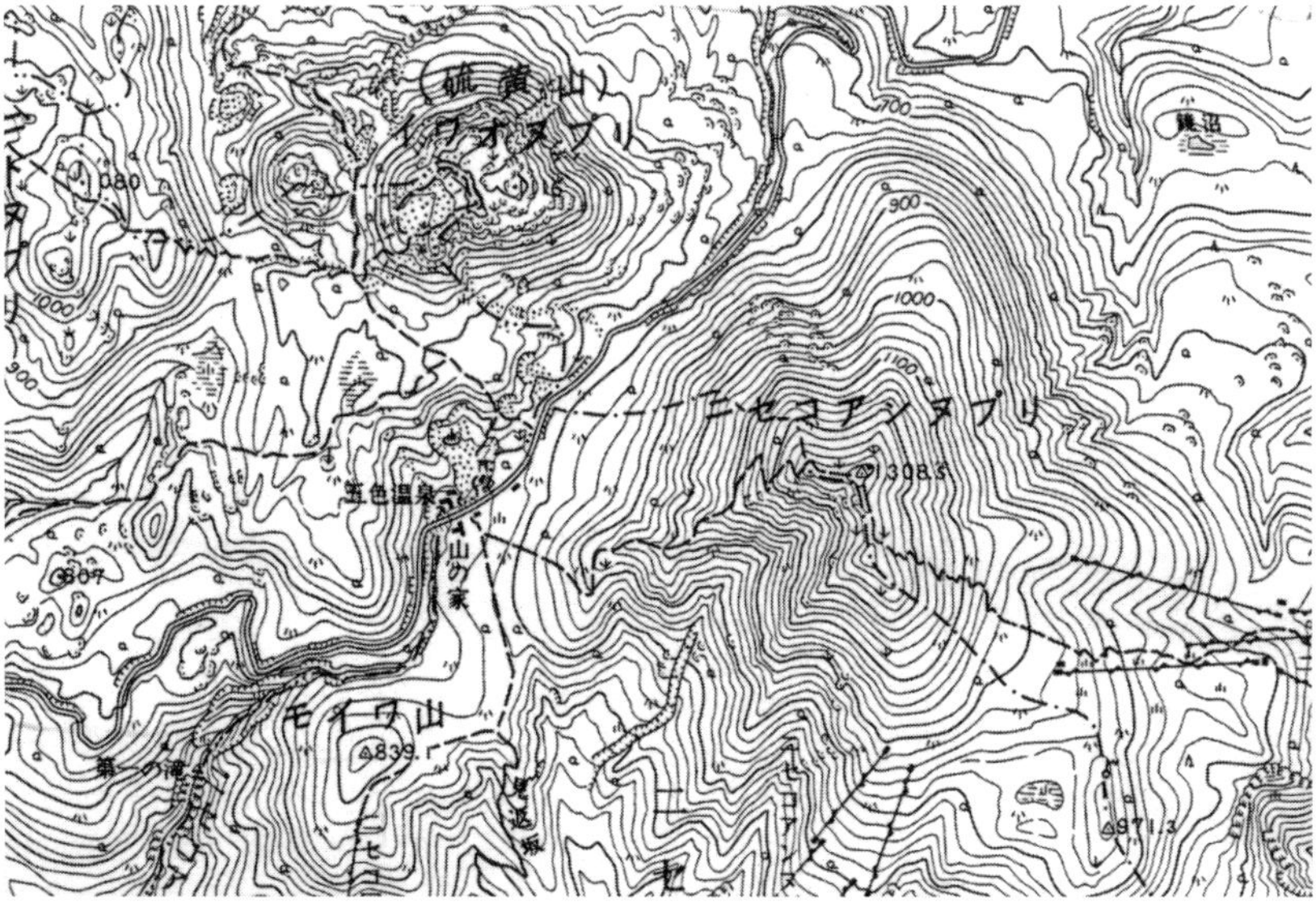

ニセコアンヌプリ　▲岩内

て来たのである。その喜びで幸福な眠りに就いたわけだが、ここで少しばかり講釈することを許していただきたい。

ニセコアンヌプリという名はヌプリ（山）がついていることからしてもアイヌ語に違いないが、ニセコアンというのはどういう意味か、いま手近にある北海道の山の本を幾冊か調べて見たが、どこにも見当たらない。そこでバチェラーの『アイヌ英和辞典』を引いて、それらしい言葉を探していると、nishke-anというのが見つかった。左側、On the leftの意である。これに違いないと独りで決める。北海道の口の方から奥に向かってこの辺まで来ると往還の左側に見えるのがこの山である、という僕の解釈だ。

全くこの辺までくると、左手にニセコアンヌプリ、右手にはマッカリヌプリ（後方羊蹄山）が両々相対して旅人の眉を圧するのである。ついでにマッカリヌプリを辞典で繰ってみて、これはMak（後方の意）とKari（by, through, along あるいは to go by, to pass along の意）と連結したものだろうと想像した。このマッカリヌプリは後方羊蹄山という名で日本紀斉明五年にすでに記されているそうである、マッカリヌプリに後方の意があるから後方（シリへ）という名が出て来たのであろうか。この山名に僕が興味を感じたのは実は牧野富太郎氏が古く書かれた植物随筆にそのことが出ていたからで、かつてそれを読んで備忘のため手帳に控えておいたのである。博学の士はこういうことはつとに御承知であろうが一般の読者にはあるいは興味もあろうかと、次に牧野氏の文章を引用してみることにする。

それはシリベシ山に後方羊蹄山というむつかしい字を当てたわけである。後方はシリへで分かるが、それに加えて羊蹄をシと読ませたわけはなぜか。「……シノ場合ニ羊蹄ノ二字ヲ使用シタ訳ガ能ク分ツテ居ラヌ様ニ思ハレルガ、是レハぎしぎしト云フ即チ羊蹄（漢名）ノ草古名ヲし即チ之（『倭名類聚抄』）

ト云フモンダカラ、ソレデ羊蹄ノ二字ヲシノ場合ニ用ヰタモノデ、其用字ガ頗ル奇抜デアル故ニチョッ ト普通ノ人ニハ分リニクイコトニナッテヰル。シリベシノシリベヲシリヘ（即チウシロ）ト見テソレヲ後方ト書キ、ソレニ続ケテ前記ノシノ羊蹄ノ字ヲ添ヘ、シリベシ山ノ名トモシタノデアル。此意味ヲ解釈シテ世ニ公ニシタ人ノアッタコトヲ私ハマダ知ラヌユエ特ニ之レヲ書イテ見タ（後略）」

以上の如くである。ところが羊蹄を「シ」と読むことはすでに万葉仮名にも使われているので、万葉集巻十に「毎年《としのは》に梅は咲けども現身《うつせみ》の世の人君羊蹄春なかりけり」で、羊蹄を「シ」とよませている。とにかく誰がこの名を付けたか知らないが、昔は未開の北海道の山に古くから万葉仮名の読み方を採用したなどは、ちょっと愉快な話である。

蛇足に亙《わた》るが、万葉集にはこういう当字が時々使われている。これも幸田露伴氏の随筆で覚えたのだが、巻三に「標結《しめゆ》ひて我が定めてし住吉《すみのえ》の浜の小松は後も吾が松」という歌があるが、この中のてしという助辞に万葉仮名では義之という字が当ててある。義之をどう読むのか初め分からなかったそうだが、これは晋の王羲之が書家として名高かったので、書家すなわち手師《てし》から、義之を「てし」と読ませたのだそうである。

ニセコアンヌプリやマッカリヌプリの考証などは、もう北海道の熱心な山岳愛好家の研究済みのことで（もしそうでなかったら僕のこの文章の光栄とするところだが）今さら僕が事新しく述べ立てるのはあるいは笑止なことかも知れないが、せめてこういう講釈でも挟まないことには、僕のこの精彩のない平凡な紀行は、この立派な山岳雑誌の場所塞ぎをするにはいささか恥ずかしいのである。

さて、一夜寝て明くれば快晴、というわけには行かなかった。相変わらず雪曇りで、時々吹雪いている。札鉄発行の「スキー北海道」というパンフレットを見ると、この付近のことを「豊かなる積雪と、素晴らしい粉雪、加ふるに至る所に温泉が点在し、之を縫ふ白銀の山脈は千米を超ゆるもの十余座、何れも本州の二千五百米に比肩する山貌を有する。而も山頂へは容易にスキーを許し、景観また雄大、随所に好斜面展開し、本道四大スキー場の一として万人享楽し得るスキー理想郷である」と書いてある。ゆっくりここに根拠をおいて付近の山々を遊んで歩いたら、さぞ面白いだろうと思うが、そんな余裕のない僕は、さしずめ手近なイワオヌプリ（Iwaはアイヌ語で硫黄の意）へ案内して貰うことにした。

実はさっそくにもニセコアンヌプリの頂を目指すのが当然なのであるが、はなはだ落胆したことには、その頂上に国防上機密に属する施設があるとの理由で、中腹以上に登ることを厳禁されていたのである。折角ここまで来て、憧れのニセコアンヌプリの頂に立てないとは切歯扼腕の思いであったが、その頃のオール・マイテイの軍の指令とあれば致し方なかった。

イワオヌプリは、山の家の背後の急斜面を登って、起伏のある台地を行き、南西の尾根に取りついて、手易くその頂上に立つことが出来た。宿を出てから二時間とはかからなかった。眺望はよかった。すぐ真向かいに禁断のニセコアンヌプリが、長い峰の両端をグッともたげて堂々と立っている。それと反対の側には秀麗な形をしたチセヌプリ、北側にはワイスホルン、いずれもわが登高欲をそそり立てるように白銀の肌をさらしている。日本海の西海岸の一部が案外に近く眼下に見えたのも、北方の冬山の旅情をそそるものがあった。

帰りは先刻の尾根をさらに西へ伝って一〇四〇メートルの峰に達し、そこから南西の急斜面を滑った。申し分のない雪で、三人はしばらくそこをゲレンデにして遊んだ。

宿へ戻るともう正午を過ぎていた。昼食を食べて午後は、せめてニセコアンヌプリの許された地点まで登ってみることにした。確か九百メートル（？）の高度であったか、そこに厳として禁札が立ってい

たので、匆々《そうそう》として退却した。退却も滑降となれば楽しい。

家に入ってゆっくり休息してから、名残を惜しみながら帰途に就いた。今夜は昆布温泉泊まりの予定なので、昨日通ってきた森林帯を出はずれない前に進路をその方向へ向けた。すべてはこの辺の地勢に委しいB君任せで、僕は地図を探るさえ面倒臭く、ただそのあとについて行くだけである。

夕方近くなって、深い谷川に面した昆布温泉の宿に着いた。ここは北大や小樽高商のスキー合宿所になる所だそうで、付近には練習に都合のよいスロープが幾つもあるとのことだった。湯は赤銅色に濁った硫黄泉（?）で、かなり広い浴場である。

僕はいま一夜を過ごしたこの温泉のことを書こうとして、しきりに回想につとめているのだが、どうしてか思い出がはなはだ稀薄で、文章にすべき生き生きした映像が浮かんで来ないのである。こう忘れっぽいのはどうしたことかと案じて、その原因らしきものに思いあたった。

それはこうである。その翌朝、我々は宿を辞して、昆布駅まで約七キロ、ところどころストックでこいでスキーをやらねばならぬ緩い下り道を滑って駅に到着し、そこでお世話になった二君と別れて、僕は函館行きの汽車に乗った。その晩は三月三日の雛祭で僕は函館の妹の家に行き、そこで家族を相手に酒を飲んでいた。十日あまりの旅程をつつがなく済まし、明日はいよいよ自宅へ向けて帰路につくというので至極いい気持に酔っていた。その座へ図らずも故郷から電報が来た、怪しんで拡げてみると「キウヤアカガミキタシキウカヘレ」とある。ついに僕にも召集令が下ったわけであった。

それからの慌《あわただ》しさは言うまでもあるまい。帰宅、送別会、挨拶廻り、家事整理、帰郷、入営、出戦準備、出帆、……短時日の間に打ち続いて起こったこういう切実な出来ごとが、その直前の暢気な旅の記憶を圧倒して、これを影薄くしてしまったのである。

僕の思うのに、すべて山旅のなつかしい記憶は、そのあとに続く回想の時間の長いほど、印象が濃くなるものではなかろうか。僕のこのニセコアンヌプリの紀行の具体的映像のすこぶる貧弱な所以《ゆえん》である。その後僕は約二年半華中湖南省の辺鄙な土地をあちこち歩き廻った。

敗戦前の最後の山旅として、このニセコアンヌプリ行は僕にとっては書き残しておきたい記念なのである。

9 チセヌプリ（1135m）

今度の北海道の山旅の予定にはなかったチセヌプリを最後に加えることの出来たのは、全くの偶然からであった。

倶知安《くっちあん》高等学校はなかなか開けた学校で、秋の学校祭に、もしその頃北海道へ名士の来遊があると、すかさず招いて講演を依頼するという。今までに大宅壮一、伊藤整、西堀栄三郎の諸氏が、その招きに応じられたそうである。私は名士とまではいかないが、やはり同校の生徒会の眼から逃れられなかった。山旅の帰途講演に立ち寄ることを、最初札幌に着くなり約束させられた。ちょうど風見君がヒマラヤの映画を持っていたので、二人で行くことにした。

倶知安高校はまことに羨ましい位置を占めていた。後方羊蹄《しりべし》山の真下にある。私たちの着いたのは九月二十六日、倶高祭第一日目で、一点の雲もない空を背景に、その美しい形の山はまともに大きく立っていた。夕方の闇が濃くなって、その中に姿を消してしまうまで、私は何度仰いでも見倦《あ》きることがなかった。

山に恵まれたこの学校に、山の好きな先生がおられたのは当然である。天野時次郎先生と五分と話しあわないうちに意気投合して、たちまちチセヌプリ行きの相談が出来上がってしまった。天野さんは私くらいの年配だが、生徒をつれて諸方の山へ登っておられるそうである。

学校の先生がたと楽しい夜の会食をしてから、私たちは自動車で湯本温泉へ向かった。暗いから途中の様子は何も分からなかったが、次第に上り道になって、目的地に着いたのは八時すぎであった。

湯本温泉には直営のチセハウスが一軒あるきり、ヒュッテ風のガッシリした建物である。あるじの織笠さんはスキーの名手で聞こえている。電話で連絡してあったので、私たちのためにビールとジンギスカン鍋が用意されてあった。織笠さんの話によると、毎年正月休みには東大総長の茅誠司先生が家族連れでこの宿へ来られるそうである。茅さんはスキーで一日に一つずつ近くの山へ登るのを例にされている。元気なものです、と織笠さんは感心していた。温泉に浸って、あたたかいベッドにもぐりこんだ。明日は六時出発という天野さんからの達しである。

残念ながら翌朝は、前日の快晴に引きかえ、どんより曇った空であった。予定の時間にあまりおくれず私たち三人は宿を出た。熱湯の湧いている沼のふちを通って山道になる。正面にニトヌプリが見えた。チセヌプリのチセは「家」、ヌプリは「山」で、住居の屋根型をした山という意だそうだが、ニトヌプリは意味不明だそうである。ニトはアイヌ語でなく、二兎ヌプリだという説があると天野さんから聞いた。後日談になるが、北海道の山の名に詳しい村上啓司さんが、山の形からいってニットクヌプリではないか、と書かれているのを読んだ。細い棒状に凸起した山の意だそうである。

しかしアイヌ語の山名に私は深入りはしまい。実は私は戦争の末期に北海道へ来る用があったついでに、スキーでこの近くのイワオヌプリに登り、続いてニセコアンヌプリに登ろうとしたが、頂上に軍の機密施設があったため、途中で引返さねばならなかった。その時のことを書いた文章の中に、私はニセコアンヌプリの語義について、バチェラーのアイヌ語字典など引用し、得々として私見を述べた。ところが今度倶知安高校へ来て、天野先生が笑いながら私に手渡された生徒会誌を見ると、なんと私の説は先生の験《しら》べによってやんわりやりこめられているではないか。

まだある。前年私は後方羊蹄山に登り、その紀行の中で、この山の名についてやはり長々と説いた。するとその時はまだ未知の人であった村上啓司さんから雑誌を送ってきて、それに私の説に誤りのあることが指摘してあった。爾来《じらい》私はアイヌ語の山名については地元の熱心な研究者に任せて、素人はおとなしく引きさがることにきめている。

さて、そのニトヌプリとチセヌプリの鞍部に私たちは到着した。天気がよいと素敵な見晴らしだそうだが、よいどころか今はニトヌプリにさえ雲がかかってきた。薄ら寒くてゆっくり休憩も出来ない。

鞍部からチセヌプリへの登りは、岩や木の根を踏んで行くかなりの急坂であった。頂上の露岩についたのは八時。雲ばかりで何も見えない。もう一つの三角点のある頂上へ行こうとした時、遠来の客へのせめてものもてなしであるかのように、不意に雲が切れて、眼下の岩内《いわない》の海岸と、積丹《しゃこたん》の山々を望むこ

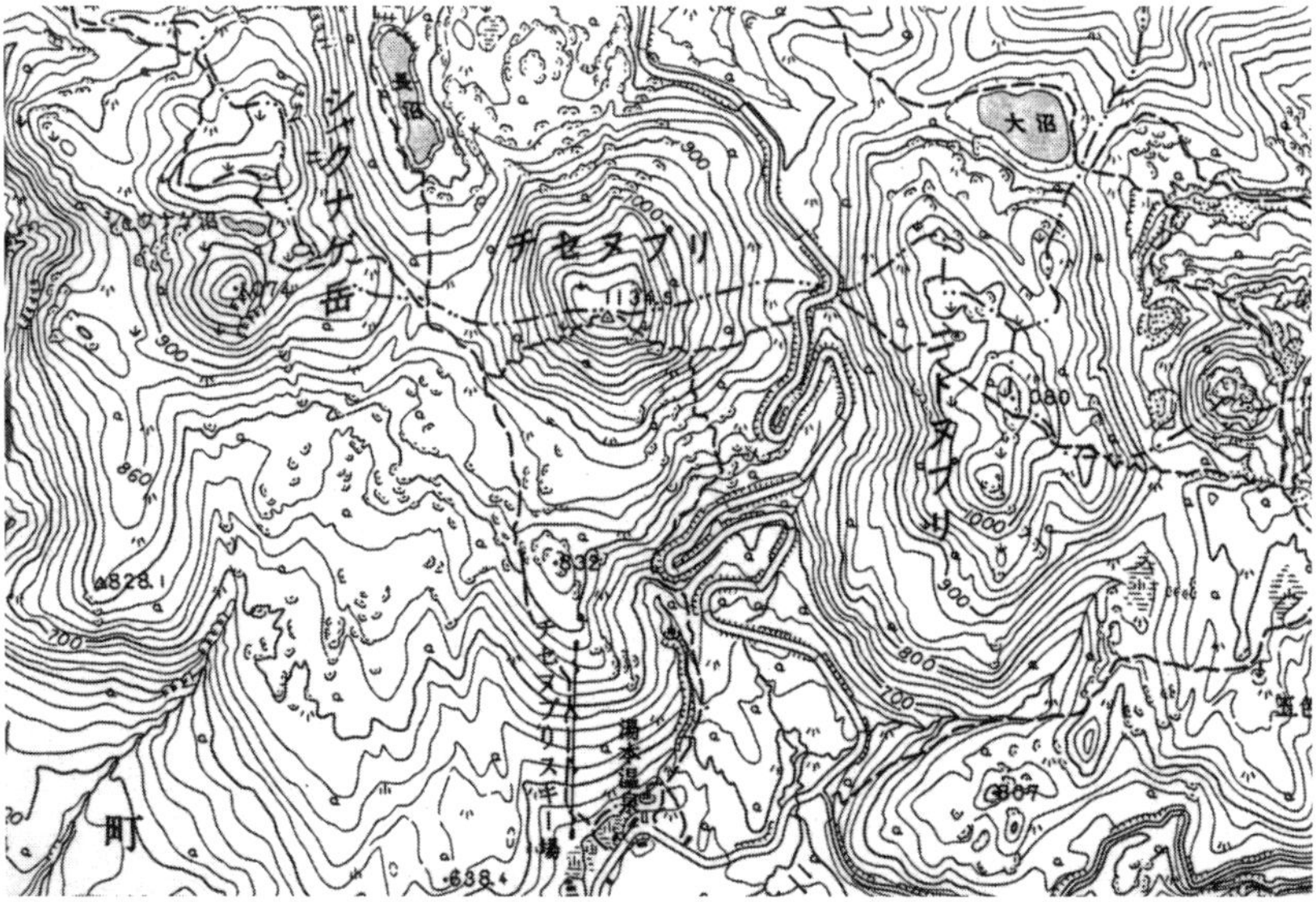

チセヌプリ　▲岩内

とが出来た。それらの山の名を天野さんに教わっているうちに、再び雲が邪魔してしまった。

帰りは反対側の道を採った。行手正面にシャクナゲ岳だけがよく見える。その山とチセヌプリの鞍部まで急坂をおりて、そこから北側へ向かった。チセヌプリの裏手（北側）にあまり人に知られていない、美しい静かな景色がある、そこへぜひ私たち二人を案内したいというのが、最初からの天野さんの意向であった。なるほど訪れる人も少ないとみえて、頭を越すような笹藪の中に、手入れの届かない、おぼつかない道が一本通じていた。おまけに滑りっこくて、幾度かお尻を泥にした。

長沼という半分乾いた池へ出た。ここらではまだ紅葉というには早かったが、その気配はこの裏側から仰いだチセヌプリの肌にもう現れ始めていた。長沼からさらに笹藪の道を辿《たど》って行くと、ひょっこり湿原が現れた。まわりを樹木にかこまれ、ひっそりとした美しい原であった。一面狐色に枯れて、うら寂しい気分が漂っていた。これから先、まだこんな湿原や、神仙沼、大沼など、天野さんの見せたい風景があるそうだが、時間がないし、おまけに小雨が降りだしてきたので、ここで引返すことになった。

鞍部まで登り返し、そこからチセハウスへ下る道を辿った。戦争前、このあたりは昆布温泉に合宿した北大や小樽高商のスキーのパラダイスであった。すっかり雪で覆われるとなだらかな斜面になって、学生たちは「娘の股《また》」と名づけたが、本当にそのように見えるそうである。茅先生はそれはあまり露骨すぎるというので「ヴィーナスの股《もも》」と改名されたとか。

チセハウスへ戻ってくると、自動車が待っていた。それに乗って狩太《かりぶと》駅まで下り、そこで天野先生にお別れして、私たちの小登山は終わった。そしてそれが約二十日近くの北海道の山旅の最後でもあった。

10 駒ヶ岳（1131m）

札幌から函館に向かう汽車で、内浦湾に臨む森町を過ぎるころ、乗客の眼は一せいに窓外に注がれる。駒ヶ岳である。その麓から頂上まで、さえぎるものなく一と目で仰げるのだから、立派である。

しかし大沼回りの線は、一種の奇術師である。山は沿線の木立にたびたび隠される。そして出てきた山は、今までは左の窓であったのに、今度は右の窓になっている。するとまた左に移っている。戸まどわせるのはそれだけでない。見るたびに形が違っている。これが同じ山かと怪しむほど変化する。ようやく大沼公園で駒ヶ岳は代表的な形を取る。馬ノ背と呼ばれるなだらかな曲線の左端に、キッと槍の穂を立てた岩峰、この岩峰がおだやかな山の全体を引き締めて、言うに言われず潔い。

あまりに知られすぎたこの姿に見倦きて、むしろ森町あたりから望んだ駒の形を推す人もある。そこからは主峰と砂原岳とがラクダのこぶのような双耳峰を作って、派手ではないが、落ち着いた調和のとれた山に見える。山の玄人《くろうと》はこちらの眺めが好きかもしれない。

文化年間に出た谷文晁の『日本名山圖會』には、内浦岳としてこの山の絵が載っている。頂上の岩が誇張されているが、大沼・小沼を麓にひかえてそびえ立っている形は、駒ヶ岳に相違ない。噴火の最も古い記録は寛永十七年（一六四〇年）六月で、死者七百余人を出したと言われているが、それについで安政三年（一八五六年）八月の爆発が凄かったという。文晁が蝦夷《えぞ》に遊んだのは、それより前だったから、あるいは当時はそんな岩山だったのかもしれない。

　私が駒ヶ岳を初めて強く認識したのは、昭和四年六月の大噴火で、その惨状が大きく新聞に報じられた時である。私は今もその新聞の切り抜きを保存している。その後北海道へたびたび旅行して、いつもこの山を仰ぎながら、いつでも登れるという気がして、あと回しになっていた。この夏、暑寒別岳からの帰りに、ついに私は多年の望みを果たした。

　函館で日本山岳会員の塩村君と中川君に迎えられて、その夜は湯ノ川で泊まった。翌朝六時、両君が誘いに来た車で駒ヶ岳に向かう。函館の町を通り抜けて、国道四号線を北上、道路の両側に松並木が続いている。これはかつて松前藩士が辺境の殿様を慰めるため東海道を模したものだと聞いたが、これだけ保存された松並木は本州でも珍しいだろう。

　駒ヶ岳の登山は普通大沼のほとりから始まるが、私たちが赤井川からの登山道を取ったのは、こちらの方が車で中腹まで行ける可能性のあることを、塩村君が知っていたからである。私たちの車はジュンサイ沼の脇を通り、国道とわかれて山道へ入った。裾野の林を抜け出ると、まばらに灌木の生えた砂礫《されき》地帯になる。傾斜もだんだん急になって、六合目近くまで行ったが、もうそれ以上エンジンはきかなかった。

　七合目で、大沼からの登り道と合致した。それから上は単調な一本道、登る足を留めて振り返ると、はるか下に、大沼・小沼が森林の中に埋もれたように見える。その向こうに横津岳、袴腰岳などの山々、それから海も見えてきた。

　十時半ころ馬ノ背に着いて、広々とした高原の中へ出た。正面には砂原岳、立派な岩山である。左手の最高峰剣ヶ峰は依然として鋭い岩の穂を立て、そこから右へ尾根（これを駒ノ背と呼ぶ）が続いて砂原岳となっている。つまり剣ヶ峰から、馬ノ背、駒ノ背の二つの稜線が伸び、その中間に広大な原が拡がっている。爆裂火口はその中にある。

　私たちは剣ヶ峰へ向かった。はろばろとした高原のゆるい傾斜を登って行く。足元には可憐なイワギキョウがその涼しげな空色で砂礫地を飾っている。イワブクロもある。これはすこし暑苦しい鈍重な花である。

　剣ヶ峰に近づくにつれてだんだん傾斜が急になり、もはや一つの岩の三角錐ではなく、岩ブスマを立てつらねたような壁になった。その壁を登って頂に立つ。

　新しく現れた森町方面の展望を楽しみながら、私たちはウイスキーの祝盃をあげ、四十分ほどそこにいた。一匹の蟬がすぐそばの岩にきて、かまびすしい声をあげたが、すぐ飛び去って行った。あとは静かな岩の上に私たちの声しかなかった。

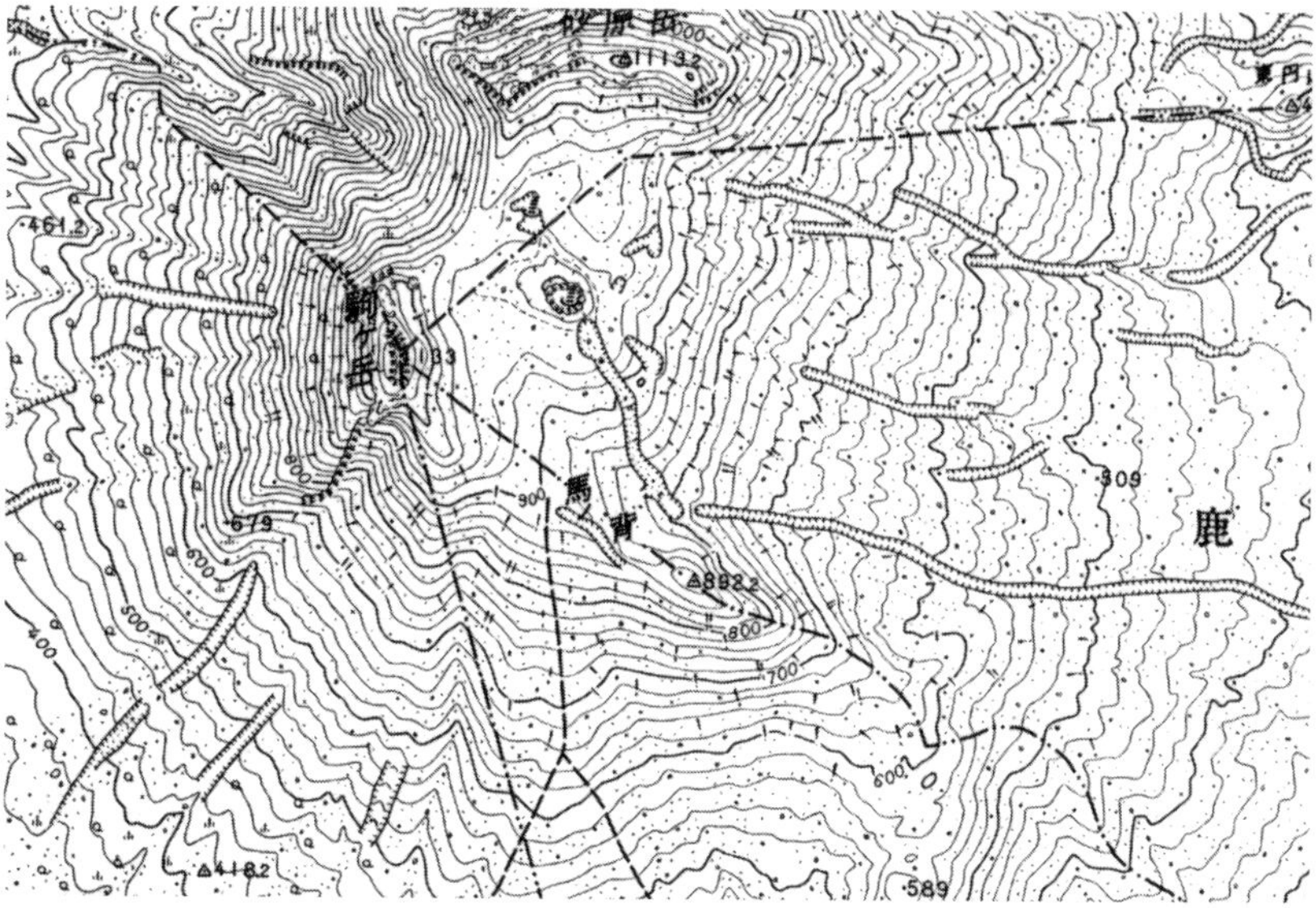

駒ヶ岳　▲駒ヶ岳

11 大千軒岳（1072m）

一九六八年六月二十六日午後三時函館着、旧知の中川泰助、草刈信行の両君に迎えられ、駅前に待っている車に乗せられてすぐ走りだした。ハンドルを握る青年は私には初めての本間憲蔵君、目的は大千軒岳である。

途中、当別《とうべつ》の丘の上にある男子修道院に寄った。古典的な大学本館のような二階建の煉瓦造りで、そこへ上る真っすぐな道の両側にはタンポポが咲いていた。函館湾を距てて向こう側は函館市に当たるが、霧で見えず、時々霧笛が聞こえてくる。玄関で案内を乞うと、もう参観時間は終わっていたが、特別に中へ入れて貰った。

黒い僧服に木靴を穿《は》いたトラピストが先に立って、小さな声で説明をしてくれる。森閑として全く人っ気がない。キリストの事蹟を絵にした額が廊下に懸け並べられている。祈禱室には、卓の上に大きな活字の大きな聖書が拡げられていた。一人前の神父になるまでに、厳格な戒律の下に数年の修行を必要とする。現在五十五人のトラピストがここにいるそうである。本館の裏には、バターやチーズの作業場があって、数人の僧が働いていた。

修道院を出て、再び海沿いの道を走る。福山街道である。昔の蝦夷《えぞ》の旅行者はみなこの道を採った。津軽半島の先端の三厩《みうまや》を舟出して、渡島《おしま》半島の松前に渡る。それが一番の近道だった。『東遊雑記』の著者古川古松軒は天明八年（一七八八年）に、幕府巡見使に随行してここを歩いている。その頃の松前は「家宅の奇麗なること、都めきし所にて、左右の町家表をひらき、床に花を生け、金銀の屏風も立て、毛氈も布《し》きならべ」巡見使を迎えたという。住民の風俗や衣服は、上方《かみがた》の人々に少しも劣らず、秋田・津軽あたりの辺鄙な貧村をすぎて、ほんの少し海を渡ると、こんな上々国の風俗に接しようとは、誰も思いもよらぬところであった。

　青函連絡船で北海道に渡るようになってから、福山街道は衰微した。ほとんどすべての旅行者は函館から奥へ向かい、松前半島などに見向きもしないようである。だからそこにある大千軒岳を知っている人はごくわずかのようである。しかし時代は移る。現在津軽半島と松前半島を結ぶ海底鉄道の工事が進《しん》捗《ちょく》中《ちゅう》である。これが出来あがれば、再びこの地は活気を取り戻すだろう。

　福山街道は知内《しりうち》川の河口近くで海を離れて、山の間《あい》へ入る。知内川の谷である。函館からずっと街道

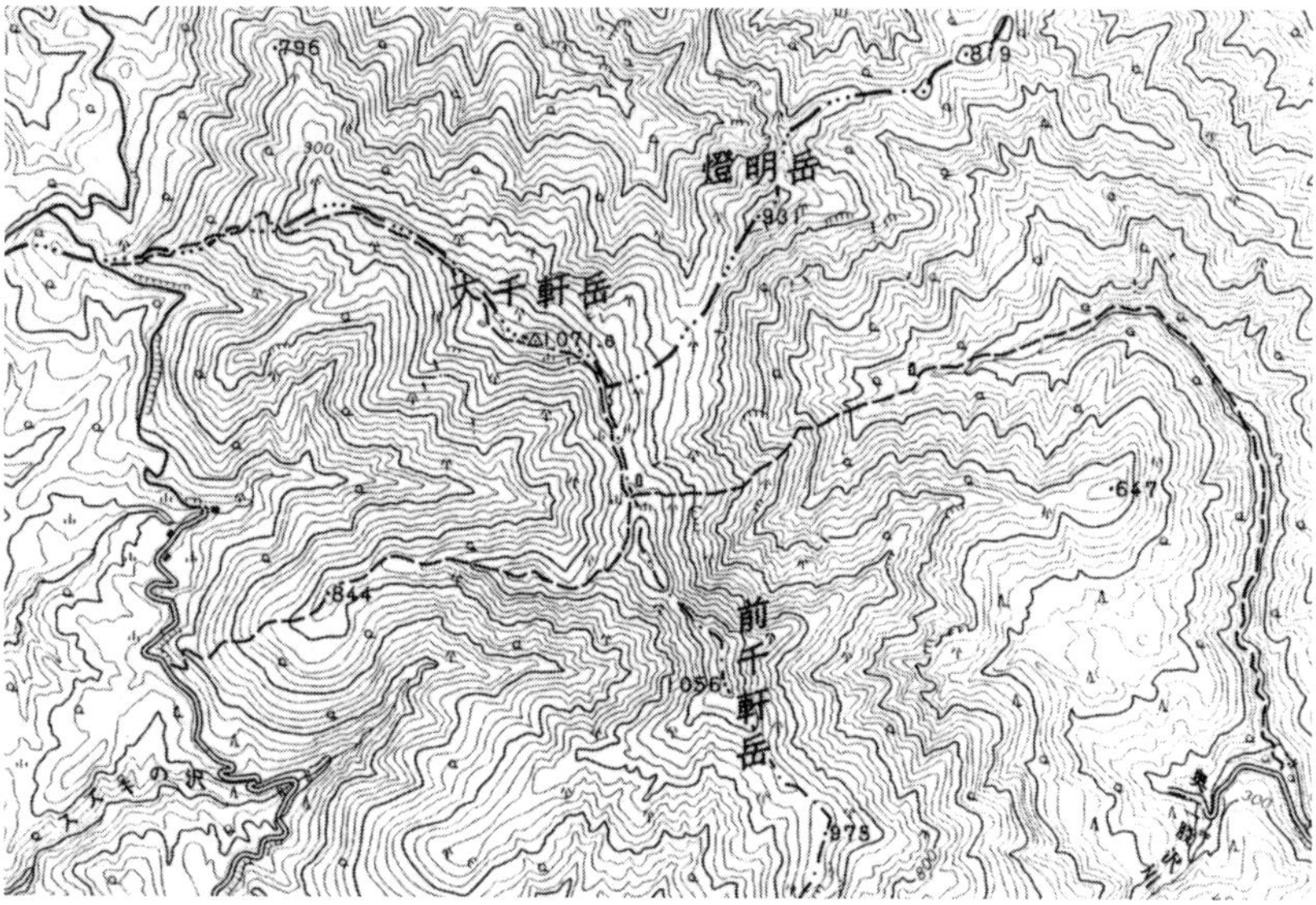

▲大千軒岳

とほぼ平行して松前線が通じているが、その駅の名で言うと「湯ノ里」を過ぎたあたりで、街道から離れて脇道へ入る。すると間もなくただ一軒の知内温泉があった。もう夕方になっていた。

開湯以来八百年と称するその温泉宿に、先着の塩田良仲君が待っていた。塩田君は札幌住まいだが、会社の用事で内地へ出張し、その帰りを三厩から舟で福島町に渡り、松前線でここへ来たのである。途中から雪をおいた大千軒岳がよく見えたという。この人が加わると賑やかさが倍増する。湯あがりで一ぱいやりながら、ワサコ・ホントコ（嘘と本当）取りまぜて楽しい雑談に時をすごした。

翌朝四時出発というのでその時刻に眼をさますと、小雨が降っている。仕様ない、山が駄目なら松前の城址でも見物して江差へ回って帰ろう、とにかく出ようということになって、五時前に霧の深い玄関先に立つと、見送りの女中が、こんな天気の時はきっと晴れますと言う。

女中さんの予言はあたった。福山街道へ出て、駅の名で言うと次の「碁盤坂」まで走るうちに、空は見事に晴れてきた。碁盤坂は御番坂で、昔はここに松前藩の金山御番所があったからの名だという。私たちの車はそこから知内川上流へ通じる林道へ入った。むかしこの川から多量の砂金が採れるので、それに目をつけた松前藩が慶長九年（一六〇四年）その採取に着手した。その砂金掘りに従事する者、一時は数万人に達したと言われている。そして千軒の家で賑わった。その名だけが今残っているのである。

その砂金掘りの中にキリシタンが混じっていた。元和四年（一六一八年）から七年へかけて、ジロラモ・デ・アンジェリス、リーダッショ・カルワルホの両神父が渡道しており、特にカルワルホ神父は元和六年（一六二〇年）八月五日、蝦夷地最初のミサを行い、この知内川上流の大川原という場所に小さな仮聖堂を建ててマリヤ観音寺と名づけた。

アンジェリス、カルワルホの報告書には、この金山の模様が詳しく書かれている。その採取の方法は

「金掘りたちがおどろくほどの数の集団をなし、河流を変えて、川底に残った砂を川床の下にある大きな石や岩に突き当たるまで掘り下げる。そしてこれら岩石の孔や裂目の中に金を見出す。金は非常に純良である。山から分離した金は河流によって運び出され、その重量によって砂中にめりこみ、岩石の割目に入るが、それ以上沈むことが出来ず、そこに留まっているのである」。

島原の乱の後、幕府のキリシタン禁止は次第に厳しくなり、アンジェリスは元和九年（一六二三年）品川の札ノ辻で火刑に処せられ、カルワルホは寛永元年（一六二四年）の真冬仙台の広瀬川畔の水牢に投げ込まれて絶命した。各地の信者たちは幕府取締まりの目の届かない辺地へ四散したが、その迫害の最後が、南の天草であり、北の松前であった。寛永十六年（一六三九年）藩主松前公広は幕府の厳命を受けて帰藩し、百六名のキリシタンの首を斬った。最初大沢金山（松前町字大沢）で五十人を処刑し、そこから逃亡した六人は上ノ国村字石崎で殺された。

キリシタン金掘りの本拠である千軒金山では処刑を覚悟してその日を待った。藩では兵を派遣して金山を包囲した。信者たちは少しも驚かず、前にカルワルホ神父が建てたマリヤ観音寺の前に跪《ひざまず》き最後の祈りを捧げ、聖母マリヤの御名を呼びつつ五十人がつぎつぎと首を刎《は》ねられて行った。この蝦夷キリシタンの研究は戦後になってようやく始められ、その詳細が判明してきたのは近年のことに属する。『きりしたんの愛と死』下巻に永田富智氏が蝦夷の切支丹を書いている。

私たちの行く林道は知内川を渡る所で終わりになった。そこに車を置いて、いきなりジャブジャブ川を渡ることから登山が始まった。それから先ずっと川岸を伝ったりして行くので、はっきりした道はない。岸辺には背丈ほどある羊歯《しだ》や蕗《ふき》が茂っていて、ところどころ谷ウツギが咲いている。矢車草の朱漆を走らせた七、八十センチもある勢力的な葉がみごとだった。広河原という、谷が少し広くなった所で朝食。焚火を囲んで弁当を開く。

　沢登りはそれから先も続いた。右岸左岸と辿《たど》りながら進んで行く。函館の三君は夏冬を問わず幾度もこの山に来ているので道は充分承知している。私は安心して、ただカダッテ（随いて）行けばよい。やがて左岸の少し開けたところに古い石垣が残っていて、そこが千軒金山の跡であった。その先に大きな岩があって、その上に十字架が立ち、岩には碑面がはめこまれていた。五十名のキリシタンが処刑された地である。鉢巻をして元気のよい塩田君は十字架の前で長い間黙禱をしていたが、やがて大きな声で讃美歌を歌い出した。碑には「神、彼等をこころみ、炉の中の金の如くためされ、ふさわしき犠《いけにえ》として受け入れ給いき——知恵の書——寛永十六年夏千軒岳にて百六名のキリスト教徒が殉教の死を遂げた。吾々は彼等の信仰を偲び、その御取次ぎを乞い願う。昭和三十八年七月二十一日、函館カトリック教会信徒一同」と彫ってあった。

　金山もキリシタンもそれでおしまいになって、あとは私たち山好きの世界となった。谷が二つに分かれている所まで行き、その間の尾根に取りつく。にわかに急な登りになる。あえぐ息を慰めてくれるのは、道端に咲いている可憐なシラネアオイの薄紫の花である。もはや一点の雲もない快晴になった代わりに、ひどく暑い。大きな一枚の雪渓の下に出た。雪渓の両側には一面に笹が茂っている。

　雪渓を登り切ったところが大千軒岳と前千軒岳との間の鞍部で、広々とした原になって、高山植物が咲き溢れていた。ミヤマアズマギク、キンレイカ、フウロソウ、アズマギクなど、私の知っている花だけでも十指にあまる。その気持のいい原で、みなシャツ一枚になって昼食を食べた。大千軒岳が大きくそばだち、そこへ行く道が広い尾根の上に続いている。ドッシリした姿のいい山である。振り返ると西千軒岳が少し雪をつけて立っており、その背後には青森県の山が連なっていた。

食後花の中に寝ころんでいるとウトウトと眠くなる。何はあれ快適そのものである。登る人が少ないせいか山は少しも荒らされておらず、大気は六月の陽に満ちている。あたりは山ばかりだから深い山の中にいる気持である。

大千軒の頂上まで登ると、そこはヨモギとダケカンバと笹に囲まれた空地になっていて、一等三角点の標石があった。その石を中心に集まり、湯を沸かして、また何やらかやら食いながら、四囲の景色を倦かず眺めた。標高は一〇七二メートルに過ぎないが、まわりの自然ははろばろと大きい。老鶯《ろうおう》の囀《さえず》りが聞こえる。

下山の道は早い。鞍部、雪渓、急坂、と下って二股へ出てひと休みした。そこの河原で見出される奇麗な石は、里では珍重がられているそうである。草刈君がかなり重さのある美しい石を探しだしてそれをザックにおさめた。函館で別れる時になって、それは私のために持って来られた石だとわかった。

前の沢伝いの道を下った。中川君と本間君が一週間前に来た時は水量が多くて、徒渉に苦労があったそうだが、今はそれほどでもなく、右岸左岸の草むら道を択《よ》って行くところが多かった。最後に川を渡って、自動車の置いてある岸べの台地へ上ったのは、もう午後もおそくなっていた。

知内温泉に寄って、汗を流し、ビールを飲み、夕食を食べてから、再び車で夜道を函館へ帰った。楽しい一日の山登りであった。

付記

それからひと月余りして北海道から送ってきた新聞の切抜きを見ると、あの気持のいい鞍部のお花畑に、殉教者を記念する十字架、高さ二・六メートルの鉄製が立ったそうである。なぜあの素朴な原を原始のままにしておけなかったのであろうか。大へん残念である。

12 南部恐山（879m）

昨年九月始め、一夏滞在の蔦《つた》温泉を引きあげたのは、空気の澄みきった、実に惜しいくらい晴れ渡った日だった。我々の乗合自動車は八甲田山中を抜けて青森市まで下ったが、道筋の高原にはすでに爽涼《そうりょう》の秋の気が動いていた。

乗合自動車が「見晴らし台」という箇所にかかると、そこから陸奥湾が一望に見下ろせた。その湾を抱えこんだ両腕の津軽半島と下北《しもきた》半島とがよく見え、その二つの半島が形作る湾口の彼方《かなた》に、北海道の山々さえ鮮やかに見えた。同乗の土地の人も、こんなに判然と見えることは一年のうち滅多にありませんよ、と土地の訛《なまり》で語った。

その遠望をたのしみながら、僕の眼は一つの山に牽《ひ》かれていた。それは下北半島の中に、駱駝《らくだ》の背のように三つばかりコブを並べて、ひときわ高く立っている山である。僕は直ぐそれが有名な恐《おそれ》山であることが分かった。本州で最も北の端の山である。堪らなく僕の登高心がそそられた。

それから数日後のある午後、僕は野辺地《のへじ》から下北半島の大湊に行く汽車の中に揺られていた。地理付図を見て下さい。陸奥湾の右に、鳥が首を伸ばしたように突き出ている下北半島。その首筋を伝っている大湊線である。線路は海ぎしに沿って走っている。何となく荒涼した風景で、砂丘に秋草が咲き乱れている。地図を見ると軍馬放牧場があるらしいが、別にそれらしいものも見えず、いくら行っても、海岸に崩れ落ちる波頭と小松原と秋草の砂丘ばかり。

　窓外のその荒涼たるさまに似つかわしく、車内も何か侘《わび》しげな感じであった。乗っている人がどことなく裏ぶれているように見えたのは、旅人の感傷であったろうか。

　横浜という駅を過ぎると、静かな波の彼方に恐山が見えてきた。大湊湾を前に控えて、ここから望んだ恐山は一幅の名画をなしている。

　大湊終点より一つ手前の田名部《たなぶ》駅で汽車を降りた。駅前に出ると、今頃どこへ行っても見られないようなガタ馬車が客を呼ぶラッパを鳴らしている。僻陬《へきすう》の地に来たという感じだ。乗合自動車があったので僕はそれに乗り、駅から数町離れた田名部の町へ行った。

　田名部町は思ったより小綺麗な町だった。ネオン・サインのついたカッフェなどもある。この町は明治三年旧会津藩主が斗南《となみ》三万石に封ぜられ、藩士四百戸をここに移して町を経営したが、土地不毛のため、藩が廃せられると、旧地会津に帰る者が多く、再び元の荒蕪《こうぶ》に委したそうであるが、今はこの地方の商業中心地となっている。町内の常念寺にある国宝の阿弥陀仏は藤原末期の作で、元禄時代に京都から迎えたものだというから、昔からこの地は何かにつけこの地方の中心となっていた所であろう。先を急ぐ僕は、豊満優美な相好《そうごう》を有するというその仏像を見にゆくほど美術愛好者でもないから、直ぐに大畑行のバスに乗り換えて出発した。

　文章で地理を説明することくらい筆者にとってはまどろっこしく、読者にとっては無味乾燥なものはない。で簡単に言ってしまえば、僕等の乗合は、田名部を出て津軽海峡の側へ、一番陸の細い所を抜けたわけだが、この三里ほどの道のりは全くの丘と原野だった。耕作などもしてなく、せめて牧場にでもしたらどうだろうと僕流に思案もしてみたが、しかし事実はそうやすやすと机上の空想の如くは許さないのであろう。

　津軽海峡側に出るとパッと展けた海の景色が面を打ってきた。その海峡の岸沿いに二里ほど西に走って大畑町に着く。大畑はこの地方の物資の集散地らしい。店屋が両側に並んでいて売出しの旗など立っている。

　僕の今夜の宿は、ここからさらに三里先の下風呂《しもふろ》という所だ。下風呂行のバスがなかなか来ないので大畑の待合所で二時間あまりも待たされた。その間に凄い夕立などあった。

　小説家の習癖であろうか、僕はこういう見知らぬ土地の寂れた待合所で、土地の人々の話すのを聞いたり観察したりするのは、はなはだ興味がある。遥々《はるばる》東京まで行って今戻って来たばかりらしい近在の村長さんと、最近この地方へ転任になったらしい中年の官吏との会話など、記すれば一篇の好短篇になりそうだが、この紀行文には差し控えよう。田舎へ旅行する毎に思うことだが、本当の人生は都会より田舎にあるような気がする。都会では人々の趣味

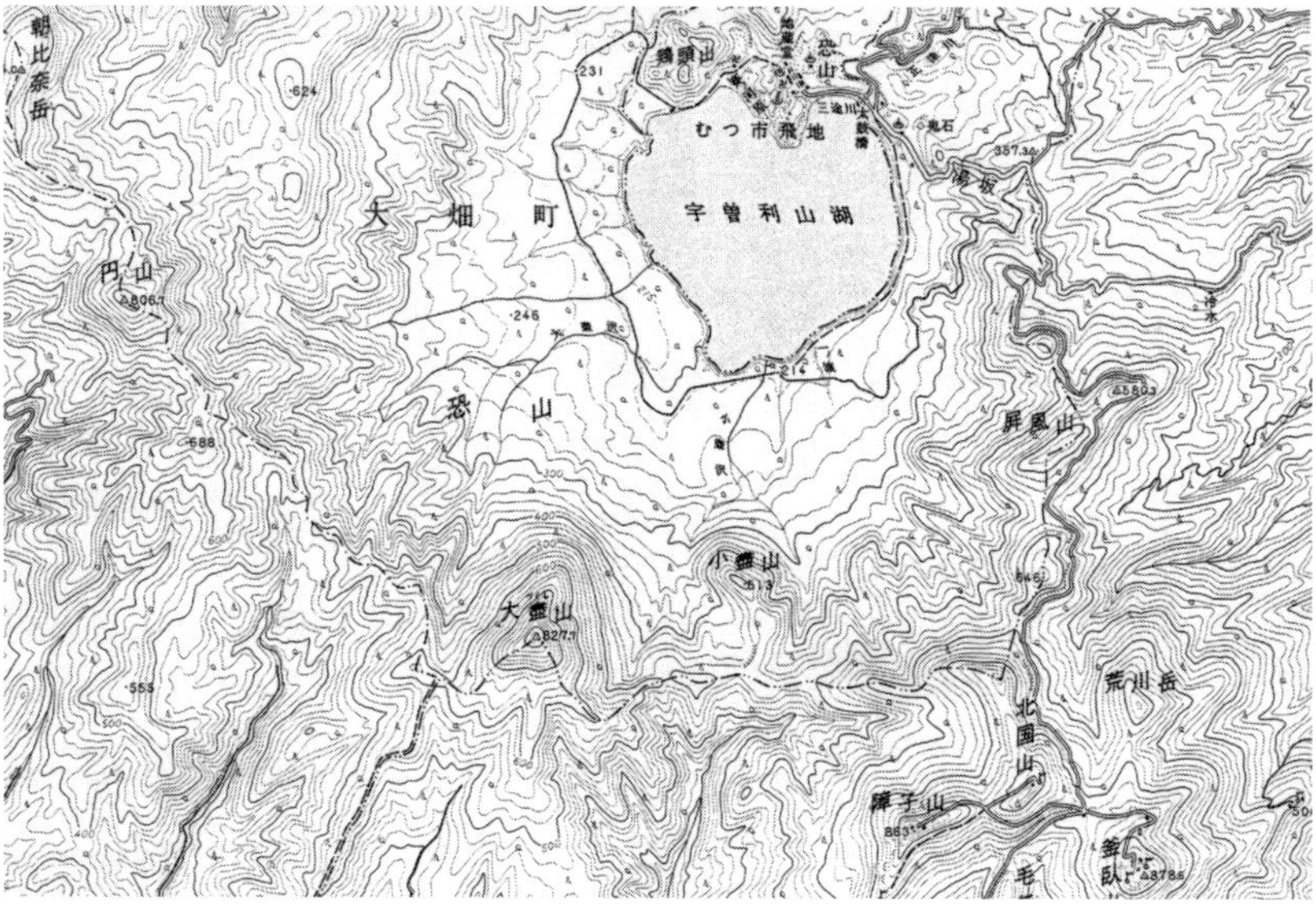

南部恐山　▲むつ（縮小）

や性向が平均化されてしまっている。笊《ざる》の中にたくさんの石を入れて始終揺すって居れば、圭角《けいかく》のある石も次第に角がとれて、一様に同じような石ばかりになるようなものである。本当の人生の喜怒哀楽は田舎の方に多く存在するものだ。

下風呂行のバスが来た頃は、もう薄暗くなっていた。海岸沿いの岨道《そばみち》をバスが走って行くうちに、すっかり暮れてしまって、海の彼方にチラチラ明かりのするのは、北海道の灯であろう。九時過ぎ僕は下風呂の郵便局の局長さんの家に入った。妻の親戚である。

下風呂は本州最北の温泉である。二つの共同湯があって、そのうち大湯は食塩泉、新湯は硫黄泉である。翌朝眼ざめて直ぐその大湯へ浸りに行った。昨夜は暗くて分からなかったが、下風呂の村は、山が海岸に切れるわずかな土地を切り開いて立っている（注1）。だから村全体が段階状になっていて、北海道の渡島《おしま》の恵山岬が直ぐ真向かいに見える。国防が喧しく唱えられてきた今日、恵山岬とこちらとに要塞が出来て警戒がとみに厳しくなったそうである。

この辺一帯は烏賊《いか》の名所である。その烏賊も近年次第に取れなくなったという話をいろいろの挿話をあげて面白くゆうべ聞かされたのだが、忠実なる旅行の記録者でない僕は、今はその大方を忘れてしまった。

運よく僕の泊まった晩は、烏賊の大漁があって、村全体烏賊で生き生きとしていた。老いも若きも総出で烏賊の腹を割いてスルメに干している。

朝のバスで僕は再び大畑に戻った。途中まるで収穫期の稲架《はさ》のように、スルメが干してあった。

大畑から目差す恐山に向かって足を踏み出した。北の国の九月とは言え、歩き出すとやはり暑い。要塞地帯で五万分ノ一の地図はないので、ケバのついた二十万分ノ一を携えていたが、そんな荒い地図では何の役にも立たぬので、地図をしまって、いっそ暢気《のんき》に道通り歩いて行った。低い尾根を越すと村へ出た。関根橋だろう。そこからずっと正津《しょうづ》川に沿うた道になる。それと並んで材木を運びだすためのトロがついている。道がぬかるみでひどいので僕はトロ道の方へ移った。だが誰しも経験のあるように、トロ道なるものは枕木の幅と歩調の幅とに食い違いが出来て、快適な歩行をはなはだ妨げられる。僕はまた道の方へ返った。そんな風に普通の小径《こみち》とトロ道とを代わる代わる採用していたが、だいぶん歩いて発電所のある所まで来ると、それから先はトロ道だけになってしまった。地図に八滝とあるその滝らしい前を過ぎて、人一人通らない寂しい山の合間をまたしばらく行くと、硫黄の匂いがプンとしてきた。正津川の川幅が広くなって、僕は目的地の一端に取りついていた。

　南部恐山は昔から仏教信徒の霊場として崇められてきている。今その時買い求めてきた略縁起を拡げてみると、「抑々《そもそも》当山開闢《かいびやく》の来由を尋ねるに、往昔人王五十四代仁明天皇と申すは嵯峨《さが》天皇《てんわう》第二の御子にまし〳〵て云々」とあるから、その由来はかなり古いらしい。

　恐山というのは火口湖の宇曽利湖からの転訛であろう（注2）。この湖のほとりに菩提《ぼだい》寺があり、その付近一帯に何々地獄といろいろの名前のついた噴煙が湧いて、一種凄惨な気がするところから「恐《おそれ》」の字を用うるようになったのであろう。

　僕はその菩提寺に泊まった。近くに粗末な小屋作りの温泉がいくつもあって、勝手にどこへ浸るのも自由である。

　僕の第一の目的はここの最高峰に登ることであった。しかし湖の周りに立ち並んでいる鬱蒼《うつそう》たる黒木の外輪山を見ただけで、登高心を失ってしまった。誰もそんな山へ物好きに登る人もないらしく、またここは要塞地帯で、うっかりそんな山へ登ったらどんな目にあうかもしれない。僕はただ山を眺めるだけで我慢した。

宇曽利湖の南に、水面に影を落として最も整然とした姿のいいのは大尽山《おおづくし》である。その左に小尽山《こづくし》、北国《ほっこく》山、屏風山等が連なり、西の方には丸山がある。北側には著しく高い山はない。名高い釜臥山はここからは見えない。釜臥山は、西北にある朝比奈岳と同じく、火口壁の外側にある寄生火山であって、双方とも火口を欠いた円頂丘である。これらの山を写真に収めることはもちろん模写することも禁じられているので、僕はしっかりと山の姿を眼底に収めた（注3）。最も迷信のはなはだしい宇曽利湖畔の仏教霊場と、近代科学の粋を集めた要塞とが、山一つ距《へだ》てて相対していることは、興味ある現象である。

菩提寺の境内の正面に恐山地蔵堂があって、人々の尊崇を集めている本尊はここにある。木造鉈《なた》彫りの十一面観音像で高さ五尺八寸。かなり痛んでいる。ゲテモノと言った感じの古拙な仏像である。

参詣人はたいてい黄色い手拭いを襟に巻いたといったふうの団体で、これらは皆田名部の町から湯坂を越えてバスで直接にやってくる。こちらの方が普通の表道なのだ。僕の行った時も二、三組の団体が来ていた。その団体を引き具して、十二、三の少年が学生帽に袴を穿《は》いて、名所案内をしてくれる。京都の金閣寺式の調子をつけた歌うような説明で、始めはいっこうその言うことが分からなかった。だんだん聞いてゆくうちに、「ここはかくかくだから何々地獄と申しまンすウ」と言ってるのだということが理解出来た。麹屋《こうじや》地獄、塩屋地獄、八幡地獄、金掘地獄、修羅王地獄、その他あらずもがなの名前がたくさんついている。あたり一帯は低い起伏で、蓮華ツツジが地を覆うていた。地獄があるから極楽浜と称する所もあり、これは宇曽利湖の岸辺で、石英の細砂が白く堆積している。なるほど綺麗なところだ。

一晩泊まって翌日は雨が降った。正午過ぎ出発する定期自動車で今度は表道から田名部へ降りた。湯坂を経て、アスナロウの森林の間の道を、自動車は凄いバウンドをしながら疾駆する。その途中、陸奥湾と東北の方太平洋とが一望に見下ろせる個所がある。その展望は素晴らしかった。

注1

一九三七年九月十三日の『朝日新聞』は、次のような記事で僕を驚かせた。「十一日午後十一時ごろ、青森県下北郡風間浦村下風呂温泉山の手新湯通から突如一大音響を発して山津浪が押寄せ、附近に密集の旅館を薙ぎ倒し、倒壊家屋から火を発し、折柄風速十四米の暴風雨に煽られ劫火はたちまち温泉場一帯に拡がり、下風呂郵便局、村立病院、営林署担当区所をはじめ、山手側目抜の場所を十八戸焼失、さらに海岸通の漁家十四戸激浪に浚はれ、死者十一名、行方不明湯治客一、二名、重軽傷者十数名を出し十二日午前三時半鎮火した。前夜来の暴風雨のため電信電話不通となり、辛うじて応援隊頼むの急報に接した近接町村からの消防組も途中橋の流失に阻まれ近よれず、詳細不明である。（青森電話）」

注2

菩提寺の略縁起には、宇曽利《うそり》山は鵜翦《うそれ》山から由来したのだと書いてある。すなわち開山の慈覚大師が釜臥《かまぶせ》山に草庵を結んで修行して居ると、ある日鵜の鳥が両翅を飜して北方の山上に到った。そこで大師がその鵜のあとを尋ねて行くと、そこに一つの湖水を発見した。鵜ノ鳥が翦《そ》れてこの地を知らせたのだから、以後鵜翦山と名づけたというのである。

注3

このへんは要塞地帯なので五万分ノ一の陸地測量部の地図はない。二十万分ノ一は「尻屋崎」と「野辺地」だが、これも山岳地帯はボカしてあるので標高は分からない。ただ日本水路部発行の海図「津軽海峡」によって、わずかにこの方面の山の高さを知ることが出来る。それによれば、大尽山は八二三メートル、北国山は八五〇メートル、釜臥山は八七八メートル、朝比奈岳は九九五メートル、丸山は八一四メートル、宇曽利湖の水面は二一九メートルである。

13 森吉山（1454m）

むかし中学生の時の地理付図に、秋田県に森吉山《もりよし》という、火山のしるしのついた山が載っていた。その頃からずっと私の記憶にある山だが、どんな山か、ほとんど知らなかった。

六月、その森吉山へ行くことになった。仲間が揃ったのは、やはりその山が珍しかったからだろう。私は山の様子もそこへ近づく交通も知らなかったが、仲間うちに前もってよく調べてくれる人がいるので、すべてその人任せであった。どこまで汽車の切符を買えばいいか、特別にどんな用意がいるか、みんなその人が教えてくれた。

東京を夜たって、あくる朝眼がさめた時には、汽車は埋立てをした八郎潟の脇を走っていた。広い、広い、その埋立地に、トラクターが動いていた。数年前のことだが、その頃の日本はまだ田んぼをふやす必要があったのだろうか。東能代をすぎて鷹巣《たかのす》という駅でおりた。そこで阿仁合《あにあい》線という支線に乗り換え、一時間ほど揺られて阿仁前田という小さな駅でおりた。そこからバスに二度乗り換えて様田《さまだ》という村に着いた時は、もう正午になっていた。ここはどのあたりか、私の地理概念では見当がつかない。何だか辺鄙《へんぴ》なところへ来たような気がした。しかし、そう言っては土地の人に悪い。今や日本では辺鄙という言葉のあてはまる土地はどこにもない。テレビと電気器具の普及発達で、東京ムラに住む私などよりも、文化的であるかもしれない。

様田の旧家らしいガッチリした大きな家、ここにこそ本当に地に足のついた生活があるといった感じの家、そこの玄関を借りて弁当を食べてから、やっと自分の足を使う時がきた。山へ向かって一歩踏み出した時の、好奇心に充ちた清新な気持が私に全く無くなったわけではないが、それよりも、今日のうちに登らねばならない標高と、それに伴う辛さの予想がまず私に来るようになったのは、やはり体力の衰えであろう。

ゆるやかな道を登って行く。思わぬ伏兵、それは暑さだった。東北も北の方の山の中で、六月というのにこんな猛暑に会おうとは予期しなかった。雨の用意に持って来た携帯洋傘をさして、少しでも蔭を得ようとする。

森林地帯へ入って少しホッとした。谷川を渡る。みんなそこで手拭いをしぼり、汗をふく。今度の仲間は、常連の不二さん、茂知《もち》君、コンちゃん、ペンちゃん、それに私の五人の老童のほかに、大学山岳部を出たばかりの元気な夏ベエが加わっていた。大

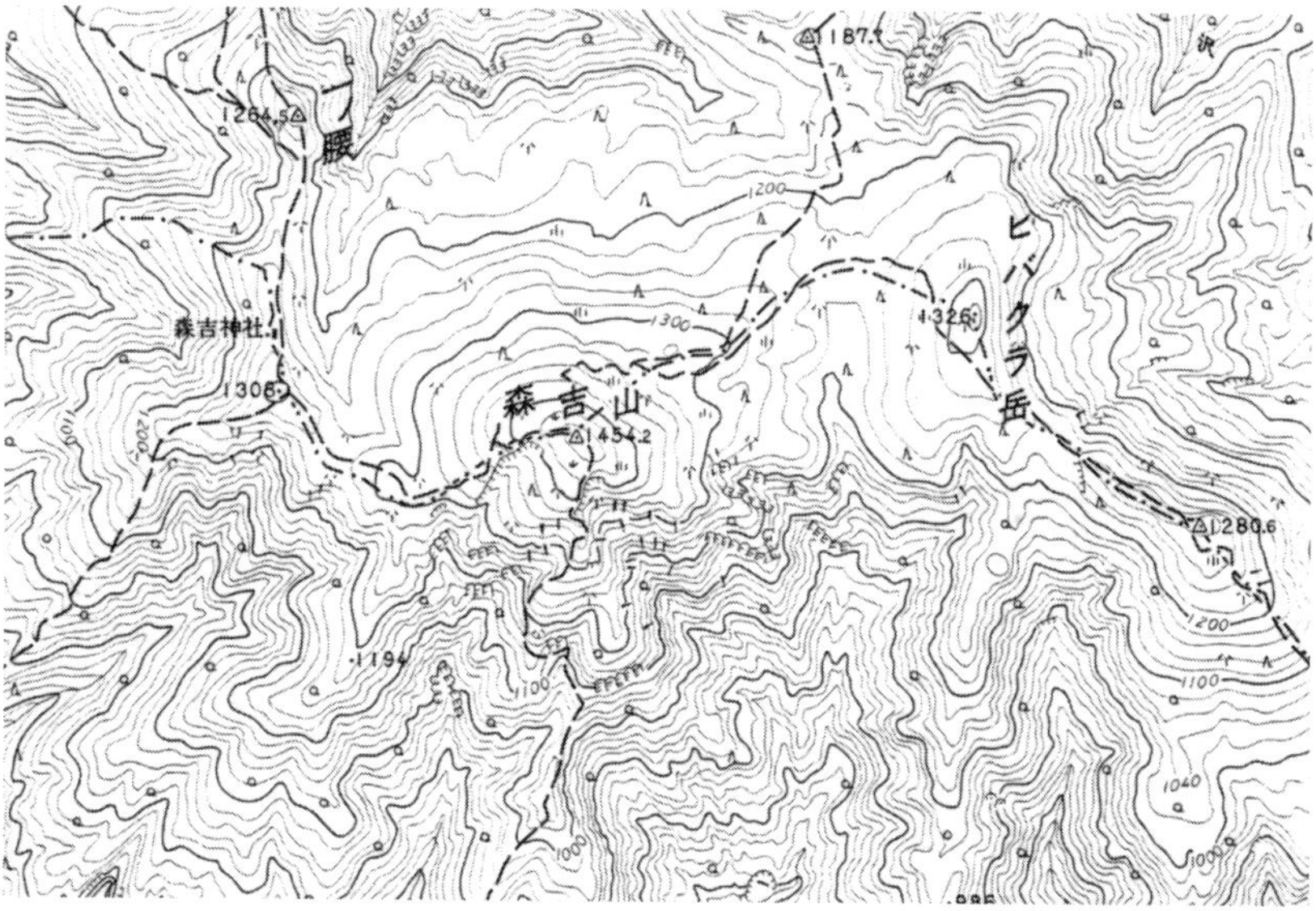

▲森吉山

学山岳部というところは、穂高とか、剣《つるぎ》とか、合宿だの荷あげだの、そんなことばかりに根《こん》を入れて、山を楽しむことを知らない。少しは小父さんたちの山登りの仕方も見習いなさい、というようなことで、近頃は時どき一緒に山へ行く。若いから強い。頂上での乾杯用の罐ビールは、たいてい彼のザックの中にことづけられる。

一年中で一番豊かなのは六月の山である。麓は暑かったが、上へ行くに従って季節は逆戻りして、木々の緑も若くなる。萌え出たばかりの緑の美しさ、その中にところどころ真っ白な花が見えるのはコブシである。本当はタムシバという花だそうだが、私にはその区別がよくわからない。

野鳥の恋愛の時期である。一番よく聞くのはウグイス、それに混じってホトトギス、それにカッコウ、これくらいは誰にでもわかる。少し複雑になるともうわからない。同行のペンちゃんは近頃野鳥の会に入って、小鳥の姿や鳴き声にやや詳しくなったようである。あれは何？　と囀《さえず》りが聞こえるごとに彼に訊く。すぐ忘れる。また訊く。それを繰り返さないとおぼえられるものではない。湿地にはまだ雪が残っていた。消えかけたところには純白の水芭蕉《みずばしよう》が咲いていた。この純白のいのちは短い。染《し》みがついて汚れだすと、もとが可憐だっただけに醜い。何かに似ている。

私たちのあてにしていた小屋が閉まっているということを、道で出あった山仕事の人から聞いて当惑したが、その人の親切でその人たちの小屋に泊めてもらうことになった。「ぶな帯林道作業場」と小屋に看板がかかっていた。泊めるだけですよと念をおされたが、夕食には山菜の味噌汁を御馳走になり、不足ではあったが毛布まで貸してもらえた。

翌朝八時前に小屋を出発して、二時間ほどで一ノ越へ着いた。幸いにこの山はゆるやかな長い登りで、息の切れる急な坂のないことが、私にはありがたかった。それでも小さなお社《やしろ》のあるあたりから、ずっ

と雪の上を踏んで行くようになった。その社のある所から正面に森吉山が見えた。それは一四五四メートルの山とは思えぬほど堂々とした山容で、大きく根を張った独立峰の美しさをそなえていた。やはり名山だった。

一時間後に私たちはその頂上に立った。私の歓喜は無限であった、と言えば誇張になろうか。いや、そうではない。中学生の時からその名を知っていた山に、五十年後初めてその頂上に立ったのである。嬉しくないことがあろうか。

14 乳頭山（1478m）

六月末（一九五八年）ヒマラヤから帰ってから、毎月一度は山へ出かけているが、天候には不運つづきである。七月には高松へ行ったついでに剣《つるぎ》山へ登ったが、豪雨にあって、皮膚上に一センチ平方の乾いた場所もないほど、徹底的にぬれた。八月、帰省して白山に登ろうとしたが、台風十七号嬢のために果たさなかった。九月の飛石連休に単身白馬に登ったが、何も見えず、下りはコウモリがさをさし通しだった。

そして十月、この紅葉の季節こそと期待したが、やはり天は私に味方しなかった。十月末、私は秋田の鉄道管理局から「東北の山」懇談会に誘われた。懇談会はさもあらばあれ、その付録の、田沢湖から秋田駒ヶ岳に登る案が、私にとっては主題であった。招かれたのは私のほかに、私と一緒にヒマラヤへ行ってきた山川画伯、交通新聞の渡辺ハムさん、山形の後藤又兵衛旅館のあるじ幹ちゃん、いずれも気ごころの知れた山仲間である。それに、東京の新聞社の人が三人。

朝、奥羽本線の大曲《おおまがり》に着いて、ローカルに乗り換え、終点の生保内《おぼない》まで。生保内でわれわれ遠来軍に管理局や地元の人たちを加えて、総勢一ダースほどが貸切りのバスで田沢湖へ向かった。

オボナイとはアイヌ語で「霜の深い沢」の意の由。この詩的で音楽的な名前が、付近の三町村合併して田沢湖町という散文的な名前に変わった。町村合併は近年の流行だが、そのためユニークな地名を棄てるのは惜しい。一般に観光地が古い名を蔑《ないがしろ》にして、取っつき易い名称に変えることに、私は反対である。例えば、黒部市とか蔵王町とか、妙高高原町とか。あまりに現金すぎる。そういう私の生まれ故郷の町も、二、三年前付近の温泉と合併して加賀市となった。しかし私は故郷へ出す手紙には決して新名称は使わない。旧来の大聖寺町と書く。

私たちは田沢湖畔に着いてバスから下りた。田沢湖は周囲二十キロ、火山性の陥没湖で、水の深さは日本の湖沼中第一、水の透明度は世界的に有名であるくらいのことは知っていた。ただ私は今まで漠然と田沢湖は高い山上にあるように想像していたが、実際は水面の標高はわずか二五〇メートル、したがって水深四二五メートルを持つ湖底は、海面より一七五メートルも低いことを始めて知った。

そんな珍しい特性を持つ田沢湖も、湖畔に立って打ち眺めた限りでは、大して変哲もない、平凡な丸い湖であった。一行はポンポン蒸気に乗って、四キロほど離れた湖岸の御座石神社まで行った。神社は

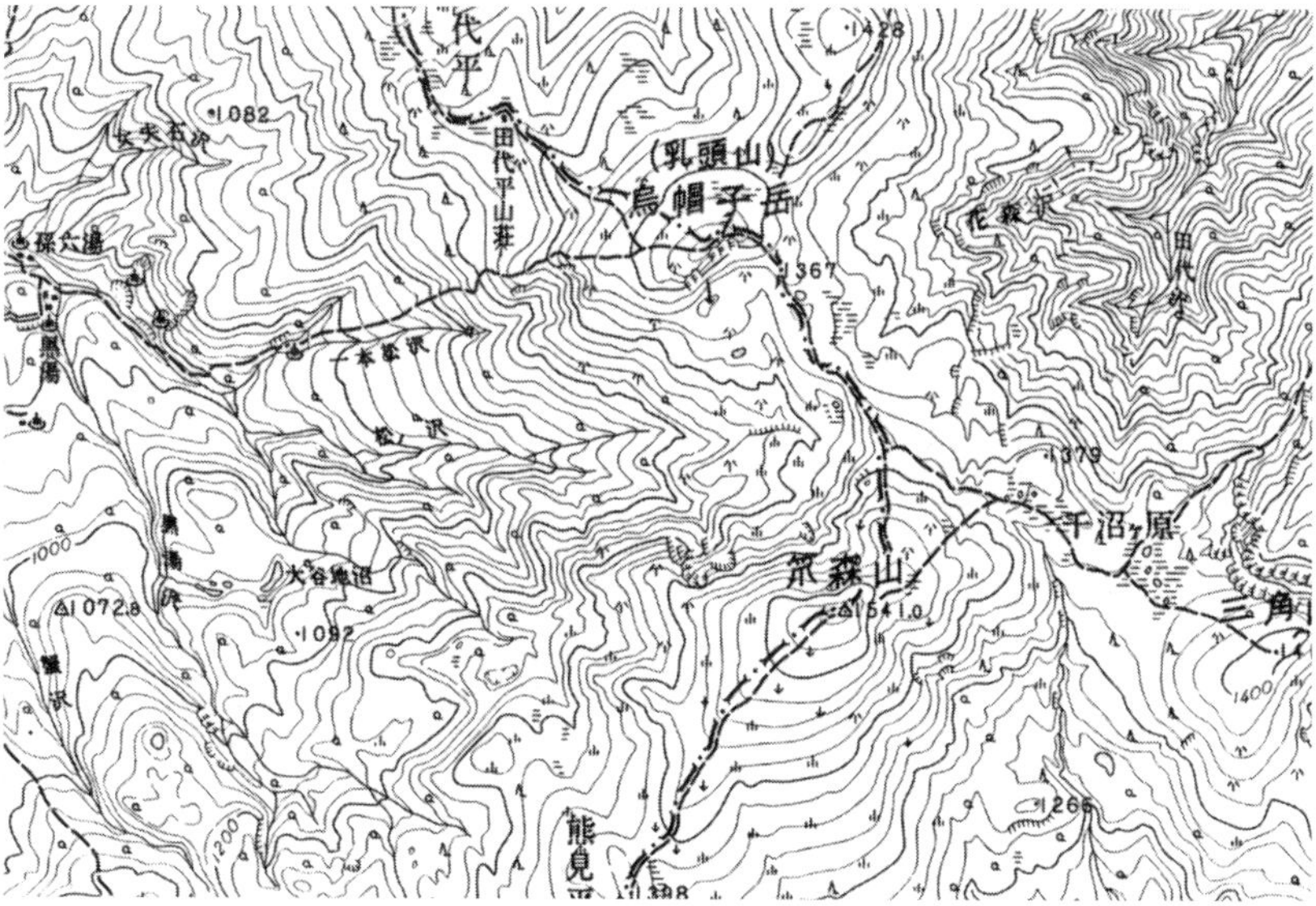

乳頭山　▲雫石

荒れ果てていた。湖上から駒ヶ岳を望んだのが、山の好きな私にはこの日第一の収穫であった。雄大というのではないが、品のいい、形の美しい山であった。駒ヶ岳という山は諸国にあるので、これは普通秋田駒ヶ岳と呼ばれている。

その秋田駒から北の方へ離れて乳頭山も見えた。可愛いらしい乳首のような恰好をしている。乳頭《にゅうとう》山と呼ばれているのはその形からだろう。地図には烏帽子《えぼし》岳一名乳頭《にゅうつむり》山となっている。反対の岩手側から望むと烏帽子の形に見えるのだそうだ。乳頭はニュウツムリと呼ぶのが本来で、それを漢音読みにニュウトウとなったのだろう。物の本には「におつもり」の転訛だと書いてある。「にお」は刈稲を円錐形に高く積みあげたもので、所によっては「にょう」とも「にゅう」とも言う。にゅうつもり、これも肯《うなず》ける説である。私たちは明日その乳頭山へ登って、山稜伝いに秋田駒の頂上まで行くことになっている。

乳頭温泉行きのバスが私たちを待っていた。それに乗ると、女車掌がすぐ拡声器を口にあてて、案内の説明を致しましょうか、それとも野球の放送に変えましょうか、と訊《き》いた。野球、野球、という声が異口同音にあがった。ちょうど、日本シリーズの西鉄と巨人の決勝戦であった。プロ野球の魅力は、かくも大であるか。

湖畔から温泉までは、約六百メートルの標高差をしだいに登って行く。展望台という所から田沢湖が美しく見渡せた。すべて湖の一番美しいのは湖畔よりも高みから見おろした時である。バスは駒ヶ岳の裾《すそ》を巻くようにして上って行く。紅葉の中に入る。その紅葉を透かして、下の方を流れている先達川が見おろせた。毎年秋に山の紅葉を一度見ないと気のすまない私は、この谷間を埋めたはなやかな色彩で、今年の満足をした。

乳頭《にゅうとう》温泉とは、鶴ノ湯、蟹場、孫六湯、黒湯など、谷間に散在する温泉群の総称である。私たちの宿の黒湯までは、バスの終点から歩いて三十分ほどあった。熱い湯が地面から噴きこぼれている。大たい農閑期の湯治場らしいが、もし企業家が目をつけて資本をつぎこんだら、この素朴な温泉群はこのままで留まってはいないだろう。

翌日早朝に起きて登山にかかった。初め沢沿いに進み、一本松温泉跡あたりから尾根道になる。ブナ林の中に道が続く。一概に言って、団体登山（と私たちは呼ばれよう）はいつも誰か話し相手があって賑やかでいいが、自然に対する印象は稀薄になりがちである。二年後の今私は山のことを思い出そうとしても、ハムさんや幹ちゃんの顔ばかり浮かんで、どんな景色があったのか記憶ははなはだおぼろである。

もっともその日は朝からの曇りで、乳頭山の頂上へ着いても、心を踊らすような見晴らしはなかった。そこから駒ヶ岳への縦走路へかかる途中で、すっかり霧に包まれてしまった。ゆったりした下り、それから上り。時の間霧が少し薄くなると、晴れていたらさぞ気持よさそうな原や池沼が見えた。

笊森《ざるもり》山を越えたあたりで、天候が急変して、アラレまじりの雨風になった。粒の大きいアラレで、顔にあたるととても痛い。濡れて吹かれて歩いていたが、とうとう引返すことにきまった。乳頭までの滑りこい急坂の登り返しが私には大へん辛かった。

宿へ戻って濡れたものを乾かし、その日の午後バスで帰途についた。

案内嬢は昨日仕損なった説明をした。「田沢湖の水の深さは世界でバイカル湖につぎ、風景の美しいことはコモ湖に匹敵するそうでございます」

コモ湖とはよくも言った。それこそ私の愛読する『パルムの僧院』の舞台ではないか。誰がこんなシャレタ文句を教えたのか。

案内嬢は、田沢湖のヌシ辰子姫の伝説を語った。

秋田県の八郎潟に八郎太郎という竜のヌシが住んでいて、辰子姫と恋仲である。ところが八郎潟は目下干拓中で、八郎太郎は居どころがなくなり「先日の二十二号台風に乗じて辰子姫のもとへ婿入りしてきたそうでございます」

このオチもなかなかシャレている。

一行と別れて私だけはその日の夜行で帰京した。

15 弥彦山（634m）

弥彦《やひこ》山はわが国で最も古い由緒を持った山の一つであろう。万葉集にこの山が出てくる。

伊夜彦《いやひこ》　おのれ神さび　青雲の
　たなびく日すら　小雨そぼふる　あなに神さび
伊夜彦　神のふもとに　今日らもか
　鹿の伏すらむ　皮衣《かはごろも》きて　角《つの》つきながら

この二首は五七五七七七の形式で、万葉集中唯一の、仏足跡歌体と称する歌の例だそうである。伊夜彦の「伊」が取れて、現在の弥彦となった。題詞に「越中国歌」となっているのは、昔は信濃川以西は越中に属していたからで、それが越後の国になったのは大宝二年（七〇二年）以後であった。

太古は山そのものを神とあがめた。そのことを弥彦山がはっきり示している。「伊夜彦おのれ神さび」とある通り、麓から仰ぐと森厳なさまにそびえている。おのずから畏敬の念をおこさせるような山のたたずまいである。鬱蒼と樹木が茂っているから、昔は鹿も多かったのであろう。「皮衣きて角つきながら」は鹿を擬人化した詠みかたで、すでにその頃民間に鹿踊りの行事があって、その歌謡だったのかもしれない。

高さ六三八メートルに過ぎない弥彦山が、そんなに古い時代から崇められてきた理由は、その地へ行ってみるとわかる。越後の穀倉と言われる蒲原の広い平野のどこからでも、野の果てにこの山が眺められる。主峰から多宝に続くゆったりした尾根が、一つの独立峰の形で、麗しく眺められた。

田園に勤労する農夫たちは朝な夕なその麗しく気高い眺めに接して、畏敬と親愛の情を抱くようになったのは当然であろう。そしてその山へお参りしようという気がおきてきたのも当然だろう。そして麓に山神を象徴する宮が出来、門前町がひらけた。

農閑期になると、越後平野の遠くから近くからの参拝者で門前町は賑わった。彼等にとって弥彦詣では、信仰であると同時に一種のレクリエーションであったに違いない。誘いあい語らいあって長い道を来た彼等には、登山と参拝を済ましたあとは、門前町は心を許して遊ぶ場所であっただろう。

時勢は変遷する。昔は泊まりがけでなければ来られなかった遠方（と言っても越後内であるが）の人々も、今はやすやすと日帰りが出来る。レクリエーションの方法は他にたくさんある。合理主義のため素朴な信仰の心も薄れた。門前町が次第に昔の繁栄を失って行くわけがうなずける。

弥彦山はほかに繁栄の道を開かねばならない。観光地化がその方法だった。エレベーターで四階の温泉へ入湯に行くような、大きな鉄筋のホテルが建ち、山頂までロープウェイが架けられ、山肌を赤く裂いて遊覧の自動車道路が建設中である。もはや神の山ではなく、通俗な公園になりつつある。

弥彦神社は昔の越後国一ノ宮で、天香山命《あめのかごやまのみこと》を祀る。命は天照大神《あまてらすおおみかみ》の曾孫で、越路開発のために弥彦山の裏の野積《のづみ》浜に上陸、住民に漁撈、製塩、農耕、酒造等の術を授け、この地方の文化、産業の基礎を作ったと伝えられる。

天照大神の曾孫などと言っても、近代の考古学や民俗学の洗礼を受けた人たちは信じないだろう。「国の大昔の歴史と関係する古い幾つかの宮社が、何れも海の滸《ほと》りに近く立つて居るといふことを、稍おろそかに考へる風が久しく続いたが、日本が島国であり、海を渡つて来た民族である限り、是はいつかは補強せらるべき弱点であつて、それには先づ隠れたる海上の道といふものの、次々と発見せられる日を期待しなければならない」と柳田国男は「海上の道」に書いている。

　私は弥彦山を越後の野からのみ見てきたが、その神が野積浜に上陸したというなら、その方にも注意を向けねばならないだろう。弥彦山はすぐ海ぎわに立っている。その頂上は海面から二キロと離れていない。おそらく海上の道を通ってこの山のすぐ背後（その時には正面）に上陸した古代のある偉人が、越後を開いたのかもしれない。そういうことを解明するには、弥彦神の分布をしらべることも大きな手がかりであろうが、私にはそんな知識がない。

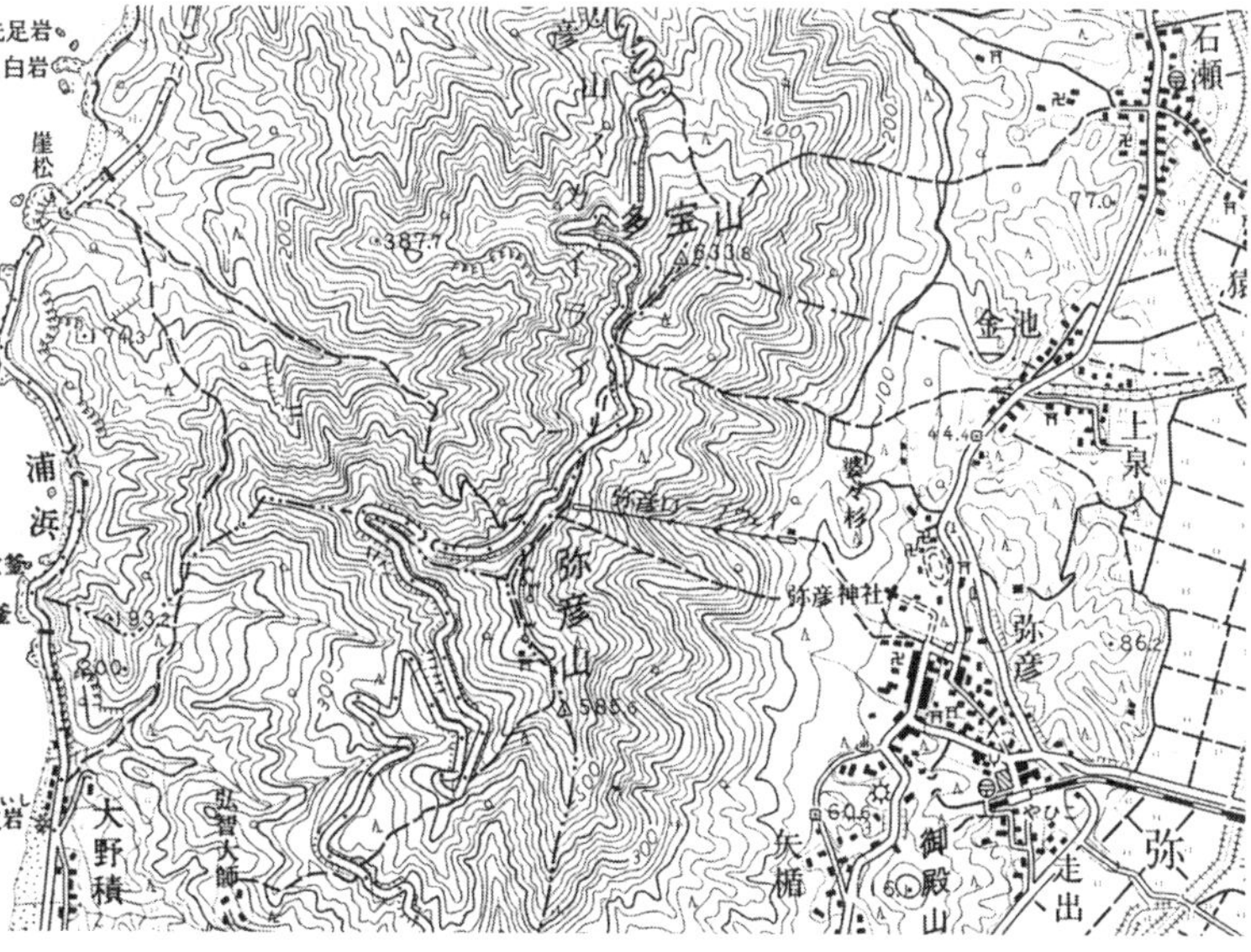

弥彦山　▲弥彦

弥彦神社の社記によると、創始の年代は明らかでないが、和銅四年（七一一年）詔により神域を拡げ社殿を増宮したとある。万葉集の弥彦の歌の出来たのは、前に記した通り大宝二年（七〇二年）以前に属する。おそらくその頃は社殿らしいものはなかったのかもしれない。あってもそれは御神体の山を象徴するささやかなものだったに違いない。「おのれ神さび」とか「神のふもとに」とかいう言葉からもそれが察しられる。

大昔の信仰は山が主で、社はその形式に過ぎなかった。その社も山頂におくのが当たり前だったろう。里宮と呼ぶ麓の社が出来たのは、祭礼などに便宜だったからであろう。参詣に都合のいい里宮が繁栄すると、山上の社は奥の院と呼ばれ、無人の宮となった。

麓の弥彦神社は広大な神域を持ち、立派な社殿が建っている。社殿のおごそかなのに対して、御神体であるはずの頂上の何とあわれなことか。そこは無作法に任せられている。国警無線中継所、テレビ塔、展望ビル、長い頂上の稜線には、もはや神さびた所など一点もない。延長約一千メートルというロープウェイが架かり、私の行った時には無惨にも赤い山肌剝きだしの自動車道路が建設中であった。

弥彦神社の数多い年間行事の中に、七月二十五日、灯籠神事がある。私はその機会に弥彦山に登った。この神事は、祭日の前後にも各種の儀式があって、十八日から二十六日までかかり、つまり夏祭りに相当するものだという。

七月二十五日の朝、私は柏崎に行き、そこからローカルの越後線に乗り換えたのは、一度その線路を通ってみたかったからである。ディーゼル・カーは海べから離れて丘陵地帯へ入る。次第に両側に丘が迫ってきて、その狭間《はざま》を走る。地図を見ると沿線に油井の記号がたくさんついているが、今はそれも衰えて、その石油を運ぶのをおもな目的として敷かれた越後線（もとの越後鉄道）も、時勢に取り残された

風にみえた。

しかしこのすたれつつある線路に沿う道こそ、昔は北国からみちのくへ通う主街道であった。昔の道は、今の国道のように平野のまん中を通らず、出来るだけ山際についていた。奥州落ちの義経・弁慶の一行も、おくのほそ道の帰りの芭蕉も、おそらくこの古い道を通ったに違いない。この道と平行して、低い丘陵を間において、海ぞいにも道がある。私たちが大愚良寛によってその名を知っている出雲崎とか寺泊とかいう漁師町が、その道に沿っている。

私を乗せたディーゼル・カーが狭間を抜け出て、新信濃川の鉄橋を渡るあたりから、広々とした西蒲原の平野が展《ひら》け、左手に濃紺の山が見えてきたのは、良寛がその麓に隠栖した国上山《くがみ》であろうか。やがて弥彦山が姿を現す。汽車の進行につれて少しずつ形を変えるが、全山樹木に覆われて艶《つや》やかな色をした、美しい山であることに変わりはない。吉田で弥彦線に乗り換えて終点に着くと、弥彦主峰から多宝に続く尾根が眼の前にあった。

越後の山の大将藤島玄さんに迎えられて、もと弥彦神社の神官を勤めたという旧家の郵便局長さんの家へ寄り、涼しい庭に面した部屋でビールと昼食をよばれた。それから神社にお詣りした後、山へかかった。ロープウェイなどの世話にはならない。登山道（参道と言うべきか）は神社の横手の杉並木から始まっている。この並木はみごとだった。良寛も、

いやひこの　杉のかげ道　ふみわけて
われ来にけらし　そのかげ道を

とうたっている。ついでに言えば、この童心の僧には弥彦山を詠んだ歌が幾つもある。彼の自筆の「いやひこにまうでて」と題する長歌も神社に保存されていた。それは次のようである。

もゝつたふ　いやひこやまを　いやのぼり　のぼりて見れば　たかねには　やぐもたなびき　ふもとには　こだちかみさび　おちたきつ　みおとさやけし　こしぢには　やまはあれども　こしぢには　みづはあれども　こゝをしも　うべしみやゐと　さだめけらしも

杉並木を行き尽くしたところに茶店があって、そこから登り道になっていた。参道だけあって道はよく踏まれている。森林の中を行くのだが、昔はもっと大木が鬱蒼と茂っていたそうである。途中清水の湧いている所があって、そこでのどを濡らした。何しろ盛夏の六百メートルの山と言えば、その暑さは御想像願えよう。陽の衰える夕方に登ったのだが汗はとめどなかった。

御神廟（奥の院）のある頂上へ行く前に、高頭仁兵衛翁の記念碑を訪れた。それは頂上と多宝山とを結ぶ稜線上の丘の上にあった。日本山岳会の大先輩であり、『日本山嶽志』の著者であり、越後の大地主であった高頭さんの生前に私は一度お目にかかったことがある。その時のおもかげを思い出す翁のレリーフが碑にはめこんであった。

石垣をめぐらした御神廟には、越後各地の山岳会の若者たちが続々と集まっていた。灯籠神事にちなんで、山岳会の連中が松明《たいまつ》をかざして奥の院から麓の神社まで行進するのが、毎年の行事になっていた。暗くなるのを待つ間、私は頂上からの眺望を楽しもうとしたが、たちこめた霧のため遠くまでは目が届かなかった。

御神廟の前で祭事があった後、おのおのが手渡された松明に火をつけて行進に移った。成行き上私が先頭に立たされた。蜒々《えんえん》と火の列が山をおりてくるのを下から見たらさぞきれいであろうが、松明片手に山道を辿るこちらは暑かった。水に漬かったような汗をかいた。

ようやく神社まで下り、それからブラスバンドを先頭にして、祭りで賑わう町を行進した。町には山《だ》車《し》の形をした灯籠をかついだ若衆が、あちこちに練り荒れていた。この灯籠の数は年々減ってくるという話だが、それでも祭りの夜の町は大へんな雑閙《ざっとう》であった。私の弥彦詣ではこんなふうに終わった。

16 守門山（1537m）

三月も終わりに近くなると、多くの人はスキーに振り向かなくなるようである。シーズン初めにあれほど熱狂した人たちが、あっさりあきらめてしまうのは、せっかちなジャーナリズムがもう囃《はや》し立てなくなるからだろうか。

しかしスキーの醍醐味はそれからである。彼岸を過ぎると、日は長くなる、空気の中に春の光が溢れる。もう寒風に身をそむけることもなければ、かじかんだ手で締具を外すこともない。全身に明るい陽を浴びて、日いっぱい滑り廻る。

まだそんなに雪がある？　あるとも。ただしそれはリフトのある普通のスキー場ではない。山である。シールをつけて登る山である。都会は花便りでも、東北や北国の山の上はまだ銀世界である。麓の道をスキーを担いで行く労を嫌わなければ、四月はおろか五月になっても滑ることができよう。

山は四季いずれの候に登ってもそれぞれの味があるが、しかし時期を選ぶことによって、より愉快な登山のできる山がある。例えば本州中部の二千メートル以下の山は、夏を避けるのが賢明である。汗をかきに行くようなものだから。上信越あたりの藪の深い山は残雪のある頃が一番よい。道のない所を歩こうと思ったら、雪を踏んで行くほかない。

守門《すもん》山という越後の山、その名前を知ったのは随分以前のことである。日本山岳会の機関誌『山岳』

第一年第二号に、その登山記が出ているのを読んだのが最初で、その後わが親しき先輩藤島敏男さんが、やはり『山岳』第十九年第三号に、守門、浅草、御《み》神楽《かぐら》の三山に登った紀行文を書いておられる。それはもう三十年も前のことで、ほとんど道らしい道のない山を、五月の残雪を踏んで頂上に立たれた。

それから後、ボツボツ守門山に登ったという人の話を聞き、スモンという奇麗なひびきを持った名前とともに、私の憧れの山の一つになりながら、久しく訪れる機会を得なかった。

三月も終わりに近くなった。この冬は二度スキーに出かけたが、二度ともゲレンデ。だいたいリフト利用のゲレンデ・スキーは私の性にあわない。私のスキーは山登り用であって、大きな山を舞台に滑るのでなければ甲斐がない。スキーを楽しむ山、私の頭にすぐ浮かんできたのは守門山であった。

日本山岳会の有難いことは、各地にその地方の山に詳しい会員のいることだ。守門山には、もうこの山に三十年も打ちこんでおられる稲田豊八さんのあ

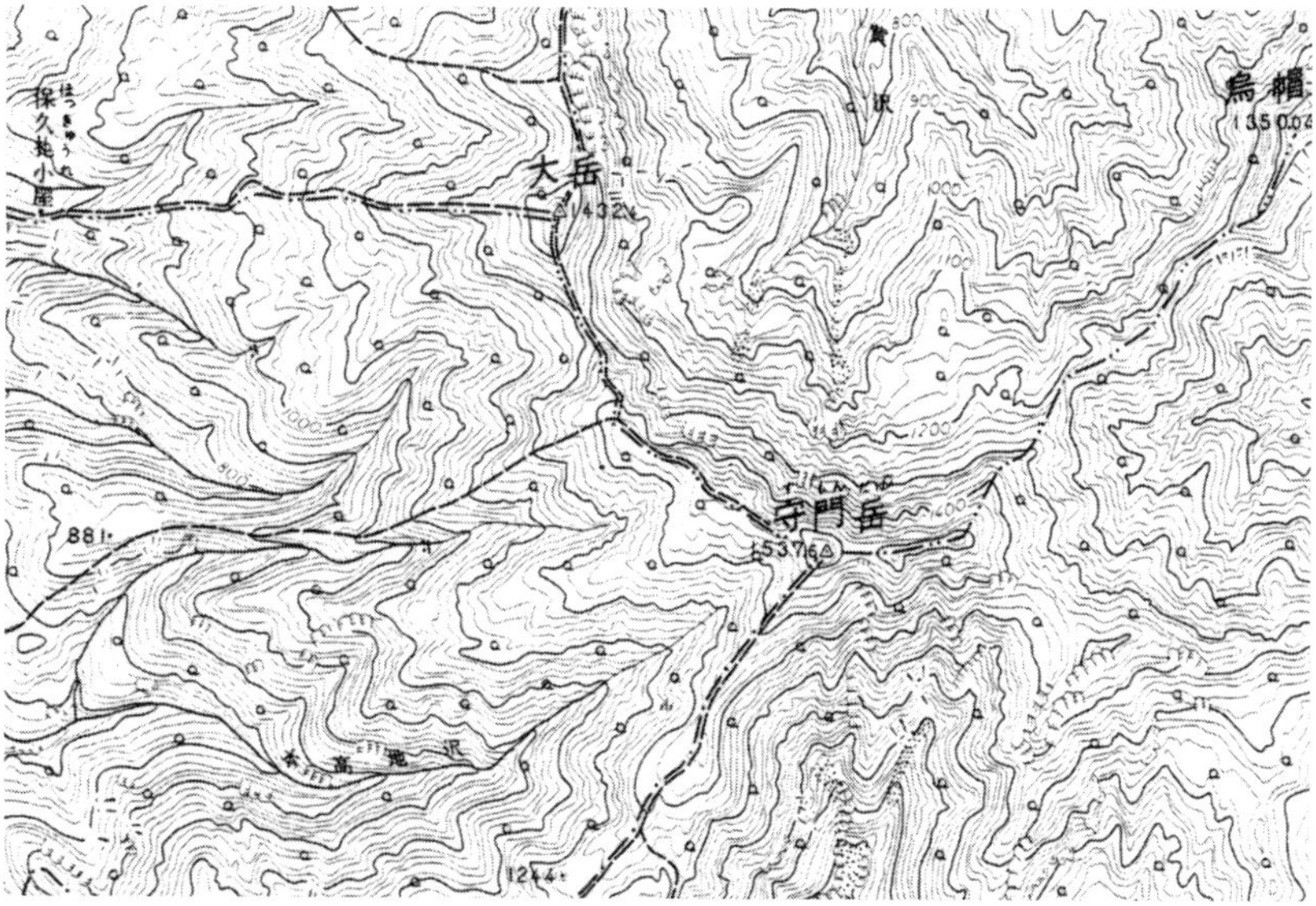

守門山　▲守門岳

ることを聞いて、私は問合わせの手紙を出した。小屋、寝具・薪炭の有無、コース、積雪量、それから適当な人夫が雇えるかどうか。折り返し親切な詳細な返事があり、ことに最後の私の注文に対しては、はなはだ適切な一人の青年を推薦してくださった。その青年とは帰省中の明大生で、柔道二段、体格雄偉、しかも山とスキーが好きで、この冬になってからもう数回守門山に登ったという。こういう結構な道連れを得た以上は、守門山だけで帰ってくるのはもったいない。私はついでに浅草岳へも登る心組みで東京を出発した。

上野発夜の十一時五十分新潟行という列車は、どんな小さな駅も一つ残らず停車して行く鈍行であるが、翌朝目的の下車駅にあまりに早く着きすぎないという利点で、上越方面へ志す登山者に多く利用されている。私の車内にもかなりの数が乗っていた。一眠りして眼をさますと、清水トンネルを過ぎたあたりらしく、外は一面の雪景色で、細かな雪が横なぐりに降っていた。さらに一眠りして起きた時には、もう車内に登山者の姿はほとんどなく、汽車は春めいた魚沼の野を走っていた。七時半長岡着。スキーを抱えてホームに降り立った客は、私のほかには見当たらなかった。長岡で三十分ほど待って栃尾《とちお》鉄道に乗り換える。このローカル線にはちょっと驚いた。普通より狭軌の電車だが、今どき日本にもまだこんな車が走っているのかと訝《いぶ》かしまれるくらい、それは旧時代の遺物的存在であった。客車というより箱に近い。その箱で約一時間運ばれて終点栃尾に着く。

駅まで迎えに出てくださった稲田豊八さんに連れられて、稲田さんの店に行き、栃堀行バスを待つ一時間、いろいろ山の話を伺っているうちに、私と行を共にする明大生の佐藤玄作君が来た。なるほど立派な体格で、真面目そうな青年である。そのお父さんの金一さんもみえた。佐藤金一さんはやはり日本山岳会員で、越後の山のエキスパートである。その薫陶《くんとう》を受けて玄作君は山とスキーの経験を積んだらしい。
みんなで相談の結果、私の行程がきまった。今夜は道院ヒュッテ泊まり、明日もし晴天ならば守門山の主峰を極めて、反対側のノコギリ尾根を下って五味沢に出る。このコースは栃尾山岳会の人が少数通っているだけだそうである。そしてその翌日五味沢から浅草岳へ往復して帰京、という計画である。優秀な羅針盤を持つ大舟に乗った心持ちで、私は万事任せた。私にはただ玄作君に付いて行く体力さえあればいい。

栃尾から栃堀までバスで約三十分、神社の前で降りると、そこからもう雪が敷いていた。部落を出はずれるとすぐ登りになる。踏跡がついているのでスキーを担いで行く。佐藤君は初老登山家の苦労を黙って見過ごすほど気の利かぬ青年ではない。奪うように私のスキーを取って彼の肩に載せる。

栃尾では小雨模様だったのに、いつか天はきれいに晴れて、梨ノ木平という所で弁当を拡げた時には、ジリジリ顔の焦げるのが分かるような明るい陽ざしになった。日本海方面を振り返ると、駱駝《らくだ》の背のような形の山が見えるのは、弥彦山であろう。

そこから一奮発、急坂を登り切って尾根の上に出た時、最初の感動が私に来た。眼の前に純白の守門山が立っていたからである。守門山は、大岳（前守門）、青雲（中守門）、袴《はかま》岳（奥守門）、東守門から成っているが、ここから見えるのは大岳と青雲である。千五百メートルの山とは思えぬくらい立派に見えるのは、雪という魔法の衣を着ているほかに、広々とした前景を控えているせいだろう。雪の起伏がはろばろと続いて、その果てを画しているのが守門山であった。

貪るように山を眺めてから、私たちはそこでスキーを穿《は》いた。そこから尾根伝いに道院ヒュッテまでは一滑りであった。

ヒュッテは二階建てで、番人が常住し、寝具・薪炭の備えがあり、風呂まで付いている。食料だけ持参して自炊すればよい。ヒュッテの前の細長い窪地は夏は池になってボートが浮かび、付近はバンガローの多いキャンプ地になるそうである。しかし今はすべてが深い雪の下に埋もれて、見渡す限りただ大まかな雪の起伏があるばかり。誰かが「雪の沙漠」と呼んだそうだが、全くその通りで、砂丘の代わりに雪丘が続いていると思えばいい。

私たち二人は夕刻までのあいだ、その雪の沙漠にスキーを進めた。一つの雪の円頂に立った時、第二の感動が来た。南に当たってズラリと立てめぐらしている雪襖《ゆきぶすま》は、八海、駒、荒沢の諸峰、その左に並んで未丈、大鳥、毛猛《けもう》の連山、その奥に遠く微かに双耳峰をもたげているのは尾瀬の燧岳に相違ない。それらの雪嶺を数えながら、私にはまだまだ登るべき山の残されているのを感じた。

その夜、道院ヒュッテには、私たちのほかに、二組の学生パーティがそれぞれ二階の二室を占めていた。その一組は立教のワンダー・フォーゲル（略してワンゲルと呼ばれる）の部員で、ここに三日も降りこめられていたが、今日ようやく晴天を得て守門に登ってきたという。いきなり挨拶をされたのは、昨年の秋私はそのワンゲル主催の講演と映画の会に呼ばれて山の話をしたので、顔を見覚えられていたのである。私と佐藤君は番人と三人で下の部屋に寝た。

その晩、鏤《ちりば》められた星空を仰いで私の幸運を祝福しながら床に就《つ》いたにかかわらず、夜中に幾度か烈しい風音に眼ざまされた。家が吹き飛ぶのではないかと思うくらいの荒れかたである。

翌朝風は収まったが、怪しげな曇天であった。それにめげず、六人組の学生のパーティは準備を整えて山へ出かけた。それに続いて立教ワンゲルも、これは下山のためヒュッテを発って行った。この方は五人で、うち二人は女性である。男に劣らぬ重装備の大きなリュックを背負っていた。

私と佐藤君は一番あとから出た。この天候ではノコギリ尾根へ下る望みはないが、ともかく登れる所まで登ってみようという心組みである。スキーにシールをつけて、雪の沙漠へ踏み出す。目ざす守門山の上半身は白い雲に包まれて見えないが、下の方は晴れている。雪丘を上ったり下ったり、それでも次第に高度を稼ぎながら山へ近づいて行った。

同じような雪の起伏が広々と続いているから、吹雪に襲われたら見当がつかなくなるだろう。地勢に明るい佐藤君でさえ、数年前の三月末、猛吹雪に会って方角が分からなくなり、雪洞を掘って二十四時間も晴れを待ったそうである。このように一面の雪原になったのは、炭を焼くため木を伐り払ってしまったからだという。もちろん更代が成長しているのであろうが、今は雪の下で、伸びのいい樹木だけがところどころ頭を現しているにすぎない。

長峰という、その名の通り長い平らな尾根に取りついて、緩く登って行くと、ようやく保久礼《ほっきゆうれ》に着いた。この妙な地名は仏教の発起折《ほっきおれ》の宛字だそうで、ここで沢沿いに登ってくる夏道に合する。小屋があるそうだが、それも今は雪の下である。ヒュッテからここまで二時間あまりかかった。

保久礼からにわかに急な登りになる。一休みして元気をつけて、その急坂にかかった。片側は樹林、片側は雪庇《せっぴ》、その間の尾根をあえぎながら登って行くうち、やがて樹林は切れて、私たちは雲の中へ入った。

白い煙幕に包まれて、身の廻りしか視界がない。幸い、赤く塗った長い竹竿が、三十メートルか五十メートルの間隔に立っていて、一本の竿をすぎると、次の一本が行手におぼろに現れてくる。それを頼りに登って行く。これは過日新潟県の滑降距離選手権大会がここで行われた時の標識で、ヒュッテから大岳の頂上まで続いていた。頂上をスタートして、栃堀のゴールまで十五キロのコースを、今年の大会で四十五分という新記録が出たとのこと。

竹竿に交じって折々赤い旗の立っているのは、今朝早く発って行った学生パーティの標識であった。その学生たちの下ってくる声だけが霧の中に聞こえ、やがて滲《にじ》む影のように現れてくるのに擦れ違った。身の廻りにいつも白い朧《おぼろ》の雪の斜面があるだけで、いったいどのくらい登ったのか見当もつかない。少し傾斜のゆるい台地らしい所へ出たので、そこで立ったまま弁当を食った。さすがにじっとしていると寒い。魔法びんの熱いお茶。世の中に何がうまいといって、寒い雪の上で飲む、のどを焼く熱い茶にまさるものはあるまい。

それからまた登りを続ける。まだだいぶあるだろうと覚悟しながら行くと、

「ほら、吊鐘が見えます」

と、先に立った佐藤君が指さした。眼の前に、雪面上二、三尺突き出た棒の先に、欠けた鋳物の鐘が下がっていた。それが大岳の頂上だった。あまり不意に頂上だったので、ちょっと拍子抜けしたが、しかし嬉しかった。

頂上に祠《ほこら》があるそうだが、それも雪の下だ。依然としてわずかの半径を持った周囲しか見えないので、ここが頂上だという実証を得るためには、あたりを少し歩き廻ってみて、もうこれ以上登りがないことを確かめるよりほかなかった。主峰の袴岳へは、ここからいったん百五十メートルほど鞍部へ下り、それからまた二百五十メートル登り直さねばならない。こんな天候にそこまで行ってみる意志は、もちろん私には消えていた。守門山の一峰を獲得したことに満足して、私はスキーのシールをはずした。

下りは早い。と言ってもふっ飛ばすほど私のスキーはうまくない。ゲレンデでは人真似で流行のパラレルとやらをやってもみるが、私の技倆では、ここでそんなものを使ったら雪庇から落ちてしまうだろ

う。急斜面にかかると、私はもっぱら私の奥の手の杖ボーゲンに頼った。それでも時々転倒は免れない。それから時々立ち留まって息を入れなければ続かない。しかしスキーは有難い。登りは保久礼から頂上まで二時間半ほどかかったのに、下りは休みながらでもその五分の一の時間ですんだ。

雲から脱して、保久礼から下は、にわかにあたたかい。春スキーののんびりした気持で、再び雪の沙漠を渡って小屋に戻ってきた。

その夜、もう一晩道院ヒュッテに泊まった。袴岳を越えて五味沢へ下るのを断念した私たちは、翌日下を廻って五味沢に行き、そこから浅草岳へ登ることにした。

翌日も曇天だった。朝八時すぎ小屋に別れを告げて、大平牧場へ出るコースを採った。沙漠中の一雪丘万太郎山（六六五メートルの三角点）から南に伸びた尾根を、その突端まで滑り、急斜面を沢へ下って対岸へ登ると、目の下が大平であった。残雪期の有難さは、天気さえよければ、方向をつけてどこへでも行けることである。雪の上いたるところが道になる。

大平牧場は広々とした平らな雪原で、十ばかりの家が点々と散在して、その中に目立つ唯一つの二階建ては村の分教場であった。その雪原を横切って、急な崖を下り、橋を渡って二分《にぶ》の部落へ入った。この山奥の村はまだ家の半分は雪に埋まっていた。小雨が降ってきた。私たち二人が村の背後の峠みちに登りかけようとすると、傘をさしたおかみさんが後《あと》を追ってきて、もう昼どきだし、雨も降ってきたから、家へ寄って行きなさいと勧める。先を急ぐので厚意は辞したが、親切な村人である。私は道院ヒュッテで番人から聞いた話を思いだした。ある渡り者が、連れにはずれた登山者を装って、二分の部落で千円捲きあげて行ったという。素姓も知れない者に千円貸す純朴さがこの村には残っているのだろう。

ここからも守門山への登山道が通じているが、この村へ達するまでが不便なので、土地の人以外に利用する人はごくわずかだそうである。

　雨は峠の上で晴れた。そこから横根に下り、道地を過ぎ、只見線の入広瀬《いりひろせ》駅の近くまで、ほとんど滑り放しであった。駅へ着いたのは十二時四十五分。按配よく二十分ほど待って終点大白川《おおしらかわ》行の汽車が来た。

　只見線は、上越線の小出《こいで》から分かれるローカル線で、はじめは南会津の只見川に沿う柳津《やないづ》まで通じる予定で只見線と名づけられた。しかし現在は大白川までで工事中止になっている。数日前の新聞によると、国鉄には赤字のひどい支線が五十線あって、それらは近いうちにバスに切り換えられるそうだが、その中に只見線もあげられていた。

　いかにも雪の深い山国を走る汽車らしく、客車の中央にはストーブが取りつけてあった。越後から会津に越す街道に、昔は守門山の北に八十里越《ごえ》、浅草岳の南に六十里越があって、その名を聞いただけでも人里離れた侘《わび》しい長い道中を思わせるが、それらの峠みちも今は通る人もなく、荒れ果てるに任せ、断続して、道跡を探し出すさえ困難な個所もあるという。会津から蚕の種売りが通ったという八十里越に、木ノ根茶屋という峠の茶店が地図に残っているのも、何か哀れである。六十里越は近年ようやく復活工事が始まったという話を聞いた。

　ともあれ越後と会津の国ざかいあたりは、山が深く雪が多いだけに、今まであまり知られていなかった。目立って高い山がないので見逃されてきたが、これからは残雪期の登山の対象として、興味のある所となるに相違ない。地図を見ているだけでも、楽しくなる地域である。

　入広瀬駅から三つ目で終点大白川駅に着いた。駅を出るやもううず高い雪である。大白川の村はそこ

から約一キロ半、雪の上を踏んで行った。村の入口の橋の上で、私は再び守門山に出あったが、今度はすっかり風貌が変わっていた。あの広々とした前景を持った遥かな守門山ではなく、ここからは直ちに仰ぎみる守門山であった。前に見たような優しい線を持った純白の山ではなく、こごしい岩を混じえて切り立った屏風であった。道院あたりから望めなかった別の頂上の線が、こちら側に現れているのであった。主峰袴岳の直下に落ちこんでいるのは大雲沢と呼ぶ嶮絶な沢で、まだこの沢を忠実に登った人はないという。同じ山でも、それを望む方面によって、これほど性格の違う山になる。しかしどちらも守門の立派さに変わりはない。

　さらに私をひどく喜ばせたのは、同じ橋の上から、守門と反対側に浅草岳を仰いだことだった。この山には私は初対面である。しかも明日私はそれに登ろうとしている。守門山と浅草岳。このあたりでは断然頭角を抜いているこの二峰を交互に眺めながら、私の興趣は尽きることを知らなかった。

今日は五味沢まで行くのをやめて、大白川村で佐藤君の懇意の大丸屋に泊まることにした。平石川と、守門から流れ出す大白川との合流点に、大白川の部落がある。栃堀に巣守神社があったように、ここには守門神社があった。守門登山道はこの村からも通じている。こちらからの道は距離は近い代わりに、胸を突く急峻だそうである。

大丸屋の二階の一室のこたつに、私たちは寛《くつろ》いだ。夜の食膳に、トッピ茸《だけ》という、この地の名物の珍しい茸《きのこ》がついた。天気予報では強風警報が出ていると、佐藤君が下のラジオで聞いてきた。

翌朝眼がさめると、風は吹いていないが、シトシト雨が降っていた。晴れそうにもみえるので、私たちは幾度も窓をあけて空をうかがいながら、様子を待った。その甲斐もなく、とうとう浅草岳は断念せざるを得なくなった。

しかし、まあいい。初めての山に来て、すぐ成功しようとは虫がよすぎる。登りそこねて、思いをあとに残しながら山を去るのも、また一風情である。浅草岳も私の未来の楽しみに残しておこう。

荷物をまとめて雪の道を大白川駅に引返し、只見線に乗った。小出に着いたのは正午、町を流れる魚野川は雪どけの水を満々と湛えて、川幅いっぱいに流れていた。

17 未丈ヶ岳（1553m）

長年山登りをしている人には、きっとこんな経験があるだろう。夕方になって道に迷う。いくら探しても見つからない。だんだん暗くなってくる。止むをえず木の蔭か何かで野宿に決する。長い寒い一夜があけて、再び道を探しにかかる。何のことはない、それはすぐ近くにある。そして五百メートルも行かないうちに、ちゃんとした小屋がある！

道は近きにありという感慨を、私は登山で幾度も経験した。越後に未丈《みじょう》ヶ岳と呼ぶ、高さ一五五二メートルの山がある。よほど山の好きな人でなければ、そんな山の名も所在も知らないだろう。かねてから私はその山に目をつけていたが、一昨年十一月の半ばすぎ、登山の機会に恵まれた。

上越線の小出《こいで》の町を早朝に出発した。I君の運転する車に、私のほかにM君が乗っている。I君もM君も小出山岳会に属して、このあたりの山には詳しい。すばらしい上天気で、進行方向の遠くの空に、目ざす未丈ヶ岳がゆったりと長い尾根を張っていた。

湯之谷村を通りすぎてトンネルへ入る。このトンネルは、只見川にダムを作るときその資材を運ぶために作られたもので、総工費六十億（私の数字感覚は少々怪しい）を要したという大工事であった。鉄道を別にすれば、日本一の長いトンネルである。

数年前工事の完成する直前に、私はこのトンネルを通り抜けてダムのふちへ出たことがある。もう三十年もむかし、ただ一人幾日もかかってそのあたりを歩いたことを思いだして、今昔の感に堪えなかった。せっかく作った立派なトンネルだから、一般に解放すればよさそうに思われるが、お客を通すには安全度が保証されないというので、用事以外には通行禁止されている。

私たちの車が造作なくトンネルへ入れたのは、Ｉ君が長年この地域の登山に尽くした功労のおかげだった。トンネルを三分の一ほど進むと、左手に外へ出る口があいていた。ゾリ（切り崩した土壌）を棄てるための出入口だったらしい。車はその口から出た。果たしてそこはゾリが小さな沢の源頭を埋めて台地状をなしていた。

そこに車をおいて、三人は服装をととのえて、いよいよ未丈ヶ岳の登りにかかった。降ってまもない新雪が地に敷いていた。踏み跡らしいものを辿《たど》って行くうちに、だんだんそれが怪しくなった。谷川に面した急な雪の斜面を、岩や木の枝に危うくつかまりながらトラバースして行くのは、私にはかなり辛かった。こんなのは道ではない。

山馴れした両君も、どうやらこれは未丈ヶ岳への道でないことを察したようである。曇ってきて周囲の山々が隠れてしまったので、見当のつけようがないらしい。地図を按《あん》じながら、二人はいろいろと思案していたが、とうとう引き返すことになった。

元のゾリの台地まで帰った。するとそこにハッキリした道があるではないか。それをさっき見落としたのは、登る道ばかりが意識にあったからだろう。見つけた道は下りになっていた。ゾリの埋めた小沢に沿って、ちゃんとした道がついていた。さっきの苦労がバカのようだった。

山へ登る道だって、途中には下ることだってあるのである。まもなく私たちはその小沢が黒又川に合流する所まできた。そこが三ッ又口と呼ばれているのは、対岸からもう一本沢が入ってきているからだろう。その三つの合流点から少し上に、川の向こう側に未丈ヶ岳への登山口があった。しかし川を渡る簡素な吊橋《つりばし》は、季節がおそいために取り払われていた。渡渉《としょう》するには深すぎる。それにさっきの迷い道で時間を費やしている。私たちは未丈ヶ岳の登山を断念して、白い石の河原に寝ころんであたりの紅葉を賞した。よい気持であった。

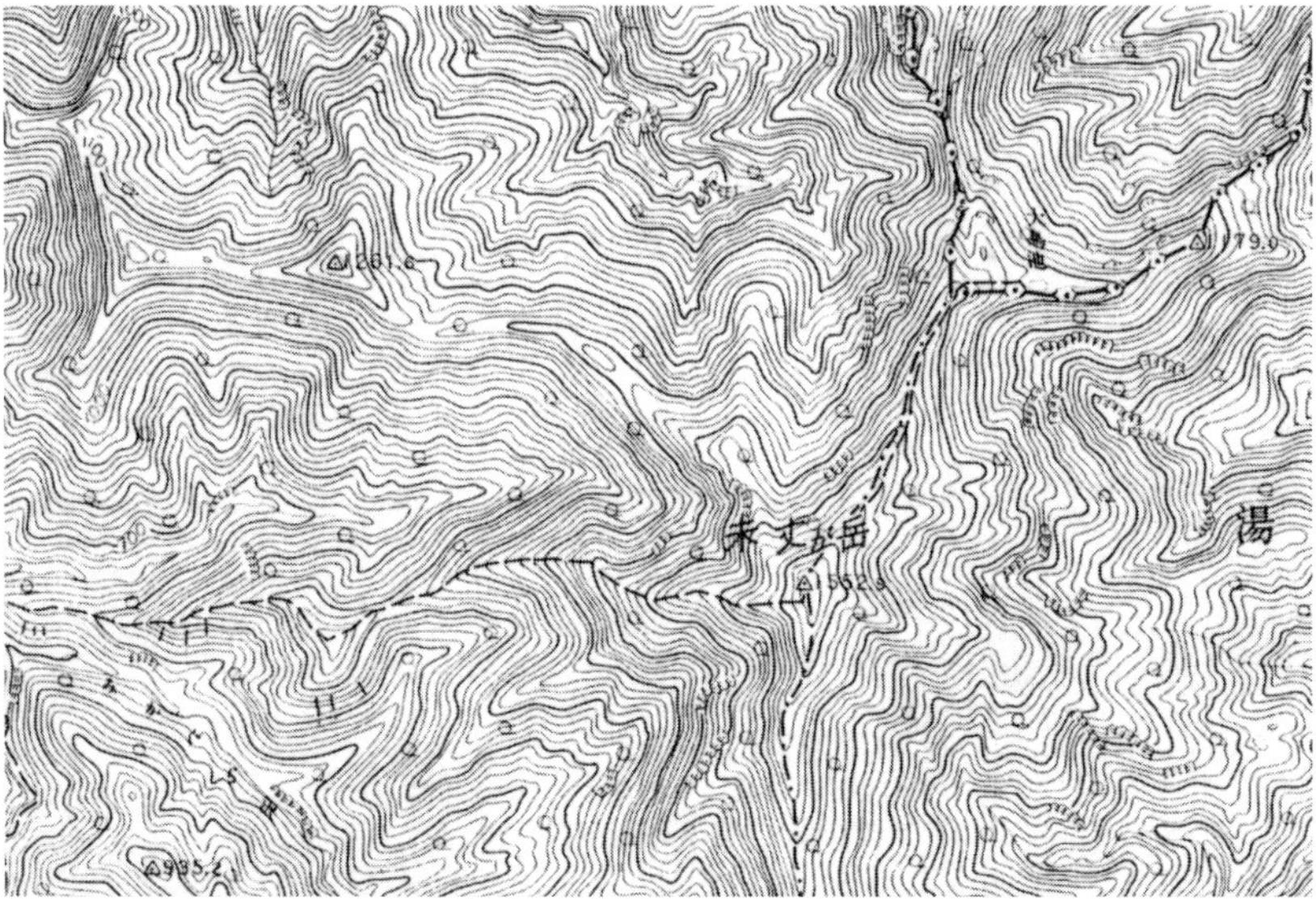

未丈ヶ岳　▲須原

18 太郎山（2367m）

男体山、大真名子《おおまなご》山、小真名子《こまなご》山、女峰《にょほう》山、太郎山、この五つの山を私は男体一家と呼んでいる。お父さんの男体山と、お母さんの女峰山の間に、二人の愛子《まなご》があり、少し離れて長男の太郎山がある。そんな風に考えられるからである。遠くからながめても、この男体一家はむつまじそうに寄りあっている。勝道上人が男体山（二荒山）を開いて以来、この五つの山を一巡するのは、修験者の入峰禅頂《にゅうぶぜんじょう》のコースであった。どの頂上にも祠がおいてある。太郎山の祠は慈眼《じげん》太郎明神を祀るという。先年、ある大学の学術班が太郎山を発掘して、古銭、古器などを発見したという記事を新聞で読んだことがある。それほど古い由緒ある山である。

にもかかわらず、現在では太郎山はどうやら「忘れられた山」の部に属するようである。男体や白根に登る人は多いのに、案外太郎山は知られていない。先日私はこの山へ行った。おりしも登山の最盛期で、日光と湯元を往復するバスはどれも登山者の姿であふれていたが、そのおびただしい登山者はどこへ消えたのか、太郎山で出あったパーティーは二、三しかなく、山はしごく静かであった。

七月末のある暑い日の午後私たち二人は東京を発って日光へ行き、そこからすぐ湯元行のバスに乗った。

中禅寺湖畔に並んだ宿屋の軒先には賑々しく提灯が下がっていた。これは数日後から始まる男体山登拝祭の用意である。あとで新聞で知ったが、この登拝祭（山開き）の初日には数百名の登山者があったそうだ。一九六〇年のことである。

湖畔を走る道は、いつ来てみてもいい。豊かな樹林がいいのだ。木の間を透かして湖を眺めるのがいいのだ。あれが剝《む》き出《だ》しの湖畔であったら、ありふれた景色になってしまう。菖蒲ヶ浜でバスは湖から離れて戦場ヶ原へ向かう。その入口で私たちは下車して、そこにある宿屋に入った。ここは中宮祠と湯元の両繁昌地の中間にある一種のエア・ポケットで、観光地の宿とは思えないほど質素で閑散であった。周囲を緑の深い森林で取り囲まれ、環境もなかなかいい。惜しむらくはあまり頻繁に前を自動車が通りすぎる。

夕食までの暇を、私は宿の下駄をつっかけて、近くの竜頭《りゆうず》ノ滝を見に行った。いつもこの美しい滝をバスの窓からわずか眺めるだけだったので、この機会にその全容を心行くまで鑑賞した。竜頭ノ滝の真骨頂は、水の落ちる景でなく、流れる景である。急

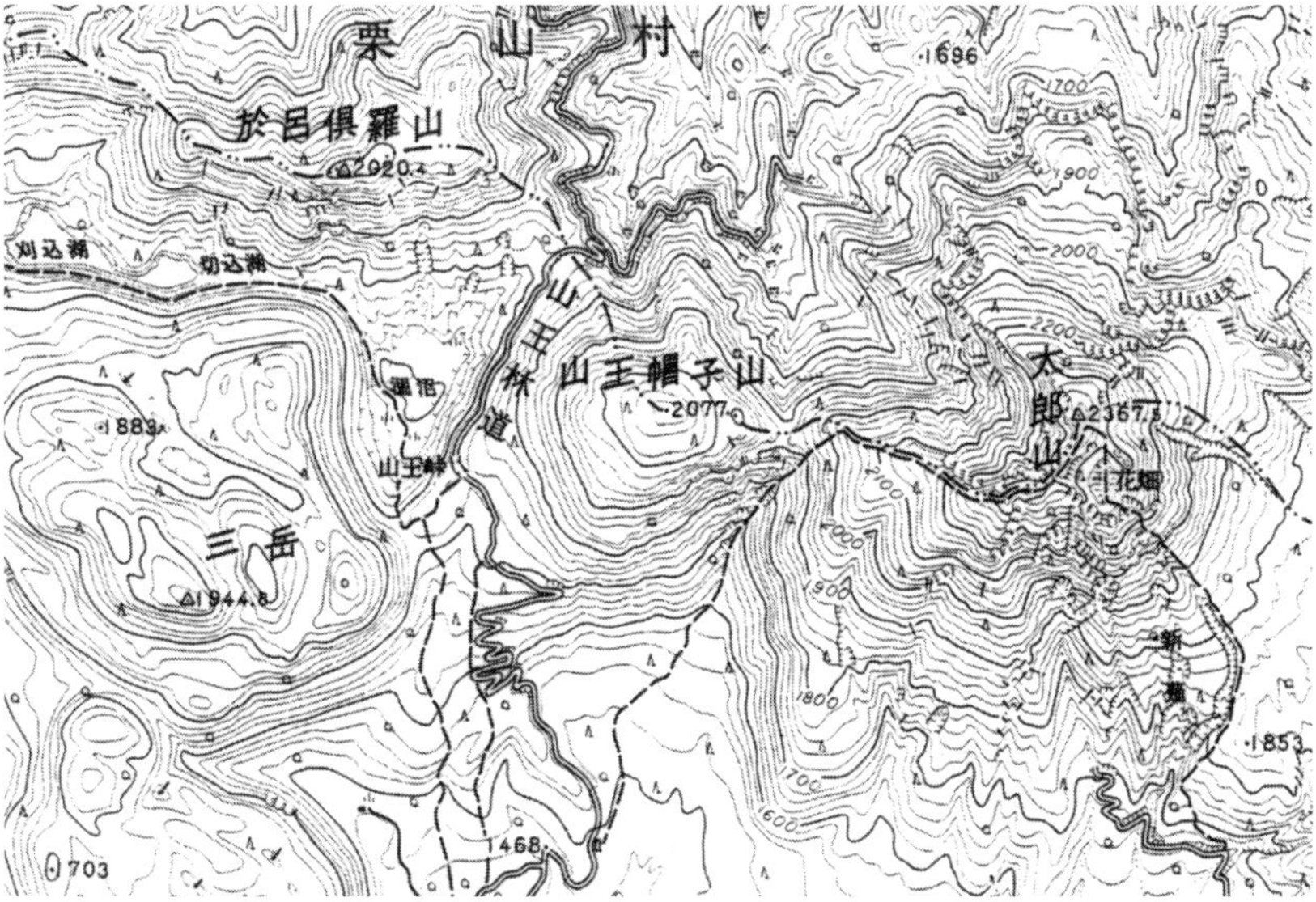

太郎山　▲男体山

傾斜の岩盤の上を、白い瀬になって流れて行く、そこが美しい。岩盤には凸凹があるから、白い瀬はそこで躍ったり跳ねたり、別れたり合したり、さまざまに変化を示すから、一本の棒のような滝よりも見ごたえがある。

　翌朝一番のバスで戦場ヶ原の三本松まで行った。ここは原の中央で、湯元へ行く道と、山王峠へ行く道との分かれ目になっていて、いかにも分かれ目にふさわしい三本の松が立っていたのだが、今は一本しかない。あとの二本はおそらくバス道路拡張の犠牲になったのだろう。私の古い山のアルバムを見ると、ちゃんと三本の松が立っていて、それを前景にして太郎山が写っている。ここから見る太郎山は美しい形をしていて、その眺めは三本松を控えていることによって、より以上のものになっていた。その景色を期待していた私は、松の無くなったことに失望した。もっともこの日は曇っていたので、太郎山は見えなかった。男体山登拝祭のころは、いつも天気が崩れるのが常だそうである。

　私が三本松の写真を撮ったのは二十五年も前で、その時は御沢《みさわ》の中を通って男体山の裏の志津小屋に泊まり、そこから大真名子・小真名子の頂を踏んで女峰山へ向かった。御沢というのは、ずっと両側に岩壁が連なり、まるで廊下の底を行くような格好で、その特異な風景が私の印象に強く残っていた。それで今度もその御沢を通って太郎山へ登るつもりでいたところ、三本松の茶屋の親父が言うには、近年御沢付近には伐材が入っているため、幾筋も道があって紛らわしい。むしろ光徳牧場から登って、帰途を御沢に採るのが賢明であると。私たちはその忠告に従い、山王峠へ行く道へ入った。緑の木立に縁取られた気持のいい静かな道である。時々小雨が降ってくる。一時間足らずで光徳ロッジの前を通り過ぎようとすると、中から呼び留められた。ロッジのお客が昨日太郎山へ登ったまま帰って来ない。今朝早く捜索隊が出たが見つからない。もし私たちが見つけたら知らせてほしいというのである。

「せっかくの山登りが仕事になりそうだ」と連れのS君が渋い顔で、その姓名を書き留めた。S君は某新聞の運動部の記者である。新聞の運動部には大学山岳部で活躍した人がよくいるが、S君もその一人であった。

ロッジを過ぎて間もなく、山王峠へ行く広い道と別れて、右手の細い道へ入る。ところどころ草を分けて行くような所もあったが、一本筋だから迷うことはない。初めのうちは林の中を行く。空を覆った雲が一と時晴れて、梢をすかして太郎山を仰いだが、その喜びも束の間、再び霧に包まれてしまった。

道は水のない沢に入ってそれを登る。途中石のごろごろした間に、流れの現れている所があった。ガイド・ブック風に言えば「ここで最後の水を詰めて行くことが肝要」であろう。沢の傾斜がしだいに急になり、やがてハガタテにさしかかる。これは奥日光の山によくあるナギで、一歩ごとに足元の土砂の崩れる登り辛い急坂である。私たちはそのナギの中途で一服した。眼の下に、戦場ヶ原より一段高い小《こ》田代《たしろ》ヶ原が美しく眺められた。すぐ前には樹林でこんもり覆われた山王帽子山が立っている。太郎と言い、山王帽子と言い、忘れられたように静かである。

ようやくナギを終わって尾根に取りついた。むきだしのガレ場から森林帯へはいってホッとする。尾根伝いに木立ちの中を登って行くと、やがてはげた平地へ出た。一面に霧がかかって、少し遠いところはなんにも見えない。私たちは、そこが太郎山の頂上とばかり思って弁当を広げた。御料林の三角点の標石があるし、地面のはげぐあいや、それとないよごれ方がいかにも山の頂上らしい。霧を恨みながら食後のくだもののカン詰めを切ったりしていると、ひょいとその霧が裂けて、目の前にもっと高い別の山頂が現れた。

あ、あれがほんとうの頂上だ。私たちの休んだのは小太郎山の頂であった。霧はまたすべてを包んだ。

荷をまとめて、ほんとうの頂上の方へ向かう。初めしばらくややけわしい岩の下り道だったが、それから尾根筋の小さな上り下りを幾つか繰り返しながら、しだいに登りになる。

太郎山のてっぺんにはだれもいなかったが、長い年月に行者の山としての人間臭がしみこみ、頂上の純粋性を失って、どこか擦れたような感じだった。私たちはほこらの横に腰をおろして、霧の晴れるのを三十分待ったが、その甲斐なく、ちょうど五、六人の声高な若者の群れが登ってきたのをしおに立ち上がった。

帰りは御沢へくだる道をとった。しばらくおりると、大きな岩の間を通り抜け、その岩には仏が祀ってあった。してみると行者の登拝道はこちら側が表口だろう。そこから明るい草地に出た。直径一〇〇メートルくらいの円形の気もちのいい原である。まわりは樹林にかこまれ、その中に白樺の幹がスイスイと立っている。どんな山でもどこかに一つは美しい場所があるが、太郎山ではこの草原だろう。まったくこんな山の中に思いがけなく、まるで秘めたような美しい静かな草原だった。いろいろな色の草花が咲いていた。私たちはその花の間に腰をおろして、小鳥の声に耳をかしていた。

その原を横切ると急な一途の下り坂になる。その途中で、ようやく雲が晴れて、前面に男体山が姿を現した。大きな図体だ。その左に、大真名子、小真名子の峰も見えてきた。急坂を下りきって、石のゴロゴロした水のない沢を渡る。そこからまた深い原生林の中へはいった。

御沢へ出ると、小雨が降りはじめてきたので、携帯コウモリを拡げて、その沢を下って行った。戦場ヶ原へ出た。バスを待つうちに雨もやんで、ふたたび正面に大きく男体山が浮かび上がった。

19 焼山 (2400m)

一

今年の春、越後と信濃の境の雨飾《あまかざり》山に登ろうとして、二度までその麓まで行きながら、望みを達し得なかった。その望みを棄てたわけではないが、やりかけてうまく行かなかった仕事をしばらくそっとしておくように、雨飾はいずれ他日に残しておいて、今度はやはりその一連の山の焼山に登ってみるつもりになった。

焼山を初めて眺めたのはいつ頃だったろうか。だいぶ昔のことである。ある年の六月、白馬《しろうま》岳の頂上から北を眺めて、そこに残雪の豊かな一連なりの山のあるのに眼をおどろかせた。白馬は北アルプスの一番北の端の山であるのに、それよりなお北に、高さこそ幾分劣れその山容の堂々たること北アルプスに匹敵するような連山を見出して、心たのしかったのである。

それはこの頃頸城《くびき》アルプスと呼ばれている、妙高・火打・焼山の連山だった。いずれも二四〇〇メートル級ではあるが、雪の多い越後の山だけあって、初夏なお多量の残雪を輝かせて雄壮な風貌を持っている。白馬から眺めて、一番右の端が妙高、それから長い尾根を引いて毅然として（全く毅然という感じである）立っているのが、この連山の最高峰の火打、その左に、仏壇に供えるおぶくさんのような恰好をしたドーム形の山、——これが焼山であった。

焼山は信越線の汽車の窓からはほとんど見えない。よほど山に注意深い人だけが、二本木を過ぎて新井に至る間で（たしかそうだったと思う）ほんのわずか認め得るくらいである。直江津を過ぎて北陸線に入ってから、初めて前山の奥の方にずんぐり立ったこの山を仰ぐことが出来る。標高二四〇〇メートル、その名の如く火山である。

十月四日の朝、夜行で上野を出てきた僕と、故郷の北陸の田舎の町を夜半に発ってきた弟と、北陸線の梶屋敷《かじやしき》で落ちあった。北陸線を昼通った人は誰でも感じることだろうが、郷津《ごうづ》から泊《とまり》まで一時間半以上、山が海に迫っていて、そのわずかな海岸の余地を拾うようにして汽車が走って行く。そしてところどころに、屋根に石を並べた小さな部落が我々を送迎する。天気が良ければ日本海を見晴らして気持のいい車窓の旅だが、定めなき北国日和では、暗く下がった天の下に、白い波が単調に岸を打ちかえしていて、そのほとりに軒を擦り寄せるように家がかたまっている。何となく寒々とした風景である。

梶屋敷もそういう寒駅の一つである。山が海に押し迫っているこのあたりでは、山から流れ出る川がわずかの谷をひらき、その谷沿いに人が部落を作って住んでいる。梶屋敷は早川という谷の出口である。この早川の谷に沿って源まで登ったところが、我々の目差す焼山なのである。

梶屋敷で落ちあった僕達二人は、駅前でバスを待って新町《あらまち》という村まで行った。雑貨屋の前が終点で、そこから歩き出さねばならぬので、上衣を脱いで背袋にくくりつけ、さて何か甘《あま》いものでもないかと店を覗《のぞ》くと、菓子はなかったが、手頃な鉈《なた》が一挺見つかった。細身で、振りよい。柄が手の脂で黒ずんでいるところを見ると中古らしいが、かえってそれが使い慣らされた親しさがあって気に入ったので買い求めた。一円二十銭とは値も安い。これがあとになって大へん役に立った。

新町から笹倉温泉まで三里の道を、汗を流して歩いた。一点の雲もない快晴で、蒸すように暑い日だった。山旅第一日目の重荷と寝不足とで、道は長かった。道ばたの石碑の蔭に腰を下ろすと、二人ともグッスリ一時間近く眠ってしまったくらいだ。

歩き始めの時、鉾《ほこ》ヶ岳というのが行手を扼すように立ちはだかっていたが、その山を左に見る頃から、道は次第に南へ折れて、真正面に、完全なドーム型の焼山が見えてきた。その左に連なっているのは火打であるが、ここからでは、ただ頂の長く平らなだけの特徴のない山に見えて、あの毅然としたところがない。焼山の胸のあたりに白い煙が上っている。始め雲がまつわりついているのかと思ったが、雲にしては変だなと思いつつ行くと、それが噴煙だとわかった。

早川の谷の一番奥の部落の湯川内《ゆのかわち》を過ぎてほどなく、笹倉温泉があった。温泉と言っても贅沢な宿を想像してはいけない。温泉の番付を作ったら、まず一番下の虫眼鏡で見るような所に位置するだろう。

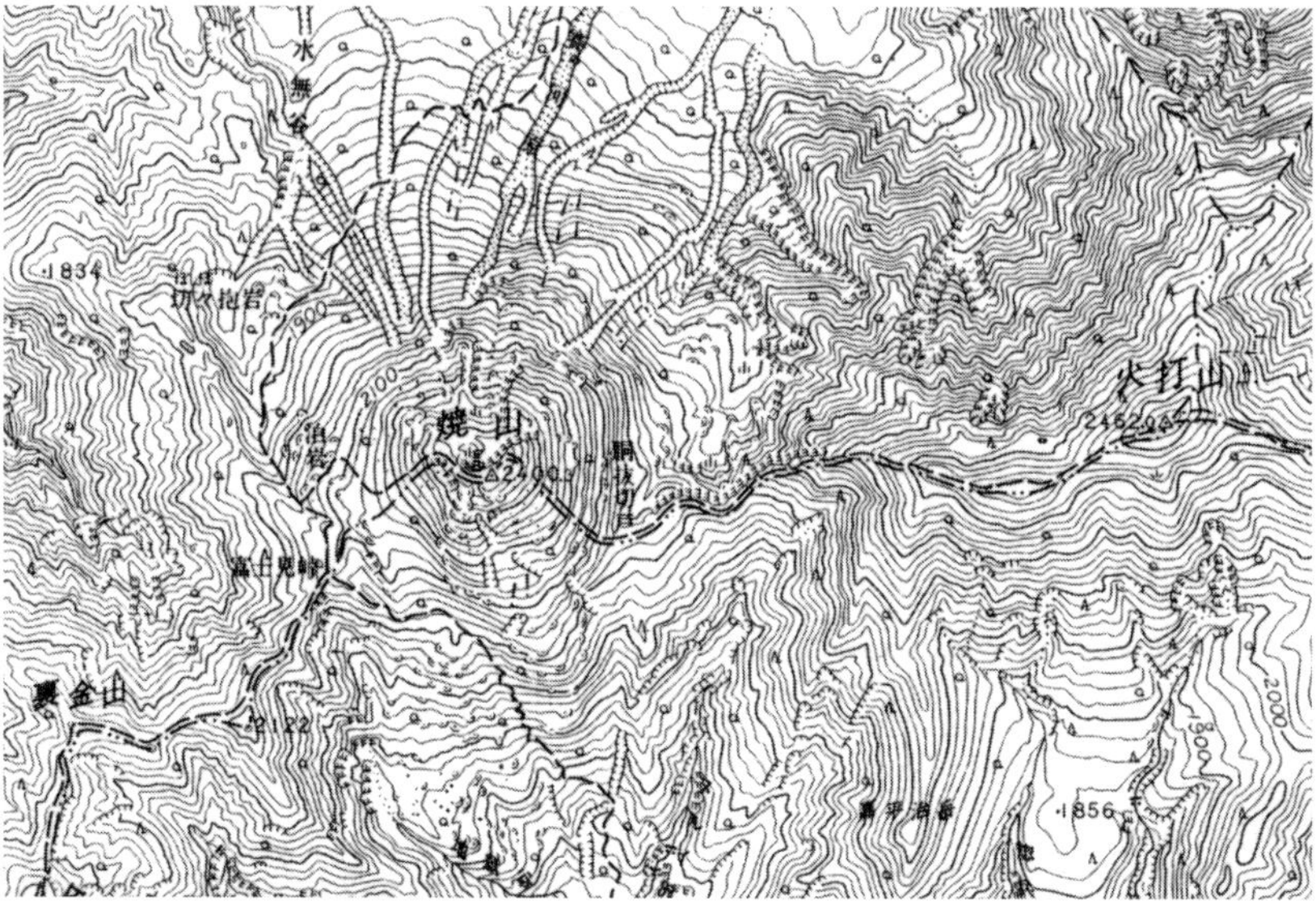

宿は一軒（隣に新築が建っていたが宿屋ではなかった）部屋は安下宿屋なみである。湯だけは透明豊富で、第一流と遜色はない。

そこへ着いたのは正午過ぎだった。朝からあんまり天気が良すぎると思っていたら、果たして昼頃から一面に曇り始め、雨でも降りそうな空になった。明日の負担を軽くするため、今日のうちに少しでも山へ入って野宿するつもりであったが、宿で靴を脱ぐと、もうそんな勇気はたちまち消失し、温泉に浸っていい気持になって、夕方まで眠った。

眼がさめて、夕飯の何とうまかったことだろう。酒もビールもお生憎様だった。大した料理だってあったわけではない。純米がおいしかったのだ。戦争前はこんなうまいものを平気で食っていたのかと疑われるほど、この混じりけのない御飯が世にも珍味に思われた。腹いっぱい食ってから、明日の朝と昼と二食分の弁当を作って貰い、勘定も済まし、背袋を枕元に整えて床に就《つ》いた。ちょうどその晩から翌朝にかけてが満月だった。窓の外は昼のように明るい。明朝はその月明かりを頼んで未明に出発するつもりなのだ。

二

夜半に屋根を打つ雨の音を夢見心地に聞きながら、こいつは駄目かなと思っていたが、予定の三時に起きて窓の雨戸を繰ると、皓々《こうこう》として明るい。早速著《き》換《が》えをして三時半過ぎに宿を出た。ここから先は細い山道である。細い用水に沿った道を進んで行くと、やがて登りになった。月は背後の烏帽子《えぼし》・阿弥陀のギザギザした岩山の上にかかっていて、足元を明るく照らしてくれる。谷川はずっと下の暗い蔭で音を立てていた。

地図（五万分ノ一「妙高山」）を見ると、谷川になだれ落ちたガレの上を通るところがある。予定ではこの場所を月のあるうちに通過してしまおうと思ったのだ。が現場に差しかかってみると、大して危ない個所でもなかった。そこを過ぎて間もなく、ようやく月も沈んであたりが暗くなった。やがて道は谷川へ下って丸木橋を渡る。そろそろ夜が白んで来た。しばらく行くと恰好な河原へ出たので、そこで朝飯を食うことにした。

山の夜明けの菅々《すがすが》しい快さ。この気分を詳述するには美文を要するから省略する。暁に染んだ空の色とか、静かな眠りから覚めたような山のたたずまいとか、そういう属目の自然を按配して文章を綴《つづ》り合わせる煩わしさには、もう僕は倦《あ》いている。美文紀行家は跡を絶たないから、その方に任せよう。食事をした所から、やがてまた道は上り坂になって、台地の上に出る。あたり一面は雑木林で、見渡す限り残る隈なく紅葉している。すでに山では秋も更《ふ》けて、草花と言えばウメバチソウやダイモンジソウ、稀には竜胆《りんどう》などが見あたるきりであった。

また、一頑張りして坂を登ると、もう一つ上の台地に出る。今までこの台地に妨げられて頭だけしか見えなかった焼山が、今度は真正面にすっかり姿を現した。全山一色の代赭《たいしゃ》に紅葉しているところへ、斜めに朝の陽を受けて美しい。実に美しい。焼山の左に続いて、峰の長い火打山、これは凄い爛《ただ》れたガレを幾条もこちらへ薙《な》ぎ落としている。

その焼山と火打山への登山路の分岐点に来たのが七時。もう眼の前の目的の山へは難なく登れそうな気がして、ゆっくり休んだ。笹倉温泉から焼山頂上まで普通六時間行程と言われる。僕は九時間かかる見当で夜明け前に出てきた。何しろこの頃は山へ登るのに急ぐのは大嫌いである。出来るだけ楽をしてゆっくり行く。だから息が苦しくなると、堪え性もなく道ばたへ腰を下ろしてしまう。

目差す焼山を眼前に見ながら、それからがなかなか長かった。登山路はずっと山の右の裾《すそ》を迂回して通じているのだ。空沢を幾つも越えて行く。牙を立てたような頂上の岩が、直ぐ眼の上に見えるのに、道は素知らぬ風に相変わらず裾を巻いて行く。途中道ばたに、地図に出ている坊抱岩というのがあった。大きな二つの岩の間に小さな岩が一つ。これは両親が坊やを抱いているという意味かな、などと思いながら通り過ぎた。

頂上から一気に薙ぎおろしたようなガラガラの空沢（歩きにくいかもしれぬがこの沢を真っすぐ登って行ったら頂上が直ぐのように思われた）を渡ってまたしばらく行くと、こんどは沢沿いの道になった。この沢の突きあたりが、乗越《のっこし》（焼山と金《かな》山とをつなぐ山脈の鞍部）になっていることが分かった。その乗越の手前で道が二つに分かれて道標が立っている。「左、焼山登山道。右、富士見茶屋」とある。富士見茶屋というのは乗越のことであろう。時刻はちょうど十一時。予定だともうとくに頂上へ着いている頃である。

僕等はそこに荷物をおいて、空身になって焼山目がけて登り始めた。背が軽くなると足が速い。しばらく中腹を辿るようにして登って行くと、ちょっとひらけた平地に出た。素ばらしく見晴らしのいい所だ。所どころに石など積んであるから、ここが火山には付きものの賽《さい》ノ河原と言ったところであろう。野宿に都合のよさそうな岩窟もあった。平地の一端に小高い岩丘があって、その上に石碑様のものが立っている（あとで知ったが、これは弘法ノ台と称するのだそうだ）。あまり眺めがいいので、その台の上で一時間も休んでしまった。山々の眺望は言うまでもなく、直ぐ眼下に拡がっている原が一様に代赭色に紅葉して、その間に絣《かすり》のように白樺《しらかば》の幹が混じっている。その美しさ！　実際エックスクラメーションマークを三つも付けたいような眺めであった。

また登り始める。そこから上は、歩きにくいザクザクの砂礫《されき》道で、傾斜もずっと急になる。途中猛烈な勢いで硫黄の蒸気を噴いているところがある。昨日下から見た煙はこれだ。顔にあたるその臭い煙を避けながら、そこを通過すると、やがて旧火口の一端に着いた。深い火口の底の一部に水が溜まっていた。そこから危岩の積み重なっている所を伝って、三角点のある頂上に達した。

この頂上は火口壁の一部が残ったもので、北東から南西に細長く、北西は直ぐ絶壁になって旧火口に落ちこんでいる。頂上の岩蔭に、地蔵さんをレリーフにした丸い古い石碑があった。時は二時半。途中さんざん道草を食っては来たものの、十一時間とは随分かかったものだ。

三角点の傍らに腰を下ろして昼弁当を拡げた。風もなく素ばらしい天気だった。僕等がこんなに時間がかかったのも、あまりに天気の良すぎたせいもあるのだ。山が見えてくる毎に立ち留まって見惚れた。ほとんど日本中部の山は全部見えた、と言っても過言ではなかろう。南北の日本アルプスは言うに及ばず、八ヶ岳から奥秩父連峰、それからちょうどその中間に、富士山も鮮やかに見えた。あの富士山の向こう裏は直ぐ太平洋だと思えば、日本の幅を一眼で見渡したことになる。

十月五日は日曜だったから、おそらく方々の山に大勢の人が登ったことであろう。そして皆それぞれに快晴に恵まれて山岳の展望を充分に楽しんだことだろう。「ほら、ずっと向こうに焼山が見える」と言った人があったかもしれない。その頂上に僕等二人が居たのだ。晴れた山の頂上では眺めるものが多すぎた。近くの頸城・戸隠の山々をいちいち点検するだけでも相当の分量がある。何と言っても立派なのは、直ぐ眼の前の火打山だ。颯爽《さつそう》として肩で風を切っているような姿勢である。火打から焼山に続いてきている尾根は、さらに金山・天狗原山に延びて行く。金山とか天狗原山などという山は、今まではなかなかお眼にかかれない奥深い山に思っていたが、今僕等の呼べば答えるような近くに、何の秘密もなげにその草の背を伸ばしている。この春登りそこねた雨飾山も、我々よりは遥かに低く、つつましく控えている。

「一度でいいから会心の山登りをしてみたい」と書いた人がある。人々によって会心の内容は違うだろうが、この焼山登山はまず僕の会心の部類に近かった。満月を仰いで登り、万山の紅葉の盛りを眺め、そして絶好の天気に幸いされて頂上から倦くことない眺望を享楽した。もうこのあとはただ下り一方だ。途中で日が暮れたところで、月明かりで道を辿れる――ところがそうではなかった。

頂上に三十分あまり居て、それから今度は来た道とは別に、乗越の方へ直接降りにかかった。足を踏み入れるのも惜しいような、赤いコケモモの実のビッシリ敷きつめている上を踏んで、岩の間をガムシャラに下めがけて降るうち、灌木のブッシュの中に紛《まぎ》れこんでしまって、そこをもがき出るのに、だいぶ無駄な時間を費やした。

ようやく乗越に出た。前にも述べた通りここは焼山から金山につづく尾根の鞍部で、さっき道標に富士見茶屋とあった所だ。もちろん茶屋などあろうはずはない。だが富士見というのは本当で、谷の真正面に遥かに遥かに富士山が見えた。世に富士見峠と称するもの少なくない。とにかく富士が見えさえすればその峠の誇りとなるのだ。ところがこの乗越（すなわち峠）は正真正銘富士山が真正面に見える。しかも日本海に近い越後の山の中である。この乗越を越える道は、昔越後の人々が戸隠参詣に通って行ったのだそうだが、彼等がようやくこの上に立って、遥かに東海の富士山を望んだ時の感激は如何ばかりだったろう。富士を見る乗越としては特筆すべき一つかもしれない。

僕がここでことさら峠という言葉を避けて乗越と言ったのは、もはやここは峠と呼ぶには荒廃しすぎているからだ。峠という上は、せめて稀にでも人間の通う匂いがしなければ、言葉の感じが出ない。ところでここは、こちらの谷から向こうの谷に越えるだけの、乗越という言葉に相応する原始的な趣しかなかったからだ。その乗越に出た僕等は、さっきの登山分岐点まで荷を取りに戻った。悪い道だ。荷を担ぐと再び乗越に引返して、さて今度は笹ヶ峰牧場の方へ下る道を取った。地図に点線がついているくらいだから（昭和五年修正測図前の「妙高山」にはこの点線の記入はない）もう大したことはあるまい、おそくなっても月明かりで牧場まで行けようとタカをくくっていた。

　ところが大したことがあった。道と言ってもほとんど踏跡程度だった。それもうっかり油断をすると見失ってしまうような、荒れた道だった。ところどころ六、七尺もある枯れたイタドリが立っていて、それをバリバリ踏み倒しながら歩いて行くような個所もあった。それでもまだ尾根を下る間は楽観していた。今夜は夜みちをしても、牧場から田口駅へ出てしまおうかと、腰をおろして休んだ時、汽車時間表を出してみたほどののんきさだった。

　ところがその尾根を下り切って谷川へ出ると、そこで今までのあやふやな道が絶えてしまった。たしかに対岸に道が続くはずだと考えて、ヤブをこぎながらあちこち探したがどうしても見つからない。そんなことをして手間取っている間に、これじゃ今日のうちにどうしたって笹ヶ峰牧場までは出られない、とやっと思いあたった。とすれば日のあるうちに野宿の準備をしなければならない。「今夜ここで寝よう」と弟に言った。あまり山に経験のない弟は「ここで？」と怪訝《けげん》な顔をした。が万事兄貴を信頼している弟は、命に従って薪を集め始めた。早速焚火をした。水筒で湯を沸かして、余分に持ってきたパンを食った。それから葉のついたままの梢をどっさり伐り取ってきて、均《なら》した河原の上へ敷いて褥《しとね》を作った。山の端に月明かりがさしてきた。二人は一枚の携帯天幕をかぶってその褥に横になった。

　夜半にふと眼を覚ますと、この硲《はざま》の真上に皓々として月が照っている。両岸の山の上の大きな樹木が数えられるくらい明るい。あまり美しい月の光なのでこのまま寝て過ごすのは惜しかったが、せっかく眠気づいた眼を冴《さ》えさせるのはさらに惜しく、また眼を閉じた。

三

弟は「何だか薄気味悪くて」よく眠れなかったらしい。まだ夜があけるのにだいぶあるのに、もう起き上がって火を燃やしている。僕もからだにはまだ眠気が残っていたが、思い切って起きて火のそばへ寄った。一晩僕等を照らしつづけた明るいまん丸い月はようやく右岸の稜線の上にかかって、やがてそれが山の裏に隠れると急にあたりが暗くなった。だがそれも暫時で、そろそろ空が白んできた。

　夜があけるに従って、今日もまた素敵な天気であることが分かった。沢の奥を振り返ると、巨岩を頂上に戴いた焼山が、朝の光線に薔薇《ばら》色に輝いている。あんなに高い所から降りて来たのかと思うほど、スックとそびえている。一晩じゅう枕元に響いていた谷川の音も、あたりがすっかり明けると、何となく白茶けたように聞こえる。また水筒で湯を沸かしてパンと干物で朝飯を終えると、いよいよ出発だ。荷をたたんで背負うと、馴染んだ重さがグッと肩にくる。

　まず手始めにまた対岸の道を探したが、やはりどうしても見つからない。止むを得ず流れに沿って下ることにした。谷川のふちの歩きよさそうな所を、あちこちと徒渉の場所を択《よ》りながら行くのでなかなか捗取《はかど》らぬ。やっと裏金山谷との出合いに到着したが、ここまでに一時間もかかった。そこからまた徒渉を繰り返しながら流れについて下る。地図で見ると、点線は山鼻を越して金山谷へ出るようになっているので、時々右岸へ上って道を探す。そのうち運よく微かな踏跡が見つかった。断絶しそうなその踏跡を嗅《か》ぐようにして辿って行くと、やがて金山谷に出た。ほとんど本流との出合いに近い地点だった。

道はまた消えてしまった。

　地図を眺める。ここから次の滝沢との出合いまで、点線は約八十メートルくらいの高い所を通じている。つまりこれは沢通しには歩けぬということを証明しているようなものだ。これはどうしても道を探し出さねばならぬと考えて、対岸に渡って捜索を始めた。沢筋に沿って道の糸口らしいものは残らずあたってみた。藪を掻き分けて中腹までも登ってみた。だがみんな徒労に終わって、ガッカリして元の河原に座りこんでしまった。

　こんなことで一時間余りも費やしてしまった。こうなったら仕方ない、行ける所まで沢を下ることに決心した。右岸左岸と渡りながら下って行くうちに、果たして両岸から岩が迫って深い潭《ふち》をなしている個所にぶつかってしまった。わずか数間の所だが、翼でもないことには絶対通過不可能である。止むを得ず滑りっこい岩を攀《よ》じて高廻りをする。ところがようやくその難関を越えて河原に下ると、またしても恨めしい通せんぼうである。こんなことを繰り返していちゃ堪らないと思ったので、こんどは沢を棄てて上へ登り始めた。急な崖を藪を分け枝につかまりながらどこまでも登って行った。その甲斐があって、やがて尾根へ出ると、何と嬉しいことに小径《こみち》が見つかった。ホッとした。全く天の助けのように嬉しかった。その道を辿って滝沢の方へ滑るようにして降りた。

　谷が幾らか開けてきたので、もうここまで来れば大丈夫だとゆっくり休んだ。滝沢から次の鍋倉谷の出合いまで、地図の上ではわずかだが、実際は遥かに長かった。一、二個所尻まで浸すような徒渉もあった。鍋倉谷の出合いを過ぎると、もう渓谷ではなく、河原を持った川になった。その河原で昼食にした。時計を見ると十一時、随分かかったものだ。

　徒渉の足用意をして来ず靴のまま水の中を歩いたものだから、僕の安物のハイキング靴はパクリと裏皮が口をあけてしまうし、ズボンの縫目も綻《ほころ》びて、はなはだ体裁の悪い恰好になった。だがもう笹ヶ峰牧場も近いと思えば嬉しい。道は真川に沿って、河楊《かわやなぎ》や榛《はん》の木の林の間を行く。この闊葉樹の生い茂った流域の景色はなかなかよかった。神河内《かみこうち》の梓《あずさ》川べりに似て、もっと原始的である。やがて牛や馬の群れが現れてきた。牛馬の踏跡と入り混じってははなはだ紛らわしい粗末な道を辿って行くと、やがて狭いが水量の多い黒沢を渡り、小谷《おたり》温泉から乙見山峠を越えてきた道に合した。すでに笹ヶ峰高原の一端である。ゆるい坂を登って行くと、しばらくお別れしていた焼山、金山から天狗原山につづく山なみが、またなつかしく現れてきた。

　笹ヶ峰牧場は美しかった。青々とした芝生が拡がり、形のいい白樺が点々として立っている。あまりいい気持になって歩いているうち道を間違えて発電所の方へ行ったりしたが、それでも悔いはなかった。全山紅葉した妙高がその外輪山から豊かな裾をこの高原まで伸ばしている。行手にはシンメトリックな黒姫山がゆったりと控えている。牛馬のほかは人一人にも逢わず静かな眺めだった。

広い笹ヶ峰の高原を突き切って、池ノ峰の坂にかかった所から振り返った景色は、——見渡す限りの山々がいま紅葉の絶頂で、それが夕日に映えている景色は、これはどう伝えたらいいだろう。実際、何も言わず人をここへ引っぱって来たかった。

さんざん道草を食ってきたので、五八木に着いた時はもう薄暗くなりかけていた。そこから溝を掘ったような歩きにくい石ころ道を、まだかまだかと思いながらやっと杉野沢の部落に出て、昨日の早朝以来始めて人の声を聞いた。杉野沢から妙高温泉まで坦々たる道路を一里半、温泉に着いたのは八時すぎていた。

湯に浸って髭を剃《そ》り、上がって夕飯にビールを飲んだ。わずか三日でも、目的を果たした山旅の終わりの心たのしい寛ぎだった。夜半の汽車の時刻までゴロリと横になって眠った。

20 焼額山（2040m）

志賀高原の焼額《やけびたい》山、スキーで一度登った。最初はもう三十年ほど前、小林秀雄君と二人、発哺《ほっぽ》へ行った時だ。小林君はスキーを始めて間もない頃で、まだシールを持っていなかった。スキーの滑り留めに縄を巻きつけ、宿の番頭の案内で、二月の雪の降る中を出かけた。

このごろはもうすっかり風習が変わってしまったが、その頃は一日中ゲレンデで遊ぶということはなかった。必ずどこか近くの山へ行き、そこから滑って下るのが練習だった。

焼額の上まで三時間ほどかかった。頂上は広い平地で——実はそこに池があるのだが雪に覆われていて、その向こう側の立木が一せいに樹氷をつけて、妙に寂寞《じゃくまく》とした美しさだった。小林君には「カヤノ平」という、読むと誰でも噴き出す名文があるが、その紀行（？）はその焼額登山から数日後のことであった。

その次は戦後初めて志賀高原へ行った時（一九五六年）で、文藝春秋社の井上良君に誘われ、良さんのスキー仲間も一緒に、まず菅平で滑り、そこから須坂へ抜けて、志賀高原へ行った。発哺の上の高天ヶ原に文藝春秋社のヒュッテがある。そこへ泊まった。

このヒュッテは、戦前やはり文藝春秋社の社員であった立上秀二君の尽力で建ったものである。おでこのテカテカ光った立上君には『雪艇彌榮《いやさか》』という著書もあって、一緒にスキーに行くと楽しい賑やかな仲間であったが、戦後間もなく亡くなった。

　良さんのグループがしこたま食糧を用意して行ったので、ヒュッテの夜は豪勢だった。現地仕込みの支那料理の名手がいて、脂っこいうまい御馳走を腹いっぱい食った上に、ふんだんにウイスキー、おまけに一升瓶をあけた。

　二晩泊まった翌朝、二組にわかれて、一パーティは熊ノ湯を経て横手越え、私は良さん等三人と焼額山を越えて夜間瀬《よませ》へ出ることにした。これは竜王コースと呼ばれて、戦前やはり立上君が「すばらしい滑降コース」として世に紹介したものだった。

　その日はみごとに晴れた。澄み渡った青空に一抹の雲もなく、風さえなかった。一月の悪天候は、この一日のための代償にあるかと思われるほど、すばらしい天気であった。

　ヒュッテを出て焼額へ登る途中、私に困ったことが生じた。貼りつけのシールが外れたのである。その年の初めてのスキー行だったので、私の道具試しは充分でなかった。いったん剥《む》けたシールは容易に

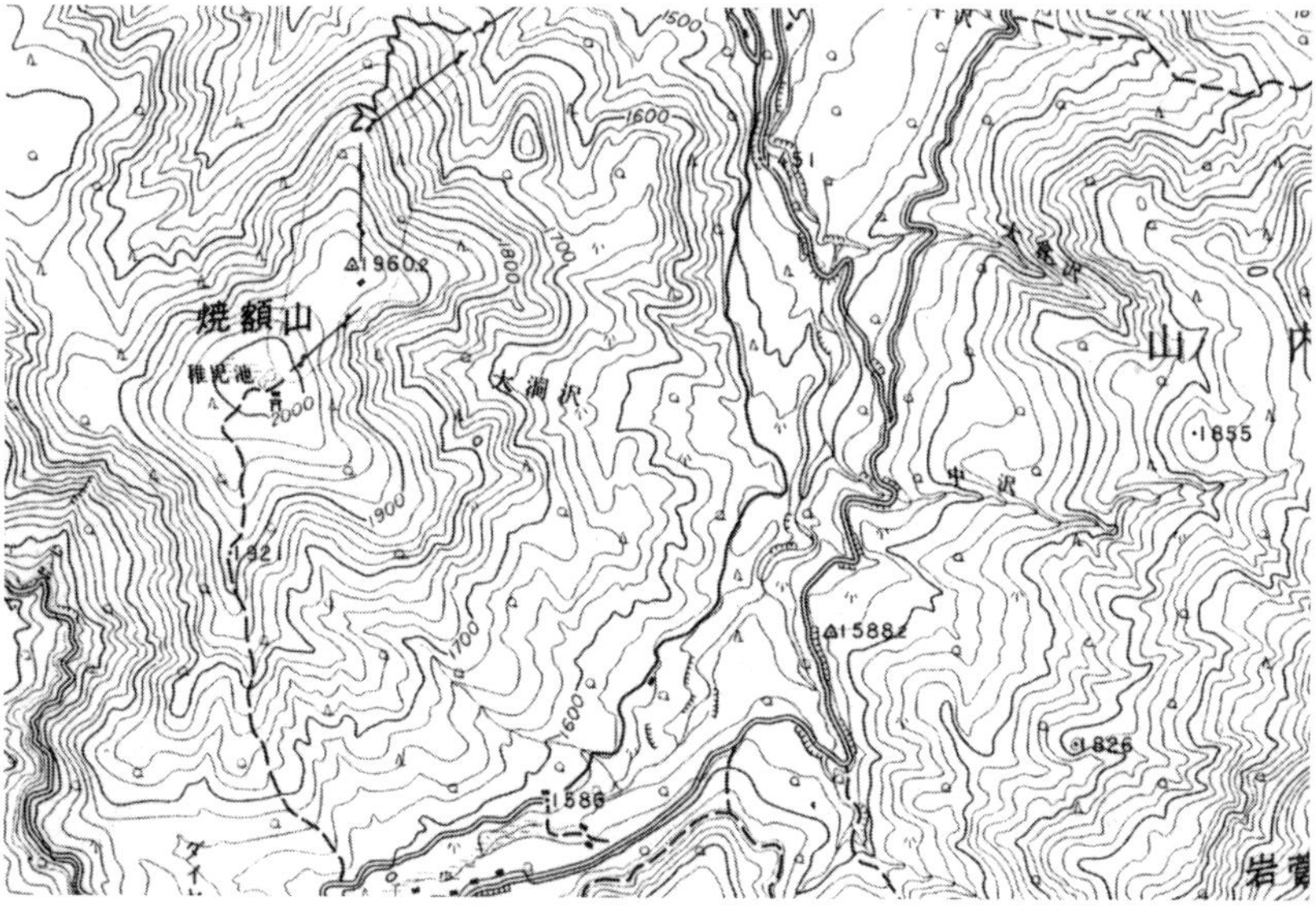

くっつかなかった。

シール無しで登る辛さ。他の者がさっさとアザラシを利かして登るところを、開脚や階段登りで追いつく辛さ。皆は私を待っていてくれるが、私のスキーは遅々として進まない。

ようやく焼額の頂上に着いた。これから素敵な滑降が始まる。しかし私の意気は上がらなかった。私の疲れはシール無しの登行ばかりでなく、ゆうべのアルコールの飲みすぎにもあった。途中で昼食になったが、私は何も食べたくない。

竜王山の登りで私はグンとおくれた。一行のブレーキになるばかりだから、私は三人に頼んで先に行ってもらった。一人になるとダラシがない。やたらに休んだ。純白の雪の上に引っくり返って、真っ青な空をただ眺めている。雪を載せた梢を払う風もなく、あたりはシーンとして、私独りぼっちである。

竜王から有名な六キロ以上の大滑降になるのだが、そして滑降には絶好の粉雪であったが、その楽しさを味わうには私はヘバリ過ぎていた。自分ながらみっともないくらい転ぶ。転ぶたびに疲労が増す。休む、滑る、転ぶ、その連続であった。

おまけに腹工合がよくない。数回下痢をした。冷たい空気に尻を曝《さら》しながら、雪の上にしゃがんでいるのは、何とも侘《わび》しい気持であった。

ああ、その下りの長かったこと！　滑降の長さを嘆くとは何ともったいない話だろう！　最初の部落へ下り着いた時はもう夕暮れていた。もうあとへイチャラと思ったが、そうではなかった。夜間瀬までの道のりが実に長かった。とっぷり暮れた道は、冴えた夜の寒気にカチカチに凍って、スキーのエッジが立たず、ちょっとの勾配にもよろめいたり転んだりした。いやというほど尻餅をついた時の痛さといったら！

夜間瀬へ着いたのは九時に近かった。折よく来た電車に飛び乗り、一度に張りつめた気がゆるんだ。長野駅で良さんが待っていてくれた。待合室のベンチに腰をおろしたまま、もう一歩も動きたくなかった。熱い牛乳を飲んだが、すぐに吐いた。良さんに介抱されながら松本廻りの夜行で東京へ帰り、自宅まで送ってもらった。

それから数日、寝はしなかったが半病人の態だった。酒も煙草も欲しくなかった。何の苦もなく一ヵ月ほど禁煙した。身体の成分が変化したのではないかと思ったほどだった。

昨年（一九六二年）二月、志賀高原の高天ヶ原へ行った。数年前何もない所だったのに、スキーの繁華地となっているのに驚いた。リフトが幾本もかかり、鉄筋の建物が並び、華やかなスキーヤーが群れていた。

そんな風景の点景人物となるのを好まない私たち三人は、さっさとスキー場を棄てて、寺小屋から岩菅山へ続く尾根を辿《たど》り始めた。尾根の背から少し下の所を捲いて行った。みごとな晴天で、スクスク伸びた立木が純白な雪の上に、縞《しま》を描いて影を落としている。空気まで匂うような清浄な朝であった。

これが冬山だ、あの雑踏のスキーヤーたちの知らない境地だ、私たちだけの世界である。やがて前面に、梢を透して岩菅山が現れた。品のある立派な姿である。岩菅とその奥にある裏岩菅との二つの峰が、美しい調和を作って、その真っ白な円頂を青空にクッキリと浮かべている、まだ遥かに遠く。しかしその頂上はもう手中にあるように思われた。

ヒマラヤの勇者のタイアン君が、雪の上でお得意の焚火をして、その傍らで昼食を食べた時には、まだ望みがあった。尾根伝いでは長すぎるという判断で、いったん谷へ下って向こう側の斜面に取りつこうということになった。谷までの滑降は、均《なら》されたゲレンデのようなわけにはいかない。下手に転ぶと身体が埋まってしまう。時には棒ずり、時には跨制動と称する、ゲレンデ・スキーヤーのヒンシュクを買うような手段を使って、深い新雪の中を下った。

谷へ下ったが、さてそれからの登りのルートが判然としない。地図と地形を見くらべて案じているうちに、もう今日中に頂上へ行けそうもないことがわかった。冬山にはラッセルというものがある。夏山の数倍も時間を食う。私たちはそれまでにかなり暇をつぶしたのに、これからまだ長いラッセルの苦労を思うと、いさぎよく岩菅山は断念した。

帰りは雑魚川に面した夏道を探しあてて、それを下った。山腹をうねうねと辿っているので、長い長い道であった。大した勾配もなく続いているので、ほとんどスキーをつけて歩いて行くようなものだった。しかし不二さんの言によれば「あんなゴチャゴチャしたスキー場にいるよりは、この方がずっと楽しい」のであった。

近年はスキーヤーの質が違ってきた。昔はスキーに行くのはたいてい山の好きな人で、汗を流してセッセと高い所へ登ったが、リフトがその労を省くようになってから、スキーは質実剛健から贅沢華美になった。以前は高天ヶ原から岩菅山や焼額山へ行くパーティが必ずあったものだが、もうそんな苦労を誰もしなくなったようである。

旧派スキーヤーの不二さんと私は、翌々日焼額山を越えて帰ることにした。夜間瀬へ下るのは竜王コースと呼ばれて、以前はよく採用されたが、この頃は通る人も稀になったようである。それでもまだたのもしい昔の山スキーの残党はいるとみえて、昨日一日降り続いた深い雪の中にスキーの跡がついていた。

「今朝、誰か先に行ったらしいな」

「この雪じゃラッセルが大変だろう」

果たして雪原のずっと先の一本の木の下に、二人の休んでいる姿が見えた。彼等も行き悩んでいるらしい。追いつくと、それは土地の青年であった。志賀高原へ働きにきた屈強な若者で、焼額山を越えて自分の在所へ近道しようとするらしい。

私たち二人の老童は、この若者たちのラッセルを頼みとしたが、アテがはずれた。彼等はシールをつけていないので、急斜面へかかると進行がのろくなって、私たちが先へ押し出されてしまう。

雪は膝を没し、時には腹までもぐる。やわらかな深雪の中につっこんで見えなくなったスキーを、かわるがわる持ちあげる時の辛さ。雪を漕ぐとはうまく言ったもので、そんな時は両手で雪を掻きわけるような恰好になる。少しでも雪の浅そうな所を択んでみるが、どこも大差はない。

ようやく吹き曝しの尾根へ出ると、そこはカチカチに凍ってスキーのエッジを立てるのも困難なくらいだった。こんな所へ来ると、軽装の若者たちは強い。体力に物を言わせて、さっさと登って行った。私たちは小食事するために休憩した。曇天で、時々細かな雪が降ってくる。休むと寒い。

再び登り始めると、幾らも行かないうちに、若者二人は滑ってきた。上の方にまた深いラッセルがあって、この分ではとうてい頂上へ行けそうもないから引返してきたというのである。

土地の若者さえ断念したのに、どうして老童が強《ごう》を張る必要があろう。私たちは彼等の後を追うことに何の躊躇もなかった。

21 黒姫山（2053m）

妙高、高妻、戸隠、飯縄は登ったが、その間にある黒姫はまだだった。信越線を通るごとに私はこの山に眼をつける。そして永井龍男君の形容を思い出す。「黒姫は実に艶やかしい山だ。昔の百人一首の読札のお姫様のようだ」。もう三十数年前永井君が赤倉に療養中に書いた文章の一句である。長い間の私の宿題の山であった。

今の人には百人一首のお姫様といっても知らないだろう。したがってこの形容のうまさがわからないかもしれない。もう一句引こう。「凄い月夜だ。黒姫がその名のように黒々と、打掛《うちかけ》をきた姫の姿で眼の前にある。実に艶やかしい姿の山だ」。

昨年五月下旬、私は宿題を果たした。家内もついてきた。彼女は還暦を迎えるところだった。記念に山へ登ろう。それにはお姫様のような山がいいだろうというのだが、むろん口実であった。

赤倉の宿を出たのは大勢だった。新潟大学教育学部付属中学校の校長さん、高田に住む私の友人二人、東京から来た知合いのお嬢さん二人、県下の高等学校の若い先生二人、それに私たち夫婦を入れて総計九名。自動車に分乗して国道八号線を柏原へ向かって走った。みごとな晴れかたで、途中妙高も黒姫も、これ以上鮮やかではあり得ないと思われるほど、あますところなく眺められた。

柏原で国道を離れて、真正面に黒姫を見ながら走る。車の行き止まりの地点まで行って、そこから歩きだす。初めはずっと森林の中の一筋道で、ウグイスやホトトギスがしきりに鳴いた。道はだんだんと傾斜がついて、七曲がりというジグザグにかかるあたりから、夫婦の足はのろくなる。

　黒姫が艶やかしく見える一番の理由は、全山樹木に厚く覆われているからだろう。ことに今は緑の氾濫の時期であったから、まったく見晴らしがない。やっと樹林から抜きんでた巨岩のある所へ出て、広闊な展望を得た。眺めを楽しむという口実で一休み。まだ五合目であった。

　それから上はずっと急な道で、雪が出てきた。若い高校の先生二人は学校の山岳部を指導している由で、終始先頭である。そのあとを二人のお嬢さんが負けずについて行く。高田の友人二人も見かけによらず強い。喘《あえ》ぎながらしんがりに登って行くのは六十代の私たちである。

　校長さんが一緒に後れているのは、多分私たちに対する同情からだろう。

　道が雪の下に隠れてわからなくなったので、雪の上をまっすぐ登った。相当な急斜面で、家内は悲鳴に近い声をあげた。友人の高田の陶芸家の手にすがって、怖る怖るようやく彼女は彼女にとっての危地を脱した。雪面を登り切った所が稜線、すなわち外輪山の一角だった。そこから尾根伝いで最高点（二〇五二メートル）までは幾らもなかった。

　頂上には小さな祠《ほこら》があり、九人がそれぞれの場を占めて、御馳走のやりとりをするくらいの広さがあった。三百六十度の見晴らしには、いささかの遺憾もなかった。遠きも近きも、見える山々のあらかたに私の思い出があった。私の足を逃れた傲岸な山は、もう無い！

　帰りは登り道と反対に、火口原の方へ雪のある急斜面を下った。降り着いた所は、そこに天女が遊んでいたにしても不思議でないような、静かな美しい別天地であった。ところどころに残っている雪が端の方から溶けて、きれいな池塘《ちとう》を作っていた。私たちは乾いた草原に腰をおろしたり横になったりして、

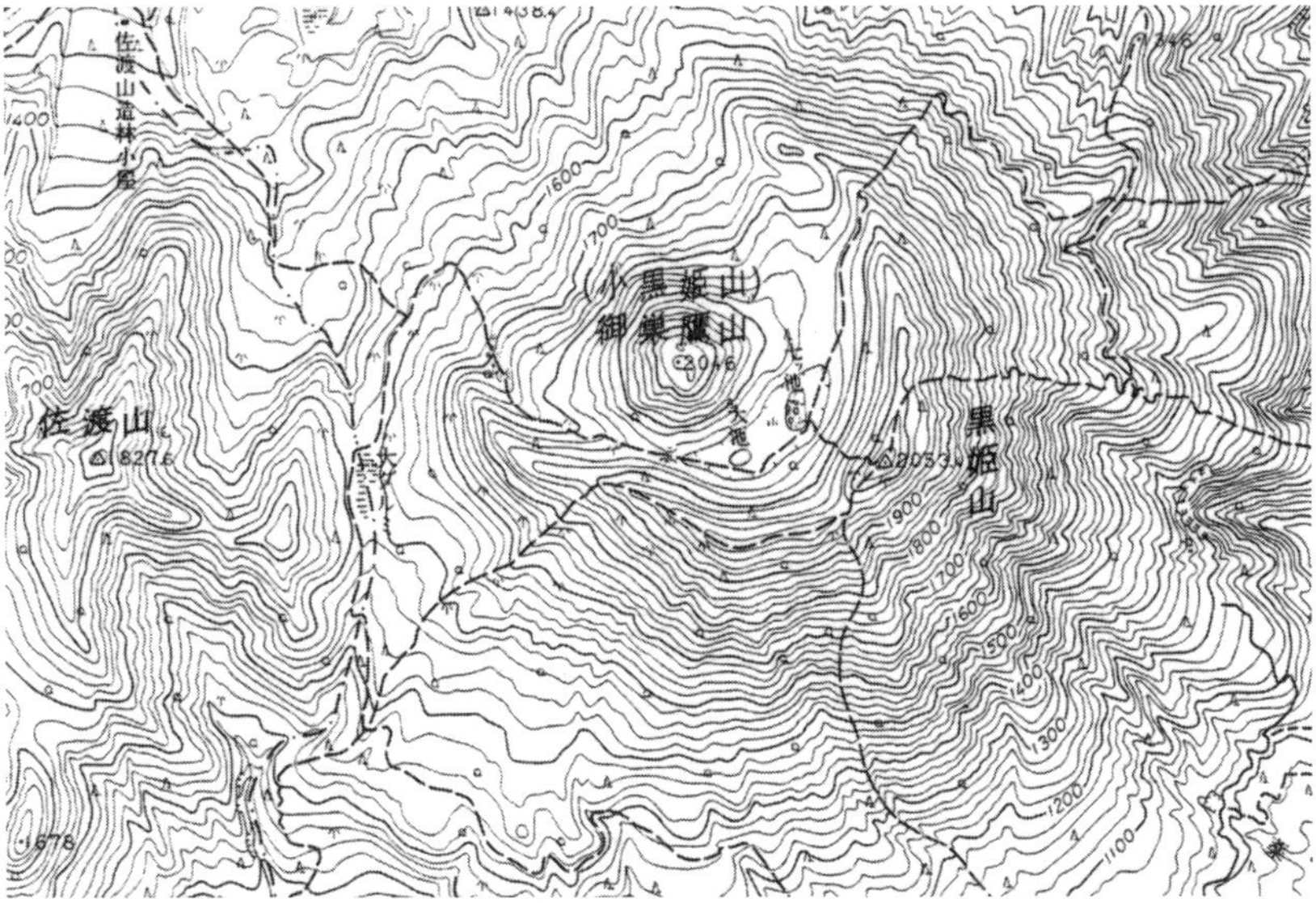
佐渡山造林小屋
1438.4
1400
1600
1700
(小黒姫山)
御巣鷹山
2046
佐渡山
1827.6
黒姫山
2053.4
1900
1800
1700
1600
1500
1400
1300
1200
1100

うららかな空と陽とそよ風を楽しむのに刻《とき》を忘れた。

この火口原を取り囲むようにして、主峰と向かいあってやはり樹に覆われた丸い峰が立っている。両方とも高さはほぼ同じくらい。下から仰ぐ場所によっては――たとえば笹ヶ峰牧場から黒姫山として仰ぐのは、こちらの峰である。

私たちは原の北から外輪山の低い鞍部を越えた。そこまではずっと雪があった。それから黒姫山の中腹を同じ高さで長い長い道を歩いて、やっと下りになった。緑の中に、清楚な真っ白な花を枝いっぱいにつけたコブシが、輝くように混じっていた。

22 子持山（1296m）

目ざわりな山――というのがある。悪い意味ではない。書棚に並んだ本の中に、友人から寄贈された一冊がある。読もうと思いながらその暇がない。まだ礼状も出してない。それがもう半年を越えた。書棚を見るたびその一冊が気になる。――まあ、そういうふうな眼ざわりである。

その目ざわりな山の一つが子持《こもち》山であった。上越線を私は何度往復したかしれないが、高崎を出ると、右手に赤城山。万葉集に、

上毛野《かみつけの》久路保《くろほ》の嶺《ね》ろの久受葉《くずは》がた
愛《かな》しけ児らにいや離《さか》り来も

の久路保の嶺は、今の赤城の最高峰の黒檜《くろひ》岳（一八二八メートル）とされている。左手には榛名山。これも万葉集に出てくる。

伊香保嶺《いかほね》に雷《かみ》な鳴りそねわが上《へ》には
故《ゆゑ》は無けども児らによりてそ

の伊香保嶺は今の榛名山（一四一一メートル）とされている。この二つの山の中間に、それらよりは低いがよく目立つ山が二つある。右に見えるのは形のいい独立峰の子持山（一二九六メートル）、左は三つの峰を持った連山で、その峰は小野子《おのこ》山、トキン山、十二ヶ岳と呼ばれ、いずれも一二〇〇メートルをわずか越えている。この子持山にも万葉集に次の歌がある。

子持山若《わか》かへるでのもみつまで
寝《ね》もと吾《わ》は思《も》ふ汝《な》は何《あ》どか思《も》ふ

万葉集の東歌には素朴な恋愛をうたったものが多いが、田舎言葉が混じっているので、解釈して貰わないと分からない。この歌の意は、子持山の若い楓《かえで》の葉が赤く色づくまで私はお前と寝ていたいと思うが、お前はどう思うか。ちっともいやらしくないところが近頃の流行歌とは違う。今でも上州の田舎道で行きあう若い男女は、万葉時代と同じことを思っているのだろう。

私は赤城、榛名はもちろん、上越線で目立つ山はたいてい登っているが、この子持山がまだであった。つまり書棚で気にかかる一冊なのであった。どうせ登るなら、お隣の小野子三山もついでに片づけて来よう。そう決めて上野を立ったのは、一昨年十一月中旬のよく晴れた日で、朝のプラットホームに集まったのは、私たち夫婦のほかに、いつもの山仲間、不二さん、コンちゃん、ペンちゃん、みんなで五人。澄んだ晩秋の空で、汽車の窓からはよく山が見えた。

渋川で下車して、タクシーを捕えて国道を北上する。吾妻川を渡ると間もなく、舗装道路を離れて左へ入る。双林寺という由緒ありげな立派な寺の脇を通りすぎると、ゆるい上りになる。車の幅いっぱいの狭い道で、両側に桜並木が現れる。これは子持神社の参道で、花どきには参拝者で賑わうのだろう。今は全く人にあわない。

　子持神社に着いて、そこが車の行く限界であった。境内の脇に藁《わら》屋根の人家が二、三軒あったが、ほとんど廃家に等しい荒れかたである。こんな所に住む人はだんだん無くなるのだろう。神社にお参りする。安産と育児の神として信仰されているという。鳥居から長い石段があって、両側には杉の大木が並んでいた。本殿の横に神楽殿があった。何もかも今は森閑としている。

　登山路はそこから始まっていた。水の涸れた沢に沿って登って行くと、右手に大きな岩壁が続いている。そのあたりで道が二つに分かれていて、その右手を取った。非常に急な、足許で砂礫《されき》のガラガラ崩れる涸沢を登りつめると、大黒岩の横の尾根へ出る。この岩は下からもよく見えたが、ニョッキリと立っ

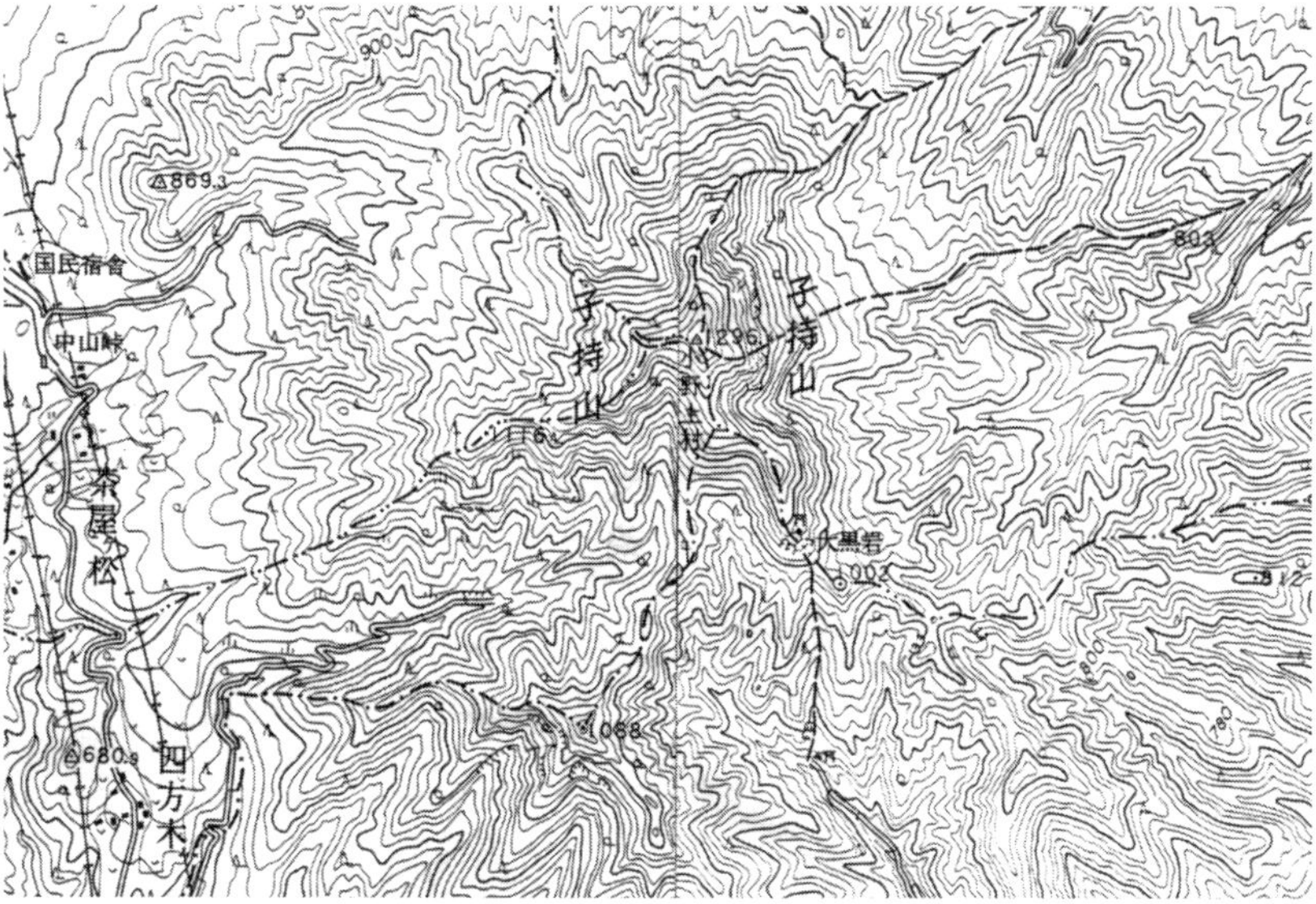

子持山　▲中之条(左)　沼田(右)

た岩峰で、大黒という名前はおそらく大黒帽をかぶったような形から来たのだろう。

道はいったん急な下りになり、それから頂上への登りになる。小さな石の祠《ほこら》を過ぎるとあとわずかだ。もうすがれかけた芒《すすき》のなびく中を行くと、上に若い男女の一団がいて、へばった顔で登って行く私の方へ一せいにカメラを向けている。そこが頂上であった。一団はある会社のグループで、一人だけ大きなザックをかついだリーダーは、子持山へ十数回登っているという、この山のヴェテランであった。

賑々しいそのグループが立ち去ったあと、私たちだけで展望を楽しんだ。頂上には三角形に立った大きな岩があり、その前に一等三角点があった。そこから見える山々は数えつくせなかった。

たいていの登山記は、下山のくだりは簡単に済ましている。もう目的は果したのだし、下り道はトントン足が捗《はかど》るので、印象に残るような記憶をとどめないからだろう。私もその例にならおう。下りは反対の道を採った。森林から草地の幅の広い尾根へ出て、足に任せて下って行くうち、道の間違いに気がついた。目標の小峠へ行くには、後戻りして右へ分かれねばならなかった。

小峠は今は亡び行く峠になったようだが、昔栄えた頃のおもかげがそのあたりの大きな立木や地形にも残っていて、私たち旧派登山者には印象の深い峠であった。そこで一休みしてから高山村へ出た時はもう夕暮れで、頬に冷たい白いものがあたった。小学校の門脇に立っている石碑の前で妻は足を留めた。寒いので私は待たなかったが、その石に万葉仮名で歌が彫ってあったと、追いついてきた彼女が言った。あとで聞くとそれは万葉集の歌であったが、例の子持山の歌ではなかった。その夜は中山新田の素朴で親切な宿に泊まった。

23 荒船山（1423m）

山にはいろいろな恰好をしたのがあるけれど、荒船《あらふね》山ほど独特の形は指を屈するほどしかないだろう。田山花袋は『山行水行』の中で、関東平野の真ん中から眺めたこの山を「Alte Schloße のような形をした姿」と言っている。が、古城というおもかげよりは、やはり本来の名の通り、「船」という方が適切だ。しかもたいていの山の本には「陸上の朽ちた船」という風に形容してあるが、僕はむしろ颯爽たる航空母艦と言いたい。

何も時局柄言うのではない。同じ船でも航空母艦に最も似ているからだ。その直角に切り立ったような艫《とも》、その斉平な甲板、しかもその甲板の一端には司令塔（経塚《きょうづか》山）まで立っている。全く上州側から見た荒船山は超弩級《ちょうどきゅう》の航空母艦である。いや超弩級どころではない。その甲板の広さは、長さ千メートル、幅二、三百メートルもあろうから、加賀級の航空母艦を数十隻その上に積むことさえ出来る勘定になる。

そんな特別な形をした山だから、どこからでも眼につき易い。関東の山を歩いていて「あ、荒船が――」と僕等はよく声をあげたものである。汽車ではどこから見えるだろうと、ある時僕は高崎に向かう列車の窓から眼を凝らしていたことがあった。荒船山の現れそうな方向を睨んでいると、深谷《ふかや》駅を出て間もなく、前山の蔭に遠く微かに、かの艫の一端が現れた。一と眼でそれと判る荒船だ。汽車が進むにつれてだんだんと甲板を乗りだしてきて、次の岡部《おかべ》駅を過ぎる頃には、もう完全に空に浮いた航空母艦だった。ちょうどそのあたりから、車窓の左右に、妙義、浅間が見え始め、榛名、赤城、さては遠く奥日光の山々、上越の連嶺等、山を眺めることの好きな人にとっては、一瞬も眼の離せない、胸のときめく時である。高崎線もこのへんに来てようやくその豪華な眺めを拡げると言ってよい。

荒船山はそれから高崎に着く迄、たまたま村の木立などに隠されはしても、ほとんどずっと見続けることが出来る。そして荒船に登ろうとして高崎で上信電気鉄道に乗り換えると、我々はしばらくこの山と別れねばならない。この鉄道は高崎を出発するとほどなく、鏑《かぶら》川（末は利根川に流れこむ）の狭間に入りこんで、遠望をなくしてしまうからだ。その代わり、だだっ広い関東平野を三時間も汽車で揺られてきた我々は、ここで始めて山へ来たなという感じを深くする。

この鏑川の谷を、鉄道とほとんど平行して通じている往来は、昔上州と信州とをつなぐ別路だったもので、碓氷《うすい》越の本街道に対して、女街道と呼ばれたものだそうだ。藤村の『夜明け前』をお読みになった人は記憶されているだろうが、水戸浪士武田耕雲斎一党が筑波山に敗れて西走、疲労困憊《こんぱい》して雪の越前へ出るまでのあの息もつけないような壮烈凄惨な大逃走譜――その手始めにまず信州へ越えて行ったのはこの街道だった。まだ移動を開始して間もなく、一党九百余人だったというから、彼等の意気は方《まさ》に天を衝いてこの道を進んで行ったであろう。誰が数ヵ月後のその悲惨な最後を予期していただろう。上信電気鉄道の終点下仁田《しもにだ》には「水戸烈士弔魂碑」が立っている。

鏑川の谷――二十万分の一の地図で見れば谷だが、しかし耕地が広いから実際に行ってみると格別谷という感じはしない――は下仁田で、南牧川と西牧川の二つに岐れる。これこそ本当に谷という感じで、両岸の山に迫った間を、流れに沿って道が通じている。西牧川は和美《わみ》峠あるいは内山越を越えて、南牧川は余地峠を越えて、いずれも信州へ通じる。武田耕雲斎が通って行ったのは余地峠だ。下仁田で約一時間揺られた電車を降りると、その簡単な駅の前に、木炭の臭気を吐きながら、それぞれその両方の谷へ行くバスが待っている。

さて、昨年十一月の半ば、ちょうどこのあたりの紅葉が真っ盛りの頃、もう夕方近く、独りひょこりと僕はその駅前に降り立った。目差すのは荒船山だったから、西牧川の方へ行くバスに乗る。小さな下仁田の町を直ぐ通り抜けると、道は川に沿って次第に山の中へ入りこんで行く。流れは清く、紅葉は美しく、道の辺に次々と現れる村落も秋の闌《たけなわ》の風情、バスの警笛に一列に脇へ寄る自転車通学の女学生の一群も、牧歌じみてのどかだった。

二里あまりで、本宿《もとじゅく》という、この谷第一の村に着く。ここで西牧川はさらに二つに岐れ、北の矢川《やがわ》川は和美峠へ、南の市野萱《いちのかや》川は内山峠へ。僕の乗ったバスは後者を採る。これから先は乗客僕一人。

市野萱川に沿ってから、錦繍はいちだんと栄えた。

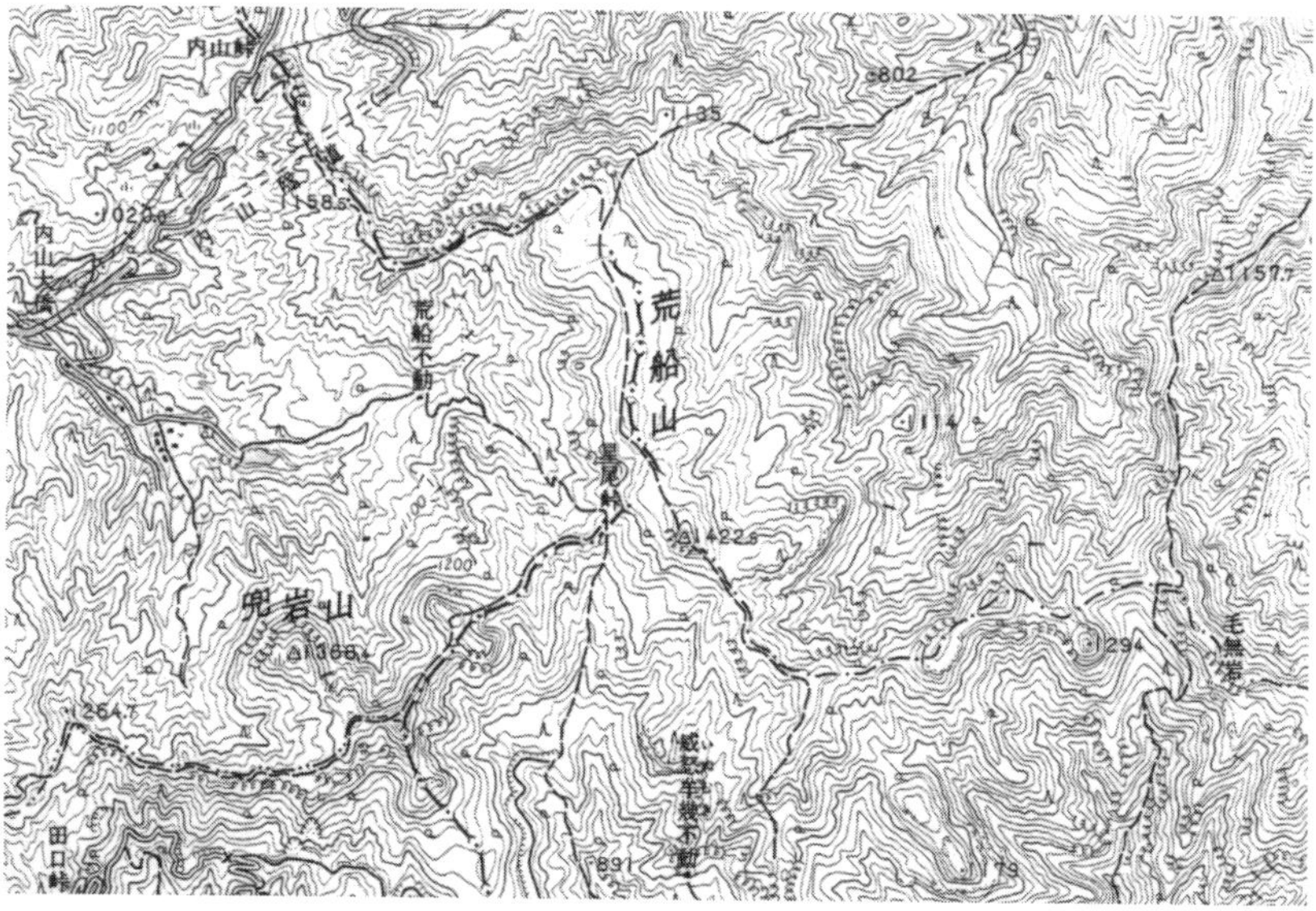

その紅葉の中に岩肌を露わして、谷から直ぐそびえ立っている山が、物語山という名なのもうれしい。終点、市野萱、時計を見るとちょうど五時だった。秋の日だからもう山の蔭には闇が忍び寄っていた。

今夜は神津牧場に泊めて貰うつもりである。ここから牧場へは二つの道——市野萱川はさらに南北二つに岐れ、その北の沢に沿ってひた登りに行くのを旧道、南の沢について自動車も通る立派な道を新道、もちろん歩くには旧道が近い（足の弱い人には、一日に二回この新道を内山峠越えのバスがあるそうだから、それに乗って牧場口で降りるのがいい）。

坂になった市野萱の村を、その旧道へ歩を踏み出した時、ふと見ると、直ぐ眼の前に、天から懸かったと思われる、荒船山の鉄《くろがね》の大岩壁が、……航空母艦の艫の一端が、……まるで海面から仰いだように、……そしてその艫の上の、しみ一つない澄み渡った夕暮の空に、白銀の微かな月が、……細い、細い、三日月が。——しばらく見惚れていた。

旧道は数年前一度通ったことがある。その心覚えがあったから、容赦なく日が暮れてゆくのも気にせず、ゆっくり登って行った。道がジグザグになるあたりから、すっかり闇に包まれてもう足許も定かではない。牧場までの中間にある屋敷《やしき》という部落、——傾斜地に散在した家々から洩れる明かりを見ながら、そこを通り過ぎてまた一登り、やがて平坦な道になって、ようやく牧場の一端に辿り着いたと察する。汗ばんだ皮膚に、にわかに風がつめたい。

行手に牧場の建物の灯が見えてきた。それを便りに暗い道をスタスタと急いで、ついにコリー種の犬に吠えられながら事務所に着いた。ガラス戸をあけると、すぐそこがタタキの食堂になっている。何はともあれ、大きなコップに冷たい牛乳を一ぱい貰って、ゴクリゴクリ水のように飲む。それで一息ついて、それからもうだいぶおそくなった夕飯を食べた。

事務所で出してくれた毛布五枚を抱えて、隣の新館へ行く。この新館は、神津牧場が明治製菓の経営に移ってから、登山者のために建てられたもので、二階だて、汽車の寝台のようなベッドが、幾仕切りかになって並んでいる。入口の土間に炉があって、そこに炭火を起こして三人の青年があたっていたので、仲間に入れて貰う。今日は三ッ瀬から荒船山へ登る途中道に迷って遭難しかけたという話ぶりから推して、まだ山には初心の人たちらしい。

身体にうんと熱を貯蓄してベッドに行く。二枚敷き三枚を上にかけて横になったが、さすがに千百メートルの十一月の高原だけあって、寒さのためしばしば眠りからさめた。

あけ方事務所の方からガランガランと鈴がひびいてきた。起床の合図らしい。持ってきたものをありたけ着こんで外へ出てみる。頬の痛いような凛烈《りんれつ》な寒さだが、すっきりと空は晴れて爽やかな牧場の朝だ。彼方の斜面に馬や牛の群れも見え、牧夫らしい人影がもう動いている。何しろゆうべは暗い中を来たので、見るものは皆目新しい。遠くはずっと雲海になっていて、その正面の果てに、尖った立派な山がポツリと浮き出ている。おやどこの山だろう、あんな方角に？　と眼を見張ったのも束の間、直ぐそれが何の、筑波山だと分かった。比べるものがないと、ことに朝夕の光線では、我々はよく山を見紛うものだ。

食堂へ行って、新鮮な濃い牛乳を飲み、朝飯を食べる。それから弁当にお結びを作って貰って、軽い背袋を肩に、そこを出発したのは七時半だった。爪先上がりに牧場口（バスの停留所）の方へ広い道を歩いて行って振り返ると、眼の前にずんぐりと大きく浅間山が顔を出した。その右手には牙を並べ立てたような妙義山。次第に雲が晴れて、遠くの山々も見えてきた。

ダラダラ上りもある地点までで、そこから今度はジクザクの急な下りになる。行手正面には沢一つ距てて、荒船山の艫が大絶壁をなしている。ちょうど同じような高さから、我々は巨大な航空母艦を縦に見ているわけである。幾度見直しても、豪壮な、奇怪な、その岩の壁を眼にしながら下って行く。やがて内山峠に通じる自動車道に出た。そこが牧場口だ。停留所代わりに休憩の小屋があった。

切り拓いてからまだ幾年にもならないその新しいバス道を、——道は山腹を迂回しているから、所どころ近道をして、——一軒家のある小屋場という所まで下った。ちょうどここが荒船の艫の真下で「荒船山登山道」と書いた柱が立っている。牧場を発ってからここまで約一時間の道のりだった。

しばらく休んで、さていよいよ荒船の登りにかかる道は、艫岩の向かって左手へ上るように通じている。何せよ巨大な軍艦の舷《ふなばた》へ登るのだから、坂はすこぶる急である。ことに霜柱の立った道で、しかも靴は鋲も何もない一枚の皮の底だから、ほとんど二、三歩毎に後滑りするには手古擦った。明治製菓の指導標が御丁寧すぎるくらい立っているので、迷う心配は毫《ごう》もないが、この急坂にはいささか参る。

地図（五万分ノ一「御代田」）で艫岩から東北に派出した、一一〇〇の等高線の数字の記入してある尾根に取りついて、ほっと一息ついて少し長い休みを取る。もう七分通り登った。神津牧場を取り巻く山々が手にとるように見える。あんな高い所をと思うほどの山腹を、先のバス道が内山峠に続いている工合もよく分かった。

腰をあげてまた歩きだす。尾根のたるみの所で、三ッ瀬から相沢を経てくる登山道に合した。ゆうべの三人はここへ登ってくる途中で迷ったらしい。また、岩角や木の根に取りすがる急な坂になる。直ぐ右手は切り立ったような艫岩で、それを目分量してもう頂上の近いことが察せられる。最後の一しきりの頑張りで、ついに荒船甲板の一角に辿り着いた。登山口から約一時間半、ちょうど十時だった。

甲板は、熊笹と茅戸《かやと》と落葉松《からまつ》林とが思い思いの部分を占めた、広々した高原である。何という開豁爽快な頂上だろう。僕は細い径の導くままに、腰きりある熊笹を分けたり、明るい茅戸へ出たり、その広い原を南へ進んで行った。東側の舷側を登ってきたので、そちらの方面の眺めはもう眼に慣れていたが、頂上へ来て始めて、落葉松の梢越しに見た反対側の眺望！　遠く新雪に輝いた北アルプス、眼近には八ヶ岳の連嶺、一点の曇りもない澄んだ晩秋の大気の中に、それらの峰々がクッキリと浮かび上がっているのだ。眼を熱くして眺め入った。

原の中央あたりまで来ると、高い石の柱が立っていて「皇朝家古修武之地」と刻んであった。小祠があって経津主命《ふつぬしのみこと》を祀る。命はここに陣を張って、賊軍を相手に対戦の準備をなされたのだという。信濃宝記には、昔はこの山は満山鬱蒼たる巨樹に裹《つつ》まれて黒み渡り、霧間に浮いて見える荒船と記されているが、それほど古くから有名な山でありながら、近くの妙義山の派手さに押されて、陸地測量部の地図にも登山道が記入されていないほどの、一時は不遇の山であった。近年神津牧場が喧伝されてきて、ようやく荒船山の素晴らしさが広く知れ渡るようになったのだ。もっともごく少数の山好きは、つとにこの山に眼をつけて、ひそやかな登攀をたのしんではいたが。

熊笹や落葉松の林を通ってさらに南へ進むと、その端に、この甲板の司令塔、すなわち経塚山の円頂がある（京塚山あるいは今日塚山と書いた本もある。内山村では剣ヶ峰と呼んでいる）。幅二、三間、南北に十五、六間の絶頂で、ここに二等三角点、および古い石の祠がある。この祠はちょうど八ヶ岳の方に向かって置かれてあるから、信州の宮であろう。国常立命《くにのとこたちのみこと》を祀るという。

この絶頂で僕は弁当を拡げた。まわりに眼を遮ぎる物は何もなかったから、居ながらに四周の大観をわが物に出来た。奥上州から日光へかけての山々、奥秩父連峰、それから八ヶ岳から美ヶ原に亙る大山彙、北アルプス、近くは妙義、赤久縄《あかくな》、御荷鉾《みかぼ》の諸山。それらの山々を委しくいちいち点検するのに倦《う》むと、ぼんやり真下に眼をやる。内山峡が紆余《うよ》して佐久の平原へ流れ出る趣が、地形の模型を見るようにはっきりと分かる。あれを望みこれを眺めして、時のたつのも知らなかった。風はなく陽はあたたかかった。微かな物音一つせず、たった一人の静かな僕の山頂であった。快い気持だった。この世にこれに勝る至福があろうかと思ったほど、充ち足りた幸福な時間だった。

さて思う存分山上の孤独を楽しんでから、帰途は来た道と反対の南牧川の方へ下ることにした。尾根伝いに行くと、大きな一枚岩の上に出る。登路にはあんなに親切に立っていた指導標が、こちら側には全く省略されている。歩く人が少ないのだろう。なお尾根を辿って行くうちに、少々道が怪しくなってきた。支尾根に紛れこんだらしい。踏跡もなくなった。

面倒臭くなったので、尾根を棄てて小さな空沢《からさわ》に下りこんだ。沢は薬研《やげん》のようになった岩底で、沢いっぱいに吹き溜められた落葉で埋まっていた。踵が沈むほどのその落葉の堆積を跳ねのけながら、ガサゴサと乾いた音を立てて下って行くと、時々待伏せしたように落葉の下に滑っこい一枚岩があって、それに靴を滑らして大きく尻餅をつく。やがてだんだん沢が広くなって落葉で覆い尽くされるようなこともなくなり、僕はあちこちと歩き易いところを拾いながら進んで行った。ところどころに岩の窪みの水溜まりが現れてきた。がこれも落葉で覆われているのでうっかり地面だと思って足を下ろすと、ドブンと靴を水に漬けてしまう。

空はよく晴れて、この道のない小さな沢には、自分の立てる音のほか、何の物音もしない静かな秋の日和であった。水に浮かんだもみじした落葉の色の美しさ。それを掻きのけると、澄んだ水面に高い高い雲が映った。

一人ののんきさで勝手に休んだり立ち留まったりして降りて行くと、次第に沢らしい風貌を具えてき

て、水の流れも加わってきた。と同時に今までのように簡単には歩けなくなった。未知の沢へ降りて苦労した経験は今までにも幾度かあるのだが、この時も少しこの小さな沢を見くびっていた。下って行くうちにちょっとした滝の上に出、どうしてもそこを下れそうもない。仕方なく藪をこいでずっと横の方へ廻ってみたが、やはりそこも崖になっている。やっと下れそうな地点を見つけて、岩角の木の枝に摑まりながら下へ達してホッとした。さてはこれからもこんな悪戦苦闘を繰り返すのかと案じたが、思いのほか悪い場所もなく、だんだんと下って行くと、やがて里の近いことを知らせる小径が現れ、径の脇に薪などが積んである。

道場《どうじょう》という小さな部落へ出たのは、それから間もなくだった。今下って来たのは井戸沢という名のついていることを教えられた。この部落から振り返った紅葉の美しさは何とも言えなかった。すぐ背後に大きな岩峰がそそり立っていて、それを中心に照りわたるような色とりどりの紅葉の映えであった。

どんな名画もこれほど僕を有頂天にし幸福にしたことはない。

　振り返り振り返りそこから少し下ると、星尾という部落へ出る。その名前が美しいように、風景もまた絵のように美しい小村だった。自然と人工の構図が、あたかもその中の位置のどれ一つ変えることも出来ないような、審美的な効果をおのずから作りあげている。しかもその上、紅葉や白壁や青い流れの色彩が施されている。日本の秋の美しさは、この山奥の小村に極まったような感じさえした。

　小径を辿って羽沢《はねざわ》という村まで出ると、そこは南牧川に沿った、上州と信州とをつなぐ往還であった。下仁田からのバスがここまで来て引返すと聞いたので、そこでしばらく待っていたが、なかなか来そうもないので次の村まで歩くことにする。砥沢という部落を過ぎて、六車という部落まで行く。このへんの村は今全部こんにゃくを刻んで干すのに忙しい。各戸毎ほとんど総掛かりでやつがしらのような芋を薄く刻んでいるのを見て、最初は何かと思ったが、「あんたがた東京の人がおでん屋で食べる、あのこんにゃくですよ」と聞かされて、始めてこんにゃくの製法を知ったわけだった。薄く刻まれた芋は串に輪刺しにされ、その串が幾本も並べられて、串柿のように藁で吊られている。どこの家にも軒いっぱいにこれが吊られて、まるでこんにゃくのお祭りのようであった。中には稲架《はさ》のようなものを立てて、そこへ一めんに懸け干してある所もあった。

　ようやくバスが来た時、この谷間のこんにゃく村も夕暮の翳の中に落ちて、見上げる山の上部だけにカァと西陽がさして、一しお紅葉の色が映えていた。

24 四方原山（1632m）

私たち年配の者が、若い者と同じようにザックをかつぎキャラバン・シューズをはいて、よく山へ出かけるが、何をしゃべり、何を食い、どこの山へ、どんな登りかたをするのだろう。それは例えば次のようだ。

三月末のある土曜の夜、新宿駅のプラットホームに三人が出会う。

「おや、妙なものを着ていますね。琉球みやげですか」

そう訊《き》かれたのは、私たちの仲間の長老、七十歳、矍鑠《かくしゃく》という字はこの人のためにあるようだ。琉球旅行から帰って間もなかった。

「冗談じゃない。廃物利用さ」

長老の語るところによれば、彼の住むマンションの不用品置場に棄ててあったレーン・コートを拾いあげてきて、それに工夫改良を加えたものだそうである。この人の着る物も持ち物も、全部独創的である。そう言えば私たちも、普通登山用品店で売っているような、見てくれがよく便利よさそうで、実はあまり役に立たない品はほとんど使わない。各人各様のなりをし、それぞれ違った妙なものを持っている。

十一時四十五分発の二等鈍行は満員、私たちは人を押しのけて有利な位置につく精神に欠けているから、辛うじて長老の席は確保したものの、あとの二人は座席の肘掛を腰掛とせねばならなかった。私たちの仲間の大半はもう六十を越えている。平生は自動車で送り迎えされる要職についている。出張とあれば一等寝台であろう。

しかるに山行の時は常に普通車で、立ちん坊はしばしばのことである。急行を避けて鈍行を選ぶのは、その方が座席にありつき易いからである。長老は言う、「親の死に目に会いに行くわけでなし、三、四時間を争う必要がどこにある」。なるほど鈍行は空いている。私たちはかたまって席を取り、酒類《スピリット》をたしなみながら、閑談に耽《ふけ》る楽しみを持つ。しかしいつか信州から上野まで帰るのに、急行に三本も追い抜かれた時には少々腹が立った。

さて今夜は鈍行でも満員である。土曜の夜行とあれば止むを得まい。なぜそんな汽車を選ぶか。遊食者《ランチエ》の長老と自由業の私の二人ならば勝手な汽車に乗れるのだが、ほかの者は社会の第一線にいるので、土曜・日曜を逸するわけにはいかないのである。もっともその前後にたいてい一、二日のゆとりを付け加えることの出来るのは、彼等の権限のおかげだろう。

未明の小淵沢《こぶちざわ》で降りて小海《こうみ》線に乗り換える。始発だから、三人揃って席が取れた。ほとんど不眠の夜を過ごしたあとだが、次第に明るくなって行く、久しぶりの野辺山《のべやま》ヶ原を眺めていると、眠気もどこへやら。持ってきた朝めしを食べながら、車内にぶら下がったビラ「割りこむスキのないように　キチンとお並び下さい」に目が行く。

「よほど割りこむ奴がいるとみえるね」

「文明国のポスターとしては恥さらしものだな」

さっそく長老の毒舌（彼自身は薬舌だという）が始まる。何を隠そう、この人はある週刊誌に連載されて好評を博した「ヘソまがり太平記」の作者藤島泰輔氏の父君である。ヘソまがりとはすなわちこの父君にほかならない。当人は、決してヘソはまがっていない、なんなら出して見せようかと言うのだが、たしかにまがっているのは世間一般の人のヘソで、その標準で計るから彼のヘソが異様に見えるのだ、という長老の説に私も加担する。

ヘソまがりの口からほとばしり出る言葉は辛辣《しんらつ》である。まずこんなポスターを恥ずかしげもなく張り出す酷鉄《こくてつ》への攻撃から始まって、それは汽車だけに限らない、現代の日本の社会に、割りこむスキをねらっている紳士や学者がいかに多いか、いちいちその例が引き出されて槍玉にあがる。この長老はわが国枢要のコースを停年まで、キチンと並んで過ごしてきたから、発言には自信がこもり生気溌剌としている。

いい天気である。移動する車窓から、南アルプスの北岳、鳳凰、富士や八ヶ岳も見えてくる。私たちの雑談も俗塵を払って山の話になる。山の話になる

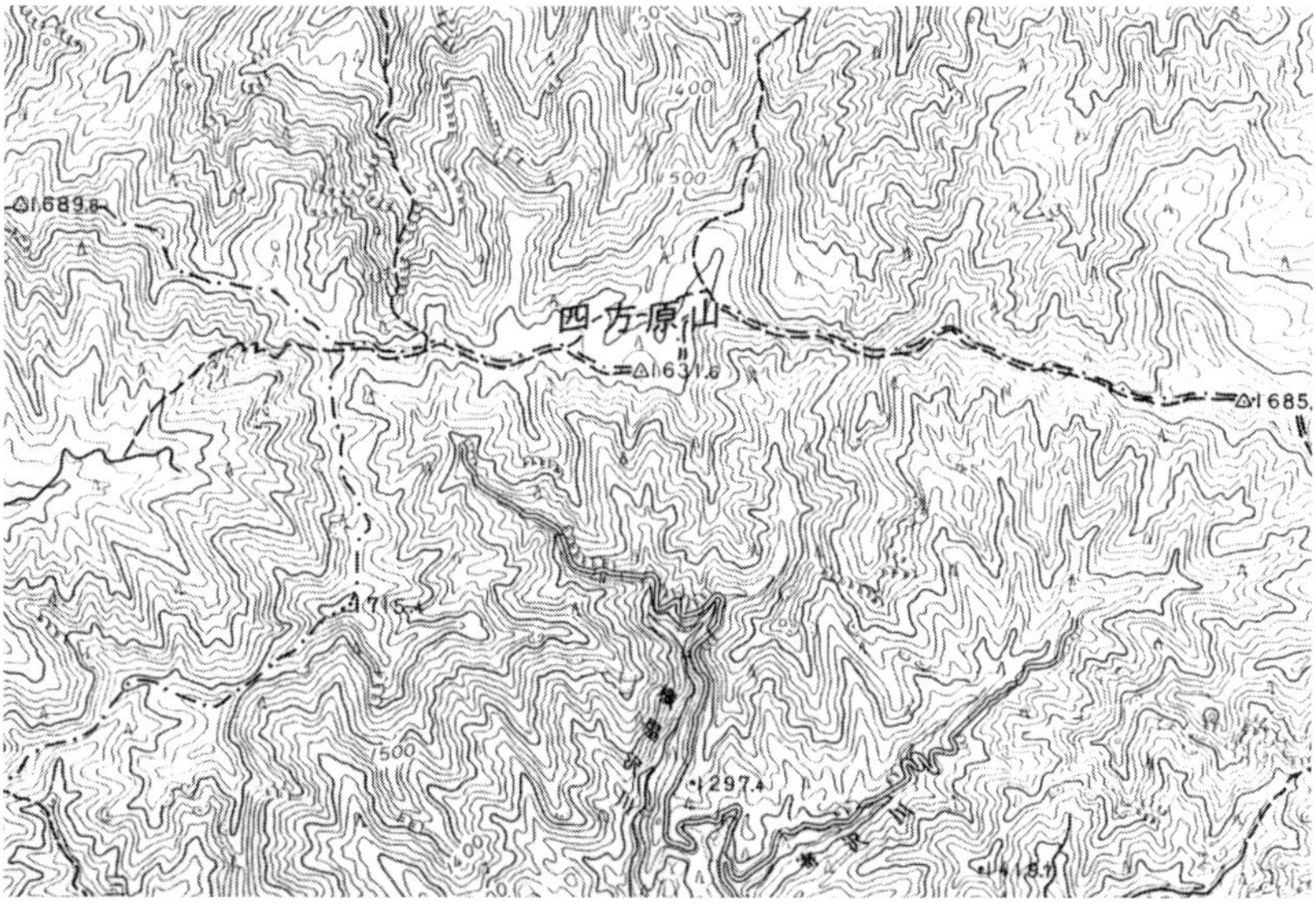

とへソまがり大人も素直になる。山にはヘソをまげる材料がないからである。

小海に着くと、あの大勢の登山者はどこへ消えたのか、私たち三人だけである。これも私たちの山仲間の特色の一つだが、私たちは決して人混みの山へは行かない。土、日曜であろうと、連休であろうと、正月休みであろうと、私たちはたいてい人っ子ひとりいない山へ登ってくる。長老はこれを避衆登山と名づける。避暑避寒という言葉があるなら、衆を避ける登山もあっていいだろう。

しかしこの頃のように登山の盛んな時世に、一人も人に会わないなんて、そんな山があるだろうか。ある、ある。だが普通の人にはなかなか探しあてられぬ。それは暇があればいつも五万分の一の地図を拡げて、海岸の貝拾いに好きな貝を見つけようとする熱心で、等高線や三角点を漁《あさ》っているうちに行きあたる。道のついていない山もある。そんな時は地元の役場へ問い合わせるだけの熱心も持たねばならない。

山行のプランを作ってくれるのはたいてい茂知君である。彼の頭の中には抽出しのたくさん付いた箱があって、そこに未知既知の山々がキチンと整理され分類されているようである。気候、日数、同行者、それらの条件に応じて彼は所要の抽出しを抜く。西上州という抽出しはことのほか内容が豊富のようである。五万分の一の地図で言うと、「万場」と「十石峠」、この二枚の中に含まれている山を、彼はシラミつぶしに登っていた。

この地域の山々があまり知られていないことのほかに、秋の末から春の初めにかけての登山に適していた。風はつめたいがおおむね天候はよく、さほど深い雪に悩むこともない。一つの山を一日で片づけられるし、廃《すた》れ行く古い峠があちこちに残っている。夏ならば鬱陶《うっとう》しく木が繁って汗をかく道も、今は葉が落ちつくし、木の間からの見晴らしを楽しみながら、カサコサと落葉を踏んで行く気分は格別である。この季節の、この地域の山でこそ味わえる特典ではなかろうか。

二泊三日の予定の私たちの第一日目の目標は四方原《よもはら》山という、普通の山案内書などには出ていない山であった。小海を出たバスは私たちを山口という山あいの村まで運んでくれたが、そこが終点で、それから先は歩かねばならない。こんな場合私たちを助けてくれるものにトラックがある。歩きだして間もなく、うしろからそれがやってきた。有無を言わせず乗せてもらう。

白岩という小さな村が登り口であった。地図には頂上まで点線の道がついているが、これはあてにならなかった。もちろん指導標といった物もない。歩き初めの苦しさを忍んで、雪と笹の急斜面を登る。辛い登りの報いは、高くなるにつれて展けてくる眺めである。振り返ると真南に御座《おぐら》山がどっしりと立っている。このおおどかな山は、やはり私たち三人で数年前登ったことがあるので、なつかしい思いは共通であった。

空はよく晴れたが、木々は芽ぶかず、一面の雪で、春にはまだ遠い景色だった。ようやく尾根へ出て、それを辿《たど》って頂上へ近づく。一足ごと沈む深い雪に苦労しながら頂に立つと、そこは猛烈な西北風に曝《さら》されていた。四方原という名の示すように、広い雪の原をなしていたが、その中央に一六三二メートルの三角点を見つけてから、私たちは風あたりの弱いところを探して、そこに腰をおろした。

まず第一に、頂上を踏んだ時のわれわれの慣例の乾杯である。ザックの中から罐ビールとグラスが取り出される。瀬戸引きやベークライトのコップでアルコールは飲むべきものではない、という不二さんの強い主張で、私たちは必携物の一つとしてグラスを用意している。そのグラスがザックの中で割れない仕組みもちゃんとしてある。乾杯が終わってからの食事も各人各個である。パンに好みのものを挟んでサンドウィッチを即製する者もあれば、稲荷ずしや海苔巻きの包みを開くものもある。私はアンパンを好物とする。食べ易く手間がかからないからである。自分の食べ物を決して他人に押しつけない。飴玉でも蜜柑でも人から頒《わ》けられるのをわれわれは迷惑と心得ている。欲しくないものを配るのは、あれは親切ではなく無礼である、というのが不二さんの説である。

昼食を終わって下山にかかる。できるだけ同じ道を上下しないというのも、私たちの山登りの定則の一つであるから、帰りは北側へ下る予定である。自然の法則によって北側は、登ってきた南側よりはずっと雪が多い。下りかけの急斜面では腿《もも》あたりまでもぐる個所もあって悪戦苦闘であった。道は雪の下になってはっきりしなかったが、おのずからそれらしい様子のところを見当つけて下って行くと、ようやく雪も薄くなってどうやら道へ出たようであった。

地図には鍵掛《かぎかけ》へ下る道が記されていたが、それは廃道同様に荒れていて、別の道が古谷《こや》の方へついていた。雪から解放され、日のあたった下り道の何と心の暢びやかだったことか。私たちは振り返っては、いま頂上を踏んできた四方原山の大きな白い山肌を眺めた。次第に口数も多くなり、疲れてはいても足の調子がトントンと運ぶのは、バクシュ（麦酒）の待つ里へ近くなったからであろう。

やがて山道から武州街道へ出た。そこから今夜の泊まりの古谷まではいくらもなかった。

それから三日間の山旅に、一人の登山者にも出会わなかった。山はまだ半分は雪だった。四方原山を入れて三つの頂上と三つの古い峠を越えた。朝から夕方まで歩きづめだった。そうして黒い顔をして町へおりてくると、そこはもう桜の満開であった。

25 御座山（2112m）

朝の池袋駅の混み方には驚いた。どの通路も切れ目のない人の流れである。私は約束の七時に西武線のプラットホームで二人の友を待った。来ない。八時まで待った。来ない。変だな。やっとその時、私は池袋駅には東上線という社線もあることに思いついた。そちらへ行ってみたがいない。彼等もまたおそらく「変だな」を繰り返しながら発って行ったに違いない。池袋から秩父へ行くのに二つの線路がある。早合点で私の方が間違えたのだ。仕様ない、あとを追いかけてみよう。私は九時の急行に乗った。

電車の終点でバスに乗り換え、秩父の駅へ行ってみると、果たしてそこの掲示板に「深田久彌先生、どうした。日向大谷《ひなたおおや》で待つ」と書いてある。ともかく行先をつかまえたのでホッとする。

出発からこんな失策で始まったが、それからの五日間は実に楽しい山旅であった。最初の日を除いてあと全部晴天に恵まれ、登山者には一人も出会わず、私たち三人の間にはおしゃべりが絶えなかった。二人の友、その一人は私より六つ七つ年長、もう一人は十ほど年少、いずれも山にかけては古猛者《もさ》だが、彼等は名前の現れることを好まない。さりとてFだのMだの頭文字では感じが出ないから、仮に不二《ふじ》さんと茂知《もち》君と呼んでおこう。

秩父の駅で納宮《おさみや》へ行くバスを二時間待つ間に、私はラーメンを食い、登山帽を買った。それから徹夜で仕事を片づけて出てきたので、待合所のベンチで睡眠を補った。

途中で一度バスを乗り換えて納宮へ着いたのは三時すぎだった。そこから歩きだす。楢尾沢峠まで約五百メートルの急な登りである。坂の中途で小雨が降りだしてきたので、折畳みのコーモリを拡げてさして行く。

峠の上はもう薄暗がりだった。細い道を谷へ向かって下って行くと、山の斜面に一軒の家が見えた。そこが日向大谷で、その家は両神《りょうがみ》山の社務所であった。庭へ入って、灯のさした障子の前に立つと、中から聞きおぼえのある話声が聞こえる。

「不二さん」

声をかけると、先着の二人は飛び出してきた。八畳の座敷へ上がると、二人は火鉢で衣服を乾かし、手には擦り傷をこしらえている。聞けば、峠へ登る途中で道を誤り、気がついたが引返すのは業腹なので、濡れた藪の中を強引に掻きわけて峠を越えてきたのだという。年はとっても勇ましい人たちだ。

三人でウイスキーの小瓶をあけて、これからの旅程の前祝いをする。主目的は御座《おぐら》山である。この頃はどこの山へ行っても人混みでうるさい。誰も行かないような山を探して登るのが、三人の一致した趣味であった。不二さんはこれを避衆登山と呼んでいる。避暑、避寒という言葉があるのだから、避衆があってもよかろうという意見である。

御座山は二一一二メートルの高度を有しながら、ほとんど世に知られていない。山案内書にも見当たらないし、地図に道もついていない。かねてから私はこの隠れた山に眼をつけていた。だから二人に誘われると、一も二もなく賛成した。御座山だけでは物足りないから、まず両神山に登り、それから西へ向かって幾つもの鄙びた峠を越えて、御座山でとどめを刺そうというのが、今度の案であった。プランはこの地域に明るい茂知君がたてた。

翌朝は快晴で明けた。谷間から仰ぐ空には一点の雲もない。親切な社務所の人に礼を述べて、七時すぎそこを出た。今日登る両神山は一七二四メートル、昔から信仰登山で聞こえた関東の名山である。遠くからこの山を眺めると、岩の城砦のような厳めしい姿をしている。イザナギ・イザナミの二神を祀《まつ》るから両神山という説もあり、日本武尊《やまとたけるのみこと》東征の折、この峨々《がが》たる岩山を眺めること八日に及んだので、八日《ようか》見山《みやま》と名づけられたという説もある。いずれにせよ、この古城のような秀抜な山容は、昔から人の眼を惹《ひ》いて、信仰の対象となったのであろう。

　登山道には、そういう信仰登山を物語る石碑の類がいくつも立っているが、そんなものに無関心な私たちは、秋晴れの山水を賞しながら、しかしまだ肩に慣れない荷の重さをかこちながら、谷川ぞいの道を登って行く。先頭は不二さん。苦もなげにさっさと登って行くさまは、還暦を越えた人とは思われない。弘法清水という所で一休み、さっそく私は林檎《りんご》

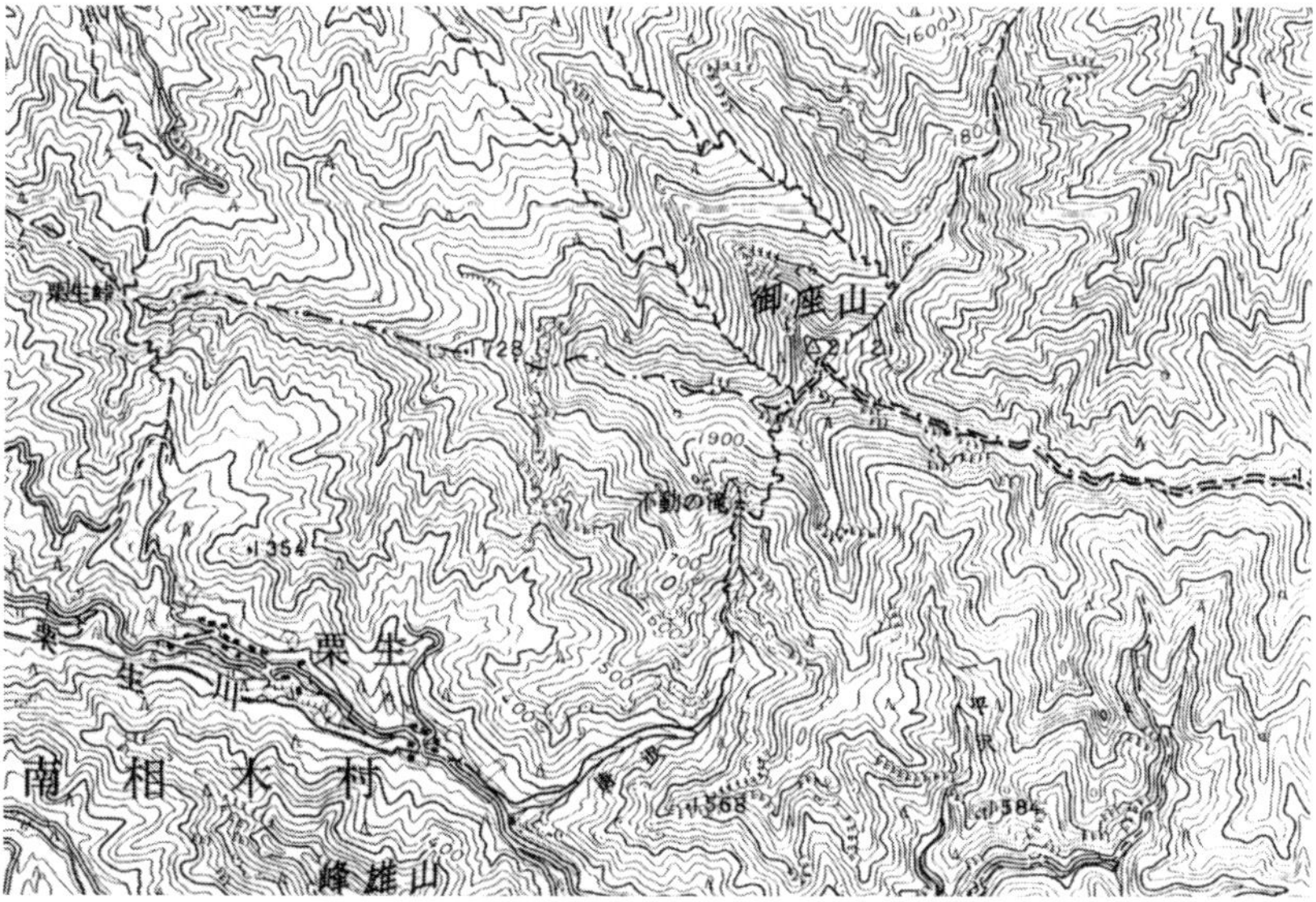

を取り出す。少しでも重いものは、先に提出した方が勝ちである。

谷川を離れてジグザグの急坂を喘《あえ》ぎながら登りきると、尾根に取りつく。ここで初めて両神山の岩峰が正面に現れた。両神神社の本社は、そこから間もなくだった。社頭の狛犬《こまいぬ》は牙を剝《む》きだしたオオカミである。オオカミは両神の山神の眷属《けんぞく》だそうである。木暮理太郎さんの本（『山の憶ひ出』下巻）にその委しい謂《い》われが書いてある。

本社からいったん鞍部に下って、富士見坂というのを登ると、岩で出来た頂上に出た。祠《ほこら》がある。その祠の裏の一坪ほどの場所で、まず四周の大観を終えてから、昼食にした。眺望はすばらしかった。南は秩父の連山、北は神流《かんな》川流域の山々、東は群山を越えて関東大平野、そして西の方遥かに、私たちの目ざす御座山も見えた。

三人の山歴を併せると、それらの山々でわれわれの足跡を逃れたものはほとんど無かった。しかしこんな時である、私たちがひそかに胸の中で次の山行のプランを立てるのは。たとえばここから見える赤《あか》久縄《ぐな》山には不二さんだけが登っていた。三国山には茂知君だけが登っていた。武甲山には私だけが登っていた。一人だけ登った山のあることは、あとの二人の沽券《こけん》に関するのである。

昼食をすますと、不二さんは新しいパイプの火入れ式を行った。この先輩は昔から大のパイプ党で、パイプを啣《くわ》えない不二さんの顔は想像にむずかしいくらい、ニコチン嬢の崇拝者である。最近息子さんが海外旅行の土産に上等のパイプを買って帰られた。その火入れを不二さんは両神山頂まで待っていたのである。

同じ道を引返すのは私たちの主義に反するので、下山路は八町峠の方へ採ることにした。頂上から北を見ると、尾根続きに四つ五つの岩峰が牙のように並んでいる。八町峠へ出るにはそれを越えて行かねばならない。見ただけでは大したこともなさそうに思われたのに、実際に当たってみると手強《てごわ》かった。牙と牙との間が深く落ちこんでいて、ところどころ木の根や岩角につかまって滑り下りるような難場もある。右手は切って落としたような急斜面の痩尾根だから、一つ一つ御丁寧に岩峰を踏んで行かねばならない。それらの峰頭には、東岳、西岳、行蔵坊などの名前がついていた。最後の峰頭を越えて八町峠へ下りついた時にはヤレヤレと思った。二度とこんな道は通りたくなかった。初め地図で按じた時には一時間くらいに考えたのに、実際は三時間半もかかって、峠の上はもう夕色が濃かった。

峠から北麓の里へ出るまでの下りがまた長かった。やっと下の広い往還まで辿《たど》りついて、道端に積んである材木の上に腰をおろすと、もう動きたくないくらい疲れていた。今夜の宿のある尾ノ内はそこから半道ほど下手だった。すっかり暗くなった道を電灯で照らしながら、重い足を引きずって宿に着いたのは七時すぎていた。

今日は終始山道の十二時間労働だったのでさすがにこたえたが、一風呂浴びて食膳に向かうと、私たちはまた口さがない談笑を取り戻していた。不二さんはわれわれ山仲間では毒舌で聞こえているが、その鋭鋒は疲れを知らなかった。世の中で一番くだらない人間は秀才という奴で、不二定義によれば、秀才とは学校の勉強以外に何もしなかった男である。どんなに立身出世しても人間に味がない。ことに銀行員にはそれが多い。日本では銀行員は有難がられているが、外国では低級な職業とされている。などとさんざん三人で秀才のコキオロシをやったが、豈《あに》はからん、不二さんは日本で最重要な銀行の監事をつとめて今はランティエの身分であり、茂知君はこれも有名な信託銀行の東京都内某支店長の現職にあった。要するに今夜の結論は、山登りの楽しみを知らない者は世にも哀れな奴、ということに落ちついた。

翌朝はまたも快晴、七時に宿を出る。昨夜の往還を引返してまず志賀坂峠を越えるのが、今日の第一目的である。すぐ眼の前に、大きな岩山を二つに割ったような形で、二子《ふたご》山が美しい岩の色でそびえている。標高一一六六メートルで、昨日上から見おろした時にはさほどにも思わなかったが、いま下から見上げる位置に立つと、なかなか立派な山である。

峠にかかると細々した道になった。急な登りが続いて、もう上も近いと思う所まで来ると、そこはトンネル工事場になっていた。工事場の人は親切にも作業中のトンネルに私たちを通してくれたが、しかしこれは私たちには不本意であった。私たちはトンネルを潜りに来たのではない、鄙《ひな》びた峠の上に立ちたかったのだ。

そこでトンネルの向こう側に抜けると、逆に峠の上まで登り直した。その甲斐はあった。志賀坂峠は、いかにも山村をつなぐ昔からの峠らしい、なつかしさを持っていた。そこから見おろした河原沢川の谷には、昨夜泊まった尾ノ内やその他の部落が点々と見え、それが山奥の平和な隠れ里のような趣で、何となく心の和む風景であった。茂知君はこの峠の気分を現そうと、あちこちカメラの向きをかえながら撮影に苦心していた。

志賀坂峠から西へ下る道は、われわれ古典主義者にははなはだつまらない坦々とした新設の路線になっていた。間物《まもの》という部落まで下りると、私たちはその文明の道路を棄てて、再び昔の山道へ入った。標高八七九メートルのオバンド峠を越すのが、今日の第二目的である。初め沢沿いの道を行き、それから沢を離れてジグザグの登りになる。

オバンド峠も私たちの期待にそむかなかった。山間のひそとした峠で、小さな古びた祠が祀ってあった。ゆっくり休んでから峠を後にして下って行くと、山の斜面にチンマリした部落が見える。四周が山で、まるで桃源境のようなその静かな部落は明家《みょうけ》と呼ばれて、戸数わずか三軒。明家から谷へ下って流れを渡ると、今日の最後の目的のハリマ峠にさしかかった。

アケビの皮の落ちている静かな峠みちを登って行くと、対岸の傾斜した畠で働いていた父娘《おやこ》が、大声でこちらへ呼びかけている。手で方向を指し示しているのだが何を言っているのか分からない。とうとう親父が斜面を駆け下って谷川を渡り、猿《ましら》のように藪を掻きわけて私たちのそばまで上ってきた。この先に道が二つに分かれる所がある。そこを迷わないようにわざわざ教えに来てくれたのである。親切な人もあったものだ。振り逃げるようにして戻って行くその人の手に、私は辛うじて飴チョコを握らせることが出来た。

ハリマ峠は明るく西に展いて、紫のリンドウが咲き残った秋草の中に、風化した石の地蔵が立っていた。オバンドにしろハリマにしろ、地図（万場）には名も出ていないささやかな峠だが、今日の三つの課題を終えた私たちは、満ち足りた気持で野栗《ぬぐり》の方へ下って行った。

野栗から神流川に沿う十石峠街道まではわずかの道のりだった。街道へ出て、川上へ上るバスを待つ一時間に、三人ともおだやかな秋の日ざしの中でウツラウツラ眠った。

バスの終点は乙父《おっち》。予定では今日のうちに上流の浜平《はまだいら》鉱泉まで行くはずであったが、今朝から三つの峠越えで、もう歩きたくなくなっていた私たちは乙父に泊まることにきめた。旅籠宿の玄関でいくら呼んでも返事がない。少し上流の小春《おばる》に新しい宿屋が建ったことを他から聞いたので、そこまで歩くことにした。

新築の小春の宿屋は山村に珍しく小奇麗な建物で、調度も新しく清潔で気持がよかった。前夜も前々夜も一泊二食で一人三百円しか請求されなかったが、ここは五百円の宿料だけのことはあった。前夜の宿でありつけなかった酒も食膳について、三人のおしゃべりに勢いを添えた。

夕食後はきまって不二さんと茂知君は翌日の弁当作りをする。食パンを器用に薄く切って、それぞれ好みのドレッシングを塗りつける。私は無細工で面倒臭がりだから、持ってきた味つけパンで我慢することにしていた。

何という天の恵みか、快晴は翌日も続いた。今日の行程は長いので六時に出発する。道へ出ると茂知君は幾度も、

「モロにいい天気だなア」を繰り返した。

モロにという副詞は、茂知君の頻発する口癖である。私は平均一ト月に一回は山へ出かけるが、この一年どの山旅も天気に見放され続きでいる。それに引きかえ、不二さんは今年数回の山行は全部アテたという。こう結果が歴然としていては、今度の連続晴天も、不二さんにアヤカッタと言われても仕方がない。

後ろから小型トラックが走ってくるのを止めて、乗せて貰った。さすが十月下旬早朝の山地の空気は、車の枠につかまっている手がつめたい。見おろす神流川は、次第に源流に近い相貌を呈してきた。砥根《とね》平《だいら》橋のたもとでおろされる。橋を渡って、白井で十石峠街道とわかれ、川ぞいの道を進んで行くと、また後ろからトラックが来た。見逃す手はない。三ッ又まで材木の積出しに行くらしく空車である。

三ッ又は、神流川の本流と北沢と中ノ沢の三つの流れの合する所で、ここが伐採の本拠らしく、飯場小屋があり、材木が積まれていた。私たちはトラックを下りて中ノ沢へ入った。向こうの峰には陽が当

たっているが、谷間の細々した道はまだ日影である。頭上に褪《あ》せた半月がかかっていた。最奥の中ノ沢部落では、斜面になった畠に人々が働いていた。今頃の畠仕事は全部コンニャク玉の掘出しである。

部落を出はずれると、やっと私たちの所へも陽が差してきた。それから先の沢沿いの道は、ひどく荒れていた。かつてはこの沢からも伐り出したとみえてトロ道の跡がついているが、今は草に覆われ、桟道は崩れ落ち、道の定かでない所もあった。二代淵との合流点をすぎて、なおも悪路を進んで行くと、ようやく伐採の手の及んでいない樹林帯に入った。

それからずっとブドー峠までの沢道の何と美しかったことか。流れを右に左に渡りながら登って行くのだが、沢のふところはゆったりと広く、絶壁だの滝だのという、われわれの行手を脅やかす谷の付属物はほとんどない。一面みごとな広葉樹の原始林に覆われているが、それも密ではなく、梢を洩れてくる光がチラチラと水流に戯れている。三人の経験からしても、こんなに美しい沢は滅多にないという意見に一致した。私たちは幾度も流れのふちに休みながら、人々に見棄てられた、この亡び行く峠みちを嘆賞してやまなかった。

気持のいい沢伝いの道は、ほとんどブドー峠の真下まで続き、そこで沢を離れて急斜面を登っていた。高みに出て振り返ると、彼方《かなた》に両神山の岩の城砦が、青空をバックに厳《いか》めしく立っている。みごとな黄葉一色の樹林の中を進んで行くと、枝を鳴らす凄い風音が、もう峠の頂の近いことを知らせた。

その峠の上にひょいと出た時、思わず私たちは大きな嘆声を上げた。全く不意打ちの景色がそこに拡がっていた。今までの上州側の森林帯に引きかえ、信州側は眩《まぶ》しいような明るいカヤトだった。峠を仕切りに、あまりにハッキリした明暗のけじめが私たちを驚かせたのだ。新しい展望は広闊だった。空の果てを、硫黄岳から北八《きたやつ》ヶ岳に続く連峰が区切っていた。硫黄の頂は新鮮な雪で飾られていた。眼前には狐色の斜面が拡がり、その下の高原風な台地には、木次原《きつぎはら》の二、三の人家がひっそりと静まっていた。その台地から黒い尾根をあげて、私たちの山旅の大詰《おおづめ》の御座山がドッシリと立っていた。ついに私たちは目ざす山の下まで来たのだ。峠の石地蔵の前の枯草に身を投げ出して、弁当を開くまでに、私たちは見渡すものが多すぎた。こんなによい峠だとは予期しなかった。峠の品評会に出したら金牌は請合《うけあい》である。

一時間の後、私たちはだんだん小さくなる峠の地蔵を振り返りながら、明るい原を下っていた。

「アンリ・ルソーだね」と茂知君が空を見あげながら呟《つぶや》いた。

「税関吏《ドアニエ》の雲か」と不二さんが応じる。

いつの間にか、晴れた空に、ラグビーのボールのような大きな雲がポカリと一つ浮いていた。気象的にあまりいい兆《しら》せではない。

明日の御座登山に都合のいいように、その夜はすぐ山麓の下新井に泊まることにした。交渉委員の茂知君が、田んぼで稲こきをしていた村会議員さんに宿を頼みに行った。私たちにあてがわれた宿は、夫婦と小さな子供二人の中くらいの農家だった。

大きな囲炉裏《いろり》のコタツの上で、私たちは家族と一緒に夕食をよばれながら、いろいろ土地の話を聞いた。ブドー峠は今はたまに浜平の鉱泉に行く村人が通るくらいで、ほとんど廃道同様だということだった。そんな山の話よりも、若いおかみさんの関心は下界にあった。近くこの部落までバスが入ると顔を輝かしていた。わざわざ東京からこんなへんぴな山奥へやってきた三人の中年者を、何と見ただろう。私たちはただ会社員と名乗るだけで、身分を明かさないのを山旅の常としている。

山旅最後の日は、昨日の雲の予告通り、さすがの天候も崩れて朝からの曇りであった。荷を軽くして宿を出る。すぐ山道に入り、沢に沿う林道を登って行く。眼まで染まるようなすばらしい黄葉が、山腹一面を覆っている。そのはなやかな広葉樹が、物寂びた針葉樹に入れ替わるあたりから、傾斜も急になってきた。幹太く丈高い針葉樹の間を電光形に登りながら、その重々しくくすんだ色彩も、黄葉の派手さに劣らず私たちを楽しませた。

頂上へ続く稜線に近づいたことが、空の透けようでわかった。天佑《てんゆう》と言いたいくらい、その頃から一天にわかに掻き晴れてきた。これも不二さんの用語で、「一天にわかに掻き曇る」という言葉があるなら、「掻き晴れて」だってあっていいだろうというのである。私たちは不二掻き晴れ大明神に感謝しながら、稜線の鞍部に出た。

それから頂上までの尾根道は、倒木で悩まされた。過ぐる台風のために、それこそ算を乱したように大木が根こそぎ倒れている。この前の台風は八十の老人でも生まれて初めての経験だったと、昨夜宿で聞いたが、なるほどその自然の暴威が察しられた。幾坪もあるような大きな土の根を起こして引っくり返っている倒木を、潜ったり、跨《また》いだり、迂回したり、ようやくその混乱から抜け出して、頂上の岩の上に立った時の爽快さは、登山者のみが知っている醍醐味であろう。

祠のある岩の上で、私たちは一時間あまりも眺望を享楽した。四周の山々の詮索に、私たちの山の知識は事欠かなかった。今日は秋晴れの日曜、八ヶ岳や谷川岳など流行の山はさぞ混んでいることだろう。それに引きかえ、この御座山には人ひとり見えず、紙屑や空きカン一つなく、眼ざわりな指導標すらない、山は完全に私たち三人のものだった。

下山には別の道を採った。登りの沢と尾根一つ距《へだ》てた沢を下った。ここも倒木に荒らされていたが、伐採の入っている原まで下ると、広い道がついていた。そのあたりから振り返った時、御座山は古城のように森林の上に岩頭をそばだてていた。

「モロに立派だなあ」

茂知君の感激に、私たちも賛同した。まことにみごとな山容であった。御座山は一名燕岳と呼ばれているそうだが、燕が両翼を拡げたような颯爽《さっそう》とした姿を望んだのは、それからもっと下からであった。

簡単に帰路を示せば、下新井の宿に戻って荷をまとめ、坂上まで歩いて、そこから小海行のバスに乗った。小海から小海線で小諸《こもろ》に出て、東京行の夜行を待つ時間を、駅前の食堂の奥座敷で過ごした。スキ焼きをつつきながらの賑やかなおしゃべりが、この山旅のピリオドであった。

26 二子山（1166m）

十二月の関東はよく快晴の日が続く。この季節の山登りは、日中は暖かくとも朝夕の冷えこみは覚悟せねばならぬ。両神山《りょうがみ》に登るために泊まった白井差《しろいざす》の山小屋は海抜九百メートル、収容人員十五名のこぢんまりした小屋であったが、寝しなにどっさり焚いた薪が夜なかに燃えつきて、備えつけの毛布だけでは寒さが防げなかった。かと言って起きて焚火をするのも面倒くさく、うとうと寒さと戦っているうちに夜があけた。

その日の登りは私にはひどく辛かった。三人のあとから私だけおくれて付いて行ったが、皆が休んでいる所へ追いついてホッとするのも束《つか》の間《ま》、すぐまた腰をあげねばならない。一人だったら中止していただろう。仲間がいたからこそ否応なしに頂上まで連れて行かれたかたちだった。

両神山の頂上は私には二度目であった。富士が見ゆ雪の秩父の山越しに。快晴で見晴らしは素敵だが、蔭のところは凍《い》てついている。予定では天理ヶ岳へ尾根を伝うつもりであったが、急な下りの踏跡がカチカチに凍って危険なのでやめて、表道の日向大谷《ひなたおおや》の神社宿坊へ下った。この帰り道も疲れた足には長かった。

コンちゃんとペンちゃんは、今日のうちに東京へ帰らねばならないので、そこから谷間の道を下って行った。残された不二さんと私には、奈良尾峠の上りが待っていた。へばったくせに性懲《しょうこ》りもなく、明日はもう一つ山へ登ろうというのである。その山――二子山の麓まで今夜のうちに行っておかねばならない。

峠の上へ着いたのはもう暮れがたで、澄んだ満月があがってきた。谷を距てた向こう側に二子山が、その名の通り二つの峰を並べて、シルエットの姿で立っていた。峠の下りはずっと月の明るい光に照らされたが、道が凍っているので勝手に飛ばすわけにはいかなかった。往還の村の納宮《おさみや》へ下り着くと、ちょうどバスが来たので、尾ノ内まで行き、そこの質素な宿に投じた。火鉢の火や膳を運んでくるのは、ムッツリした高校生の男の子だった。この家の息子だろう。その夜も寒かった。

翌朝も快晴、一番のバスで坂本まで行くと、眼の前に二子山が大きかった。東岳と西岳の間の切れ目が魚尾《よのお》道だろう。両峰とも切り立った岩山で、垂直の岩壁の下からラクダ色の斜面がひろがっている。西岳の方が若干高い。そこに一一六六メートルの三角点がある。私たちの登ろうとするのはそこである。坂本の雑貨屋で頂上乾杯用の罐ビールを求めたが無かったので、止むを得ず小ビンを買う。少しでも荷を軽くしたいのである。かがやく朝日を受けて登り始める。

岩壁で鎧《よろ》われた山のどこに突破口があるのかわからない。魚尾道の鞍部から取りつく道があるそうだが、その急崖は冬の季節は凍りついて登れないという。私たちは西岳の岩壁の下まで行き、そこからその裾の斜面をトラヴァースして左の方へ回った。細々とした踏跡程度の小径が上へ続いているのを見つけた。そこへ余計な荷を残して、軽身になってその道へ入った。おそろしく急な直登である。辛い、辛い。たちまち不二さんに距離をあけられてしまう。

岩場に取りつく個所でちょっと迷ったが、やがて尾根に出る。剣呑《けんのん》な岩尾根である。絶えず両手をつかって軽業のように岩にすがったり攀じたりせねばならない。杖が邪魔になるので途中に残した。岩のコブを幾つか越えて行く。もう頂上かと思うと、行手にさらにもっと高いコブが現れる。先に立っていた不二さんが、ずっと向こうの岩のピークの上に腰をおろしているのを見て、そこが三角点のある頂上と察しられた。息をはずませてやっと私もそこへ着いた。無風快晴。真昼の太陽は冬を忘れさせた。昨日登った両神山のギザギザした稜線が眼を惹く。すぐ真向かいには東岳の岩峰が鋭い。

　西岳と言い東岳と言い、大地からニョッキリ岩が生えたような奇妙な山である。高さは千メートルそこそこだが、この強烈な個性は讃えていい。岩ばかりから出来た二子山——ユニークな存在である。

　ビールの乾杯をし、昼食をたべ、周囲の展望を満喫してから、頂上を辞した。荷を残しておいた所へ下り、そこから元のトラヴァース道をさらに進むと、小さな峠へ出た。坂本から宮地へ越す道らしい。その道を辿って下って行くと叶後《かのうしろ》へ出た。二、三軒の家があるだけの寂しい部落で、その一軒に人がいたが、それも常住ではないようである。家のある所

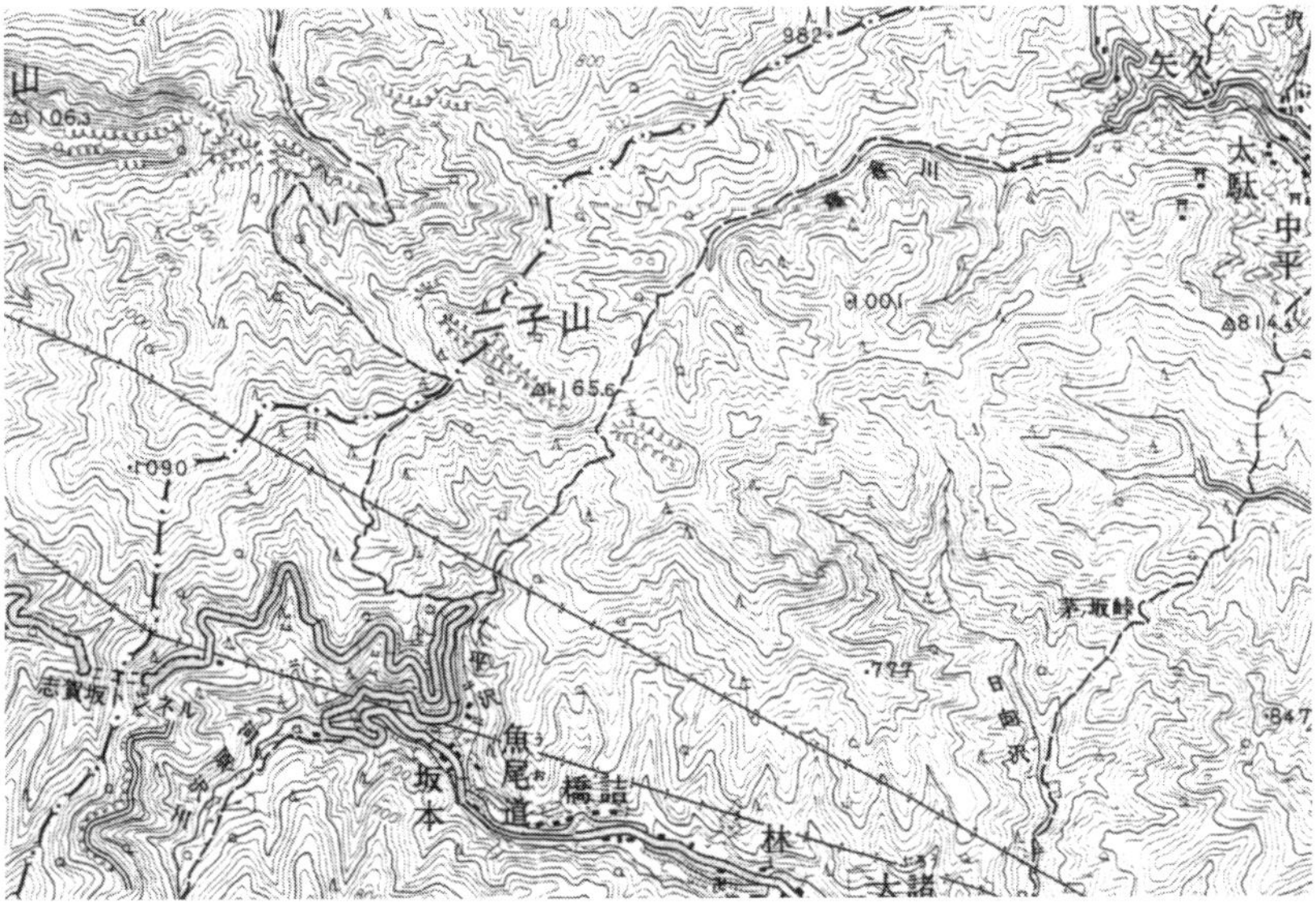

はちょっとした平地で、その背後に叶《かのう》山が立っている。これも岩山で、その東面は垂直に切れ落ちて、そこに深い窓を作っている。神技とでも言いたいような自然の傑作である。その窓は牢ノ口と呼ばれているが、その意味が何となく察しられるような、うまい名づけかたである。

　その牢ノ口が通れないばかりに、私たちはもう一つ峠を越えて迂回せねばならなかった。下り道に、たとえどんなにわずかでも登りのあることは、大きな苦痛である。ゆっくり登った。峠の上に立ち、それを下って行くうちに短い冬の日は薄暗くなり、神《かん》流《な》川に沿う十石峠街道の宮地へ出た時はとっぷり暮れていた。もう足を使う用のない山旅の終わりであった。

27 父不見山（1066m）

秋の紅葉が終わって冬のスキーが始まるまでの、行楽期のブランク。この頃は山も寂しい。しかし玉のような小春日に、木の葉の落ちつくした低い山を、一人ほっつき歩くのは、私の楽しみの一つである。銀座で飲みすぎて夜おそく帰宅した私は、どうせ翌日は宿酔でブラブラ過ごすことになるだろう。それより山を歩いて来ようと決めた。翌朝暗いうちに起きるのは辛かったが、軽いリュックを背に家を出た。家内もついて来たのは、近年彼女もわが楽しみに関与してきたからである。

行先は父不見山ときめた。テテミエズ山と読む。土地の人はテテメーズと呼んでいる。こんな山を知っている人はあまりないだろう。郊外電車の宣伝や案内書に出ている山は、私に興味はない。だれも行かない山、したがって指導標はおろか道もさだかでないが、キャラメルの空箱やみかんの皮の一つも落ちていない山、そんな山を地図で探しだしては出かけるのが私の好みである。

父不見山というちょっとロマンチックな名前の山も、かねてから私の低山散策の予定リストの中にあった。地図には道がついていないが、なに千メートルぐらいの山だ、ごそごそヤブをかきわけて行けば、頂上に立てるだろう。

上野を発って高崎線の本庄駅下車、そこからバスで鬼石《おにし》町に向かう。空はみごとに晴れて、関東周辺の山々があざやかに見えてくると、もう眠気もふっ飛んでしまう。鬼石は平野が果てていよいよ山に入ろうとする処にある、小さな清潔な町である。そこでバスを乗りかえて、神流《かんな》川上流の万場《まんば》に向かう。

バスはすぐ山峡に入る。神流川の清流を眼下に見おろして、山のへりをうねうねと辿《たど》って行く。軒に干柿や大根をつるした村を幾つも通りすぎる。昨夜の銀座の雑沓とはほど遠い、健康な山村風景である。

万場でバスを棄てたのは十時前だった。神流川はこれから先、深く深く山に入りこんで、その源頭は十石峠となって信州に通じている。万場はこの長い山峡の諸部落の中心地で、なかなか活潑な町である。

われわれ二人の異様な姿が村人の注視を受けながら、万場から少し上流で吊橋を渡って対岸に移り、そこからすぐ坂丸峠の登りにかかった。もうこれからは人に会わない。

酒の気のまだ残っている寝不足の身体に、登りかけの急坂はちょっとこたえたが、だんだん眺めがよくなってくると元気がもどってきた。霜柱が銀色に光っている道、落葉が靴の埋まるほどたまっている道、そんな道を踏んで峠の上に立った。上州と武州との境である。

小さな祠《ほこら》のわきで昼食。さすが十二月で、休んでいると寒くなる。腰をあげて父不見山に向かう。峠から東へ尾根伝いに行けばよかろうという見当である。幸い初めのうち道があった。がそれは山仕事に入る道で登山道ではないから、途中で消えてしまった。仕方がない、山頂目ざしてガムシャラに登って行く。初冬の山は落葉し尽くして、しんかんとして寂しいけれどなんとなく明るい。見通しもよく利く。ブッシュも枯れ切っているので、たいていどこでも歩ける。

地図の一〇六五メートルの三角点のある頂上に立った。こんな低山でもやはり頂上は嬉しいものだ。灌木が茂っているので、伸び上がらないと周りが見えない。南の方へ同じ高さの長い尾根が伸びていた。それと反対側へいったんグンと下って、また同じほど登ると、そこがテテメーズの本当の頂上であった。三角天と刻んだ自然石が置いてあった。私製三角点である。ここは見晴らしが利いた。山岳展望にふける。すぐ間近に豪快な岩のとりでのような両神《りょうがみ》山、南には武甲《ぶこう》山から雲取《くもとり》山に続く秩父連山、北は御荷《みか》鉾《ぼ》山から赤久縄《あかぐな》山に続く山なみ。

　下山は杉ノ峠の方へ道のない尾根を辿って行くと、植林のためにつけられたらしい道があって、やがて、峠に出た。大きな杉が若干本立って、石の祠がある。武州から上州へ越す古い峠の一つだろう。そこから私たちは再び神流川のほとりへ下った。万場の少し川下の村へ下り着いたのは三時半だった。短い冬の日はもう赤味がかっていた。

　この一日の山歩きで、坂丸峠の登りかけで馬を引いた少女に会った以外、誰にも人には行き会わなかった。アルコール気もニコチン気（一本も喫わなかった）もすっかり抜けて、帰りの汽車では死んだように眠った。一九五七年の十二月三日のことであった。

父不見山　▲万場

28 伊豆ヶ岳（851m）

時勢がらスキーを持って歩くのが何か物々しい感じで、つい出かけるのが億劫になってしまう。それでこの頃は、軽いルックを背にして、日帰りかせいぜい二日の低い山へ、思いついたようにブラリと出かける。今まで冬の山行と言えば、スキーときまっていて、こんな低山へ冬行くことなぞ滅多になかったのだが、行ってみると案外のたのしみがある。冬だからたいていカラリと晴れているし、日中は歩いて居れば上着を取りたいほどだし、それに春にも秋にもない物寂びた風情があって、これなら道中辛い目をしてスキーに行くより、こんな低山をブラブラ歩いているのも悪くはないと感じだした。

昨年の元日は丹沢の塔ヶ岳へ登って初日の出を拝み、頂上の尊仏小屋に一晩泊まって、持って行ったお正月の御馳走を食べた。今年もどこかの山で元日を過ごそうと思い、あまりつらくないところと、選んだのが、広告でよく眼にしている正丸《しょうまる》峠・伊豆ヶ岳だった。つらくないばかりではなく、全くの久々で奥武蔵の山々も眺めたかったからだ。

時間の予定も何もなく、ただ行当たりばったりに池袋の武蔵野線へ行くと、九時の吾野《あがの》行準急が出るところだった。大して混んでもいない。元日の新聞紙に載っていた、真珠湾の敵艦爆撃の写真をいろいろ想像を加えながら繰り返して見ているうちに、所沢を過ぎ、山が見えるようになった。新聞をやめて今度は山を眺める。

所沢では、新しい服に長靴を穿《は》いた、童顔の陸の荒鷲が大勢乗ってきた。みんな軍曹である。飛行学校の生徒だろう。その荒鷲たちも豊岡町でみんな降りて行った。

月が草より出でて草に入るという武蔵野もようやく尽きて、この豊岡町あたりからそろそろ丘陵地帯に入りこむ。たしか柳田国男さんの『豆の葉と太陽』の中に、このへんのことを書いた文章があったはずだ。武蔵野の中でもこのあたりが一番早くから開けた、というようなことが書いてあったように思う。そう言えば電車の留まる駅毎に、付近の名所古蹟案内が、板いっぱいに書いてあるのが眼についた。

飯能《はんのう》を過ぎると、全く平野とは縁が無くなってしまう。高麗《こま》川に沿った線路の上から、村々の明るく白い障子を眺め、日の丸の旗が出ているのを見て、そうだ今日はお正月だった、と思い出した。終点の吾野に着くと、運よくバスの連絡に間にあった。

少女車掌に、正丸峠でおろしてくれと言うと、ずっと手前の畑井でおろされた。秩父行のバスだから

伊豆ヶ岳　▲寄居

正丸峠は通るはずなのに、どうしてこんな所へ邪慳《じゃけん》におろしてしまうのかと解《げ》せなかったが、道づれになった村の爺さんに訊《き》くと、木炭バスになってから峠には停車しないのだそうだ（ただし帰りのバスは停まるそうだ）。が歩いてみると、畑井でおろされたのも、そう邪慳な仕打ちでないことがわかった。近道をして小一時間くらいで、峠の近くの厚生道場に着けたからだ。

　畑井を出てしばらく行くと、自動車道に別れて左へ入る。間もなく大蔵山の部落が現れる。この村を過ぎたら一休みしようと思って行くと、次々ポツリポツリと家が出てきて、なかなかおしまいにならない。やっと最後の家を通りすぎて、いよいよそこから山道にさしかかる所で、道ばたへルックザックをおろした。まず上着を取る。朝の寒さに厚く着こんできたのでもう汗を掻いている。ルックも案外重い。詰めるものは家の者に任して、そのまま引っかついできたのだが、いったい何がこんなに重いのかと覗《のぞ》いてみると、ある、ある、食べ物ばかりがむやみに詰めこんである。この分だと三十分毎くらいに休んで何か食って行かねばならない。まず一番重そうな瓶づめのフルーツポンチから蓋をあけた。

　植林した檜の若木の間につけられた坂を、休みながら登って行くと、やがてひょっこり先の自動車道路のつづきに出た。厚生道場前という停留所だった。厚生道場は直ぐ上の方に見えていた。その付近に屋根形をした箱がいくつも点在しているのを、始め蜜蜂の巣箱かと思ったところ、近づいてみて、それが広告で読んだことのあるバンガローだとわかった。

　厚生道場という名はいかめしい。うっかり戸をあけると叱られそうな気がする。名前からくる印象はそうだったが、行ってみると、これはなかなかしゃれた山の宿だった。厚生道場という名前に敬遠して、寄らずに行こうとしたのだが、寄ってみてよかった。宿の前からの眺めも広闊でなかなかよい。沢を距てた正面の尾根に、コップを伏せたような伊豆ヶ岳が突兀《とっこつ》と立っている。

ちょうど正午だったので、土間の大きな囲炉裏で、お茶の接待を受けながら、パンを焼いて食う。何でも昨夜は五十人も泊まり客があったそうだ。もうみんな出払って、二、三人残っているきりだった。

柱時計が一時を打ったので、ルックザックの紐をしめてそこを出た。バスの道路へ出て、茶屋のある正丸峠まで二十分とはかからない。峠の向こう側へ出ると、今まで見えなかった山の眺めが展ける。直ぐ眼の前に、一〇五一・七メートルの三角点の山（武川岳というのだそうだ）がそびえていて、その右に、肩骨の張った、一見してただ者ならずという感じの山が覗いている、それが秩父の名山の武甲山だった。

伊豆ヶ岳への登り口は、峠を過ぎて少し行った所にあった。始めわずかの登りがあるだけで、あとはダラダラの尾根道である。風もなく、まことにいい天気である。

疎林行きしばし元日忘れゐたり

そんな句がおのずから出来たりした。春秋の土曜日曜には、この道はハイキングの人で続くそうだが、今日は、さっき道場に居た二人の学生が追い越して行ったのと、向こうから来る青年に一人会ったきりで、静かな山道だった。僕は幾度も休んでは山を眺め、その度毎に何か食った。

　やがて伊豆ヶ岳の直下に出る。コップ型の峰の下まで来たわけである。岩場なんて言うのは大げさだが、岩まじりの急峻な坂で、鎖などついている。そこを攀じ登れば、間もなく頂上に出る。頂上には茶屋があって、さっきの二人の学生が休んでいた。茶屋のおやじさんが出してくれる渋茶をそのままに、まず三角点（八五一・四メートル）のある所に立って、地図と睨みあいながら、一っ時見える山々の詮索に耽った。武甲山の右手から二子山の頭にかけて、遠く白い雪の山がボウと見える。空が霞んで山の形がハッキリしないので、何山かわからないが、おおよその見当だけつけて、茶店へ戻った。

　帰りは、頂上から直ぐ花桐へ下る道をとった。木を伐り尽くして裸になった急な斜面を、一度ならず滑って尻餅をついて、谷川のある所まで下れば、あとはもうわけのない道である。花桐の諏訪神社にお参りして、行きしなバスをおりた畑井へ出たのは四時前だった。子供達が晴着を着てあそんでいる。バスを待って今朝と逆に吾野へ、吾野から池袋へ帰りついた時は、六時を過ぎていた。

29　朝日岳から小川温泉へ（2418m）

朝日岳という山は日本中あちこちにあるが、ここにあげるのは白馬岳の北にある朝日岳（二四一八メートル）である。

夏の北アルプスは混む。あまり流行《はや》らない山へ行こうとして朝日岳を選んだのだが、計画はあたった。七月のさなかというのに、ただ一組の登山者に会っただけだった。しかし前夜泊まった蓮華温泉は混んだ。六畳部屋に五人、まあひと晩だから我慢できる。その五人が心明るくいそいそと温泉を出発したのは、その朝がみごとに晴れていたからだ。

兵馬《へいま》平という台地を過ぎて瀬戸川の河原へ下ると、流れを横切って対岸へ針金が張ってある。普通籠渡しと呼ぶが、籠ではなく、滑車で吊られた一枚の板の座にのって、綱で手繰り寄せる仕掛けになっている。一人ずつだから時間がかかる。全部渡り終えるのを待ってまた歩き出す。

誰だって登りは苦手だろうが、近年ことのほか急坂はイヤだ。地図で等高線を調べて覚悟を決める。白高地沢を渡ると間もなく、その急坂が始まった。息が苦しい。ことにまだ山に馴れない最初の登りは苦しい。何しろ六十五キロの体重プラス背の荷を、引力に逆らって持ち上げるのである。若い時に比べて体力が落ちているのに目方は十キロもふえている。やっと緩い所に出て休憩。ホッとしてリュックを投げ出す。カモシカ平と呼ぶ原で、淡紫色の花を茎に並べて付けたギボウシがあちこちに咲いている。

たしか山のギボウシはウルイと呼んだはずだ。しかしそれよりもまず眺望である。苦労の褒美のように目の法楽《ほうらく》があった。

すぐ前に谷を隔てて雪倉岳（二六一一メートル）、貫禄のある山だ。その右に続いて赤男山（二二〇七メートル）、両峰ともまだらに残雪をつけている。もっと嬉しいのは遠くに山を見つけたとき。妙高が見える。火打が見える。焼山が見える。そして左に離れて遠く小さな頭をもたげているのは、私の好きな雨飾山。山の眺めは最初の出会いこそ新鮮だ。こんどの一行はいつも共にするFさんとM君、それに大学山岳部出身の若いY君とその可憐なフィアンセ。

カモシカ平を過ぎると、また急坂になる。前ほど辛くない。馴れてきたのと、眺めが開けてきたからだ。目当ての朝日岳が正面に見える。頂上へんから、雪のある長い谷が一本下っていて、雪倉岳に劣らぬ堂々たる山容である。それを倦《あ》くほど眺めよと言わんばかりの美しい原へ出た。片方にはまだ残雪があるが、そのほかは純白のハクサンイチゲが咲き敷いていて、常套語ながら全く天上の楽園である。しばらく私たちはその甘美に酔った。

それから先は山の腹を巻きながら登り道が続いたが、小楽園はところどころにあった。地を覆うチングルマの大群落、小さな沢を渡る時の清らかな水（そこで弁当をひろげた）、妖精でも出そうな灌木の中の空地。最後に地形の詐術が私を待っていた。もう頂上が近いと思わせながら先が長かった。「ここまでおいで」が、何度も続いて、ほとんど根気がつきようとした時、やっと本当の頂上が現れた。

山頂は小さな平地で、半分はハイマツに覆われていた。着いてしばらくは新しく開けた山の展望を撮るのに忙しい。旭岳を控えた白馬岳の北面。毛勝・猫又の連峰。剣と立山。それより遠くなると、そろそろ雲に呑まれかけている。一通り眺め終わると、ハイマツの蔭でおしゃべりを交じえた二度目の昼食。

Fさんは例によって新しいパイプに火を入れる。

　私たちだけの頂上は楽しかった。もうあとは反対側の朝日小屋へ下るだけ。それもあまり遠くはない。しぜん気がのんびりして、一時間も頂上にいただろうか。下りは急坂だった。足にまかせてトントン馳けるように下りていくうち、眠くなった。頂上での祝盃のウイスキーが揺られているうちにきいてきたらしい。半分ほど下ると、今夜泊まりの小屋がポツンと見えた。階段の途中の踊り場のような小さな草地で、とうとう私は横になり、すぐそのまま眠り込んでしまった。時々気が付いて目をさますのだが、また眠りに引き込まれてしまう。気持のいい眠りだった。小屋に先着の友人が心配して、わざわざ見に登ってきてくれ、私を起こしてくれたのは、二時間ほどたってからだった。

　朝日小屋は近年増築されて収容人員百名になったそうだが、私たちの時はせいぜい二十名くらいでいっぱいになりそうなこぢんまりした小屋だった。夕方小屋に着いた時、ほかに一組いたが、翌朝雨の中

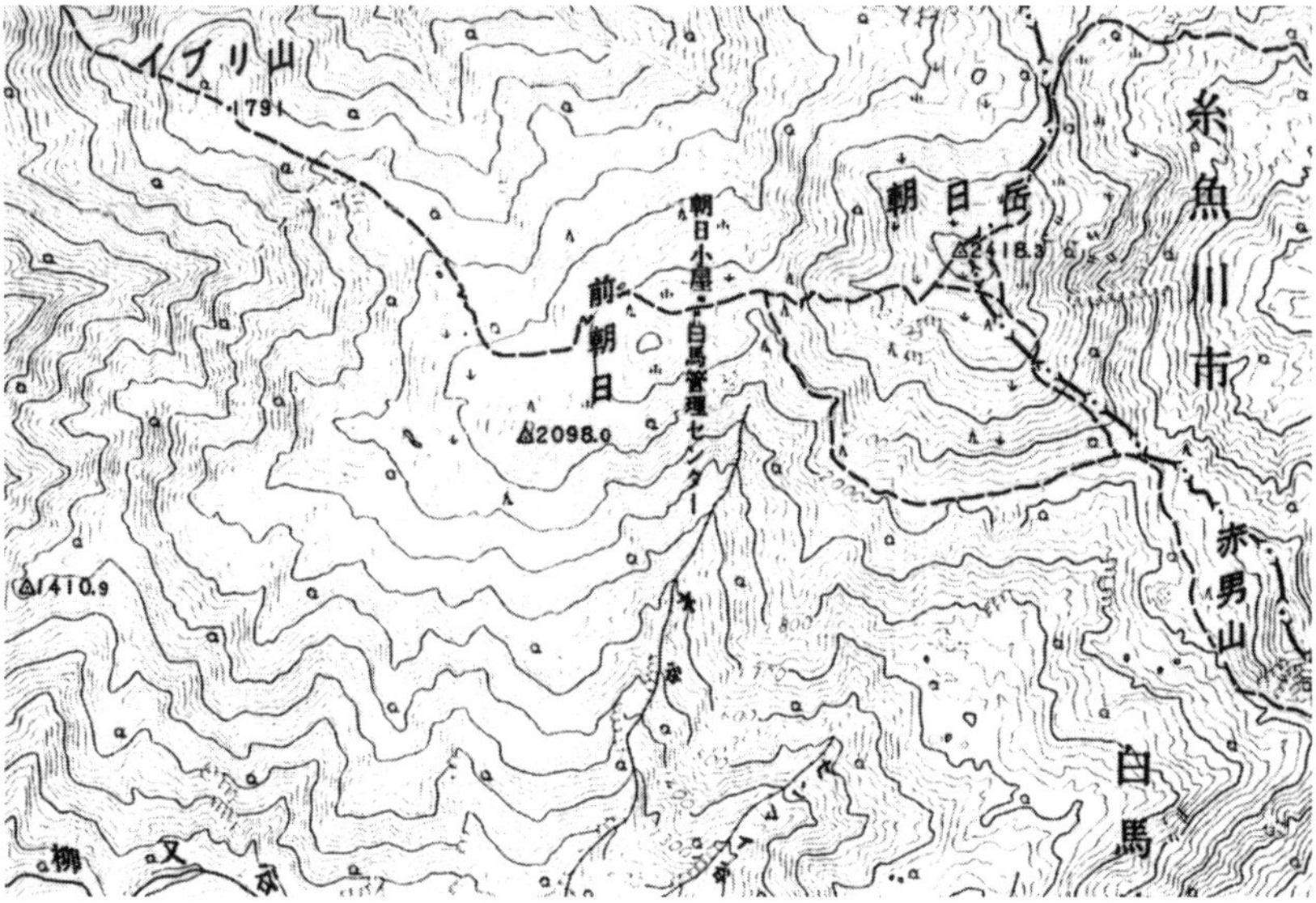

を出て行った。雨の小屋の停滞ほど無聊《ぶりよう》なものはない。外には出られない。本を読んでも身が入らない。卓が二、三脚ある狭い食堂で、紅茶をいれて飲みながらの無駄話が唯一の暇つぶしだが、そう話題が無限にあるものでもない。結局食堂のすぐ隣の薄暗い部屋に敷きっ放しの蒲団にもぐりこんでウトウト眠ってしまう。そんな風にして一日過ごした。

　翌朝は晴れたので七時出発。小屋から急坂を下ると、ゆったりとした所に出た。夕日ヶ原という名が付いている。夕日ヶ原だの白樺池だの朝霧高原だの、近頃の少女趣味の名づけかたを私は好まない。何が夕日ヶ原であるものか、コンチクショウ、と言いたくなる。そこから尾根を下って行くとイブリ山の頂上に着いた。どんな山頂であったか、何の思い出も残っていないところを見ると、取り立てて言うほどの峰でもなかったらしい。

　そこからまたドンドン下りになって、北又谷のふちに出た。橋を渡ると北又小屋があった。朝日小屋から四時間ほどかかった。暑い、暑い。小屋の前に縁台のようなテーブルが置いてあったので、私たちは中へ入らず、その台に荷を拡げて昼食にした。川のふちを伐り払って小屋の空地を作ったのだろう。大きな栃の木が二本、そばに立っているのがいい眺めである。

　ここには登山者が幾組もいた。どこかの大学の山岳部か町の山岳会か、テントを張っている組もあった。その連中が揃いの赤いシャツを着ていた。少し褪《あ》せて代赭《たいしや》色になっているので、囚人の群れのように見える。私は登山団体のユニフォームというものを好まない。つい悪口を言ってみたくなる。

　北又谷は下って柳谷と合して黒薙川となり、黒部川に流れ込む。川沿いに黒部へ出る道もあるが、それにはその覚悟がいる。私たちは普通の道によって小川温泉へ出るつもりだが、それも越道《こいど》峠というのを越さねばならぬ。この暑い中を嫌な長い道だと思っているところへ、運よく峠の方から小型トラック

が来た。聞くところによると、この北又小屋と小川温泉との間のバスは許可されていない。この小型トラックは表向きは荷の運搬だが、事実は登山者を乗せて賃金を稼いでいるのだそうである。何であるにせよ、乗物のあることは私たちをホッとさせた。

　小型トラックは私たちのほかにも登山者を乗せて、峠を越え、長い山道を下った。温泉の手前一キロほどの所で、橋が壊れていると言っておろされた。そこから温泉まで暑い日盛りを歩かねばならなかった。

　小川温泉に着いたのは一時半、早速宿へ飛び込んで部屋を借り、一風呂浴びてからビールの栓を抜いた。十数年前の四月ここへ来た時にはまだ木造の大きな建物であったのが、今度は鉄筋コンクリートに変わっていた。以前はほとんどが自炊で、古い木造の建物には、迷路のような廊下が続き、階段は磨り減っていた。百以上も部屋があり、多い時には千人以上の自炊客があるということだった。自炊客が自分の借りた部屋に看板をかけて営業している者もいた。あんま、床屋、雑貨屋、みな揃っていた。常住の浪花節語りもいた。小さな寺が付随して、坊さんが説教したり、皆がお勤めしたりしていたのも、一向宗の盛んな北陸だったからだろう。つまりこの湯治場で一部落を形成している観があった。

鉄筋に変わったが、中身は前とあまり変わらないようだった。並んだどの部屋の前にもコンロが置いてあり、看板をかけた按摩鍼療法の部屋もあった。浴場も新しくなっていた。湯は無色透明で、熱くて豊富だった。建物は近代的になったが、自炊客は素朴で野性的で、逞しい小母さん連中は平気で男湯へ侵入してくる。私達の一人M君は、「アンちゃん、抱いてやろか」と冷やかされて、ほうほうの体で風呂から逃げ帰ってきた。昼寝したり、将棋をさしたり、夕方まで暇をつぶして、バスで泊《とまり》駅へ出て、夜行で東京に帰った。今から五年前（一九六三年）の七月十五日から十八日までの山旅であった。

30 奥大日岳（2611m）

戦前よく立山へ出かけて、その後山に遠ざかっていた人が、思い立ってその旧恋の地を訪れたとする。その人の顔に浮ぶのは、失望というよりむしろ驚きだろう。全く変ったものである。立山はもう山ではなく観光地である。その花やかな賑わいから早く逃れたくなって、その人は、登山者の列をなす道を避け、弥陀ヶ原の旧道へ踏み出す。さすがこちらは人影も稀である。二ノ谷を横切り、一ノ谷を渡って、獅子ヶ鼻岩へ登る道などもうすっかり荒れて、踏み跡も定かでないくらいである。

　しかしこれが昔の立山参詣の本道であって、私が初めて立山へ行った時辿ったのもこの道であった。四十年前まだ新道の出来ていなかった頃である。鼻の形に突き出たその巨岩の上へ出ると、そこから豊かな高原が拡がる。ところどころに池沼があり、高山植物が色とりどりに咲き溢れている。

　孤独を取り戻した旧式登山家は、その美しい原に寝ころんで煙草をふかしながら、山を眺める楽しみを忘れないだろう。まず見逃せないのは、称名川の谷を距てて真正面に連なっている大日連峰である。それは鋭い峰とか厳めしい岩とかで、私たちを打ってくるのではない。ただ平凡に大きい。山のボリュームというものがジンジンこちらの胸にひびいてくる形である。

　右手の、頂上の平らな大きな峰を奥大日岳、左手の、やや三角形をなした峰を前大日岳、と普通呼ばれている。冬、立山へ来たことのある人なら、この大日が一点のシミもなく純白になるのを知っていよう。これほど完全に雪に覆われる山も珍しい。

大日連峰はさらに西へ延びて、早乙女《さおとめ》岳という優しい名を持つ山となり、小大日岳（俗称）となって、次第にその高さを減じつつ称名川に落ちるが、それはここからは見えない。

山の姿だけは昔に変わらないのに満足した孤独の人は、それからその夜の宿を求めるために、再び混雑の中へ入らねばならない。地獄谷は静かだろう、なんて考えるのは時代錯誤である。乗越《のっこし》へ行っても、室堂《むろどう》へ行っても、一ノ越へ行っても、どの山小屋も満員である。

一昨年の夏、数年ぶりで立山へ登った私は、幸いにして、営業小屋ではなく、頂上の社務所に泊めて貰った。ここは雄山神社の神主さんだけの住居である。

明け方うとうとと夢を見ていて、その夢の中の音とばかり思っていたのが、実は入口の戸を叩く音だった。日の出を拝むために、もう下から登山者が上ってきたのである。神官の服装を着けた社務所の人のあとについて表へ出ると、まだ薄暗がりで、黒い影が続々と登ってくる。

完全無欠の日の出だった。雲海の上に見渡す限り山が並んでいた。日が上るにつれて、それらの山々は眠りから覚めたように、生色をおびてきた。頂上に群がった人々は、それの方向へ散って行った。

私には四度目の雄山祠の登拝を済ましてから、別山の方へ向かった。すがすがしい朝の尾根道を辿って行くと、後ろから、前から、大勢の登山者の往復で賑やかであった。

乗越小屋でその立山の幹線道路を離れて、大日の方へ踏み入ると、これは又、さっきの行列はどこへやら、全く人を見ない。静けさに帰った私たち二人は、その素朴な山道を喜びながら歩いて行った。

奥大日岳は尾根の長い山で、その中腹を行って稜線の上に出、少し逆に引返すと、三角点のある頂上へ出る。朝はあんなによく晴れていたのに、下界を覆っていた雲海が次第に上ってきて、正午その頂上に立った時には、もう遠い眺めは隠されていた。何よりも私の期待していたのは、ここから望む剣岳の偉容であった。すぐ眼下に立山川の深い谷が食いこんでいる。その向こうに鋭い剣の岩峰がそびえているはずである。

私たちは頂上で弁当をたべながら、霧の晴れるのを待ったが、ついにその甲斐がなかった。しかし汚れのない静寂な山頂の三十分は、そこにただいるだけで充分に楽しかった。

同行の佐伯延一さんは芦峅《あしくら》の人で、立山のことには詳しかった。芦峅という名ももはや古典的になってしまったが、昔はそこが登山の根拠地であった。有名な立山ガイドの出身地であり、今でも信仰登山の名残の坊家がたくさん残っている。佐伯さんの家は日光坊である。文芸評論家の佐伯彰一君もやはり芦峅の坊家の出身と聞いた。盛んな時には三十三坊もあって、その坊が各自檀那国を持っていた。例え

ば、日光坊は尾張、正栄坊は筑前、という風に担当が決まっていて、それがほとんど日本全国に亙《わた》っていた。そして諸国から参拝登山に来ると、その所属する坊に泊まり、また各坊は農閑期の十月頃から翌年の四月頃にかけて受持ちの諸国の檀那廻りをして、立山のお札を売って歩いたそうである。

「越中の売薬の大もとは、芦峅の坊の檀那廻りから始まったのかもしれませんね」と佐伯さんは笑いながら言った。立山の歴史の古いことを示すものである。それほどこの山は昔から全国に有名だったのである。

前人未踏と思われていた剣岳に、明治末年測量隊が登った時、その頂上に錆びた錫杖《しゃくじょう》の頭と槍の穂を発見したことは有名な話だが、佐伯さんも昭和五年に奥大日の頂上で剣とクサリの断片を見つけたそうである。それ以前にも大日岳で錫杖の頭の発見されたことがあって、それは平安朝末期のもので、重要文化財に指定されたという。

おそらく昔の修験者が剣岳登拝に採ったルートは、

この大日連峰だったらしい、と佐伯さんは語った。富山平野から眺めると、この大日が立山の前面に堂々とした姿を現しているので、立山信仰の源は大日崇拝から起こったのではないかとさえ言われている。そのことを思えば、ここにルートが開かれたのは当然あり得べきことだろう。前大日岳の頂から少し下った所に、カザエモン岩屋と呼ばれる、八畳くらいの広さの岩窟がある。やはり修験者の利用したものかもしれない。

奥大日岳の頂上の休憩の間に、そんな話をいろいろ佐伯さんから聞いた。それほど古い歴史を秘めているのに、大日は現在ではむしろ野性化して、立山・剣縦走路の人混みに食傷した私は、ここへ来て原始の山へ入ったようにホッとした思いであった。

夏の北アルプスは雑踏するが、それは幹線だけであって、一歩脇道へそれると、静かな所がいくらでもあるという例証の一つであった。

31 餓鬼・唐沢[32]（2647m／2632m／&燕岳[33]・2763m）

幹線は混んでいても、ローカル線へ入るとガランと空いている例は、鉄道だけでない。北アルプスの燕《つばくろ》から槍までの稜線は、アルプス銀座と俗な呼ばれかたをするほど、登山者の往反で賑わうが、燕から反対の方向餓鬼岳へ向かう道は閑散としている。餓鬼からさらに唐沢岳まで辿る人はごく僅かである。かねてから大町の友人古原和美君から餓鬼・唐沢へ誘われていた。彼は地元の精鋭な若い登山者を動員して、この忘れられた辺境山域をつぶさに探っている。唐沢岳をめぐる幾つかの谷をシラミつぶしに試みているという話も聞いていた。こういう地味な山登りは、大町から葛《くず》温泉までのバス代十円（その頃の値段）あれば山へ入れるという羨ましい境遇にある大町山岳会にして初めて可能だろう。

私たちは九月下旬の連休をえらんだ。同行は、いつもの連れである不二さんと茂知君、それに私の家内が加わった。ところが肝腎の古原君は貴重な連休を私たちのために費やすことの出来ない羽目になっていた。彼にはもっと尖鋭な山行の計画が、彼の同志とのあいだに出来ていた。

その代わり古原君は万端の手筈を整えておいてくれた。九月になると登山者の少ない餓鬼小屋は通常しまってしまう。それを開かせておいてくれた。ポーター代わりの青年を一人私たちのために雇っておいてくれた。それからその時節の山の様子を知らせてくれた。

九月二十二日、先発の私たちは夕方大町に着いて、もう古原君が山へ行っていない留守宅を訪ねてそれらの手筈を聞き、それから教えられた旅館へ行って泊まった。翌朝早起きして駅に行き、夜行で来た不二さんと茂知君を迎えた。打ち合わせてあった白沢青年もそこに来て、五人で葛温泉までタクシーで走った。

温泉で車を降りたのは七時。今にも降り出しそうな空模様で、すでに川向こうの道には傘をさして歩いている人も見える。私たちは雨装束になった。そしてすぐ山みちに入った。

高瀬川に流れ入る滝沢と呼ぶ小谷に沿うて道は通じている。深い広葉樹の林の中を道は次第に高くなって行く。やがて沢を離れて急な坂を登り切ると一つの鞍部に到着した。葛を発ってからもう三時間もたっている。丸山峠と書いた板が木の幹に打ちつけてあった。

丸山峠の名は、数年前この道を切り開いた餓鬼小屋の主人丸山忠芳さんから来たものだろう。まだ充分に踏まれていない道の様子では、通る人も少ないとみえる。私たちは峠の上で三十分ほど休んだ。幸

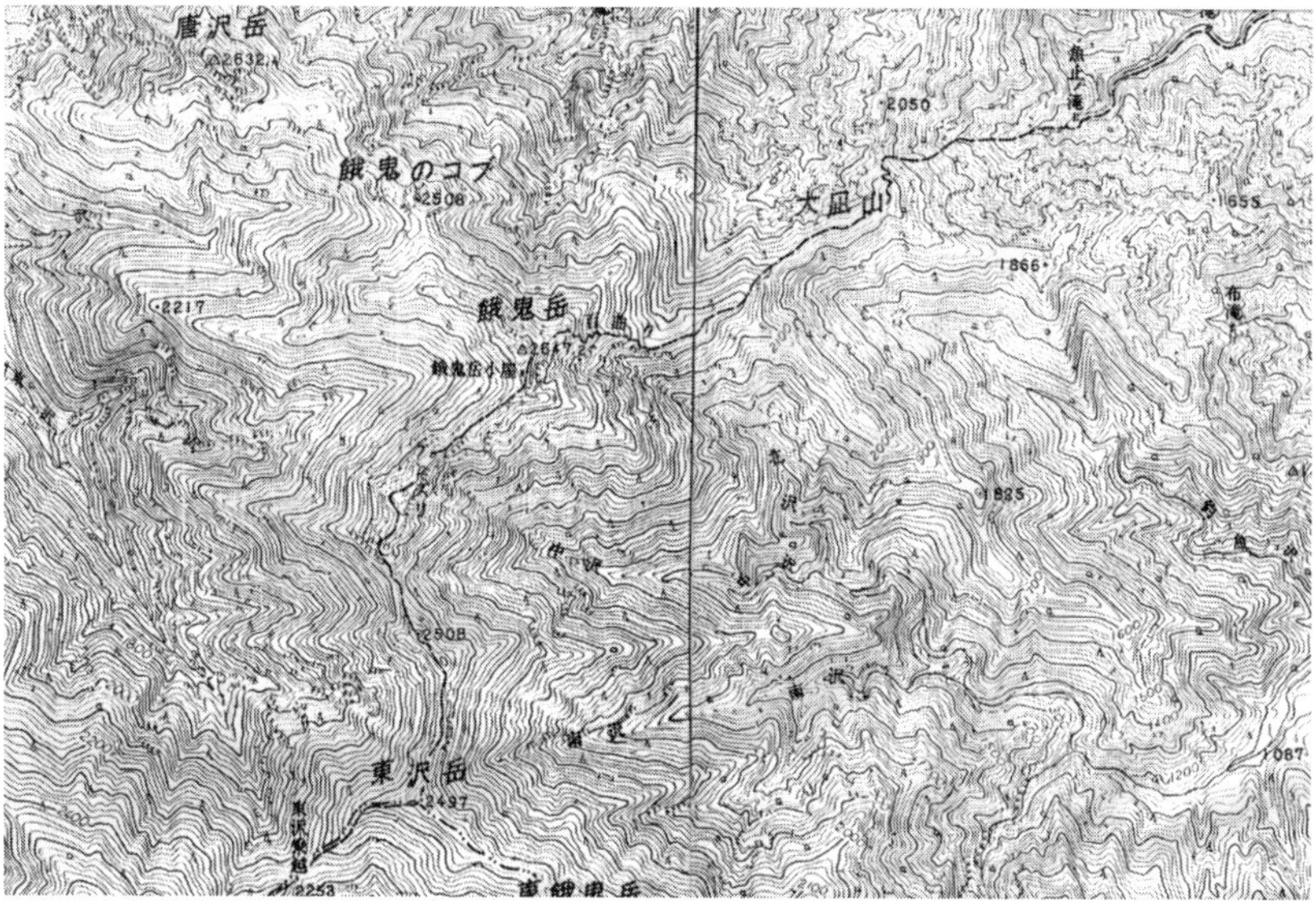

餓鬼・唐沢　▲槍ヶ岳(左)　信濃池田(右)(縮小)

い雨はあがったが、重い雲が垂れこめて、茂った木立の下はいっそう暗かった。それでも木立を透して正面に大凪山がおぼろに見えているので、天気の心配はなさそうだった。

峠からいったん下ってまた沢のふちに出る。滝沢の上流である。そこから苦しい登りが始まった。ほとんど弛《ゆる》みのない急坂の連続である。右手の遠くに、頭に雲をかぶった蓮華岳が大きく現れたが、私には風景鑑賞の余裕はなくなっていた。何しろ辛い。夜行寝不足で来た二人の友の手前、そうたびたび休憩も要求出来ない。マラソンと同じで、こんな時ビリになってしまうと、先頭との距離は開くばかりである。

ようやっとあけ放たれた広い尾根へ出てホッとしたが、それから先がまた長かった。疲れていたので余計長く感じたのかもしれない。道は幾らか緩くなったようだが、苦しさはいっこうに減らない。チラチラと雪が降り始めた。見る間にあたりは薄化粧になった。うちのカミさんは先頭グループに加わっているのか、影も形も見えない。私と一緒にいるのは不二さんだけである。

私より七つ年上のこの先輩は、年とは思えないほど登りが速いので、いつも同行者泣かせで通っている。その不二さんも今日はどうしたことか、ビリの私の仲間になっている。いつもパイプをくわえて明るい顔が、今は黙ったまま渋面をしているところを見ると、私のお付きあいだけでもないらしい。

夕方が近づいて、とうとう小屋が見えた。見えたけれどそこまでのわずかの距離が、私には地獄の呵《か》責《しゃく》であった。積もった雪を踏んで、一歩一歩、エネルギーの最後の一滴を振りしぼって小屋に着くや、ヘタヘタと崩折れてしまった。漢語で書けば疲労困憊《こんぱい》、英語ならエグゾースト、日本語では何と言ったらいいだろう。

あとで計算すると、葛温泉は約九百メートル、餓鬼小屋は約二千六百メートル、それに丸山峠の下り

▲餓鬼岳(右)と唐沢岳

一百メートルの登り返しを加算して、この日の登りは千八百メートル。しかもあまり踏み慣らされていない道ときている。これはどうやら私の体力を超えていたようである。

白沢青年のかついできた大きな荷の中には、その夜の御馳走が隠されていた。牛肉と松茸。残念ながら私には食欲が無くなっていた。一杯のウイスキー、あとは寝るしか欲がなかった。

前日の苦闘は、翌朝すばらしい賜物で報われた。一点の雲もない青空の下に、今年最初の雪を置いた北アルプスの山なみが、手の切れるような新鮮潑剌さで、窓の外に拡がっていた。私たちは歓声をあげて、朝食前に、小屋から十分とかからない餓鬼岳の頂上へ行ってみた。

北アルプスの山々は言うに及ばない。南アルプス、その遠くに微かに富士山、安曇野《あずみの》を距《へだ》てて頸城《くびき》の山々、さては浅間から上信国境の連嶺、数える峰には限りがなかった。

餓鬼小屋は頂上のすぐ下にある。近年北アルプスの小屋は次第に近代化されてきたが、ここはまだ昔ながらの小屋である。小屋番の私室のほかには大部屋が一つあるきりの簡単な構造だが、その代わり寝ていて上体をおこしさえすれば、窓の外の大観が得られる。

昨日燕の方から来て小屋に泊まりあわせた学習院山岳部員、若い二人の女性の下山するのを見送ってから、私たちの今日の予定は唐沢岳往復である。餓鬼まではまだ人が来るが、ここから唐沢へ足を伸ばす人はごく稀で、今年になって十数名だろうという小屋の主人の話だった。

八時半に軽いリュックを背負って小屋を出発、まず餓鬼岳の頂上を踏んで、次に西餓鬼岳を越え、唐沢岳へ向かう。尾根道だが、通る人が少ないので手入れはあまりよくない。倒木をまたいだり、岩をへつったりして暇はかかるが、格別難路というわけではない。天気がよく眺めがすばらしいので、昨日の辛苦など嘘のようである。

三時間ほどで唐沢岳に着いた。大きな岩の散在した清潔な頂上である。私たちはそこで弁当を拡げて一時間も休んだ。今日は秋分の日、下界は行楽の人で雑踏していることであろうが、ここ二六三二メートルの頂は五人だけの世界であった。爽やかな秋の空気がみなぎり、高い天には羊毛のような薄い雲が尾を引いていた。

唐沢岳は北アルプスの主軸線から離れているので、絶好の展望台をなしている。北には立山、剣から後立山《うしろたてやま》連峰、西には三ッ岳から鷲羽《わしば》に続く長大な尾根、南には槍、ほとんど北アルプスのすべてを眺め得たと言っても過言ではない。その大観を前にして、茂知君は新しいパイプの火入れ式を行った。

飽かぬ眺めを頂に残して帰途につく。同じ道を同じ時間かかって、小屋へ戻ったのは五時、祝福された一日はようやく崩れかけていた。それが夜に入って雨になり風が加わった。寝ようとしていると、ズ

ブ濡れになって重装備の若い二人が入ってきた。燕からやってきた登山者であった。

山の天候は変わり易い。夜半から嵐になり、小屋を揺すぶる音が物凄い。建物が古いので余計に響くのであろう。すべての羽目板が悲鳴をあげているように聞こえる。その雨風の中を昨晩の二人が出て行った。今日のうちに下山しなければ勤めに差し支えるのであろう。その点私たちはのんきな身分で、茂知君だけが社会の要職にあったが、山登りのためにはいつも幅のある自由を獲得していた。

一日嵐が吹き荒れた。食事を二回に減らして、重たい蒲団《ふとん》をかぶって寝たり起きたり駄弁ったり、電話も新聞も来客もない、完全な休みの日であった。小屋のあるじの丸山さんの話によると、彼が少年の時、ナカムラという人が小屋に十数日滞在して、毎日絵を描いていたのを記憶しているという。それならそのナカムラさんは中村清太郎氏のことであろうか。

翌朝再び輝く晴天が私たちの上にあった。山々は新雪の装いをあらたにし、小屋の付近の草紅葉も一きわ色づいたようであった。朝七時勇躍して小屋を出発する。丸山さんももう小屋を仕舞う手順に取りかかっていた。来年の夏まで小屋は完全に閉ざされる。

今日目指す燕岳の平らな長い頂が行手に見える。その上に槍の穂が鋭い。時どきうしろを振り返る。岩でゴツゴツした餓鬼、樹木で覆われた頭の丸い唐沢、なつかしい二つの峰は次第に遠ざかる。

日本には餓鬼とか鬼とかいう名前のついた山は、ほかに幾つもある。それはたいてい険悪な岩で出来た山を指すようである。この餓鬼岳はその代表者であろう。周辺には尖鋭な岩がそそり立っている。中でも剣吊りと呼ばれる岩峰群がきわ立って険しい。以前はこの稜線上の難所を通らねばならなかったが、今はその東面の樹林帯を捲く新道が出来ている。

東沢岳を通過して、東沢乗越《のつこし》へ下る。ここは中房川から高瀬川へ越える峠で、元は道があったらしいが、現在は深い笹に埋まって廃道同様にみえた。

乗越から急な登りが始まる。これがこの山旅の最後の頑張りであるぞよと自分に言い聞かせて、喘《あえ》ぎながら登って行く。ようやく樹林帯を抜け出ると、嫌なガレ場が待っていた。傾斜の急な、足場の不安定な、ザラザラ崩れる砂礫《されき》の登り、こんな所へくるとカミさんは弱い。悲しげな声をあげた。

そこを登りつめると、どうやら燕の一角に踏み入れたようであった。静寂な別天地のおもむきがそこにあった。果たして燕の本領はそのあたりから開けた。燕岳は北アルプス中でも独自の景観を持っている。それは緑のハイマツの間にニョキニョキ立っている白い岩の群れである。それは野性的な岩でなく、造化の神が長年かけて入念に手を施したようなすべすべした肌をしている。大坊主小坊主が思い思いの形で立ち並んだところは、岩の展覧会場へ入ったような気がする。写真家はしばしばここで夢幻的なオブジェの傑作を物する。

北燕岳の横を過ぎてゆるやかな上下を繰り返し、最高点の主峰へ近づくと、花崗岩の白砂を敷きつめた中に、高山植物が可憐な姿を見せ、ハイマツの緑と、地から生えたような岩群の白さとが相映じて、美しい自然の庭園を現出していた。頂上も大きな岩から成っていた。そこから燕山荘まで気持のよい散歩道でしかなかった。

私の最初の北アルプスは四十年前の燕岳であった。まだ現在のような近代的な燕山荘はなくて、昔ふうの小屋であった。四十年ぶりの御対面で、私には思いあたるおもかげはほとんど無かった。あの時は雨の中を登って、雨の中を槍へ向かったからかもしれない。山荘のバルコニーで罐ビールを飲みながら、私は感慨に耽《ふけ》った。

燕山荘から中房温泉へ下る道にも見おぼえはなかった。それは公園のような立派な道に変わっていた。途中、餓鬼・唐沢の姿をしげしげ眺め、燕岳を振り返った。その平らな長い頂に岩の白さがあざやかだった。昔は燕岳という名はなく、燕岩と言ったようである。下界から仰いで、その白い岩が燕の翻《ひるがえ》るように見えたからであるまいか。

合戦小屋をすぎると、もう眺めのない樹林帯に入った。中房温泉は紅葉見物の婦人の団体で賑わっていた。枝に提灯などさげて、この温泉にも昔のさまはなかった。私たちはバスの時間まで、宿に上がって湯に浸り、山旅の仕上げのビールを飲んだ。窓の外の流れに紅葉の葉が浮いている。新雪の山から降りてきた峡《かい》の湯は、ようやく秋たけなわになろうとしていた。

34 有明山（2268m）

わが国で昔から名山と呼ばれたものは、街道筋からよく目につく形のいい山であった。形がいいというのは、まだデフォルメを美として認めない頃であったから、もっぱら富士型の端正さが択ばれた。日本アルプスの山々が、若干の峰を除いては、名山のリストに載らなかったのは、僻遠《へきえん》の地にあるのと、その姿が常識的でなかったからであろう。その択ばれた若干の中に有明山があった。

現代では、有明山と言っても知らぬ人が多いかもしれぬ。知っていてもさして注意もしない人が大部分である。燕《つばくろ》から槍への縦走がアルプス銀座と呼ばれるほど混雑するのに、その燕の麓まで行く途中嫌でも目につく有明山に、重要性をおく人はほとんどないようである。彼等の眼は、もっと奥へ、もっと高い方へ、と惹《ひ》かれている。有明山は旧時代の名山としておき去りにされた形である。

昔の人は、そんな不確かな奥の高い山よりも、すぐ眼の前にある形のいい有明山を信濃富士と呼んで尊重した。北アルプスがまだ terra incognita であった頃、有明山はすでに、

信濃なる有明山を右手に見て
　心細野の道をこそ行け
　　　　　　　　　　西行法師
われもまた有明山の月影に

細野の道の末はまよはじ　遊行上人

などとうたわれる名山となっていた。

旧記によれば、この山の開かれたのは大同二年（八〇七年）天鈿女命《あめのうずめのみこと》の垂迹《すいじゃく》の地として戸放大権現を祀ったという。天ノ岩戸に隠れた天照大神《あまてらすおおみかみ》を引き出すため、鈿女命がおかしい踊りをおどり、手力《たぢから》雄命《おのみこと》が岩屋の戸を取って投げた、その戸がここに落ちたという伝説から、この山を一名戸放岳とも呼んだ。

旧記というのは「有明開山略記」で、私はそれを熊原政男氏著『登山の夜明け』の中に収められているのを読んだ。それによると、この霊山に登る人の絶えて久しく無いのを嘆いて、享保六年（一七二一年）七月八日、修験者有快とその末弟の二人が、村民を混じえて総勢十七名、山麓の板取村を発って、道なき道を掻きわけながら頂上に達した。その夜は頂上で過ごし翌朝下山した。

その紀行に「初道ヲ開ク」とあるから、その時に

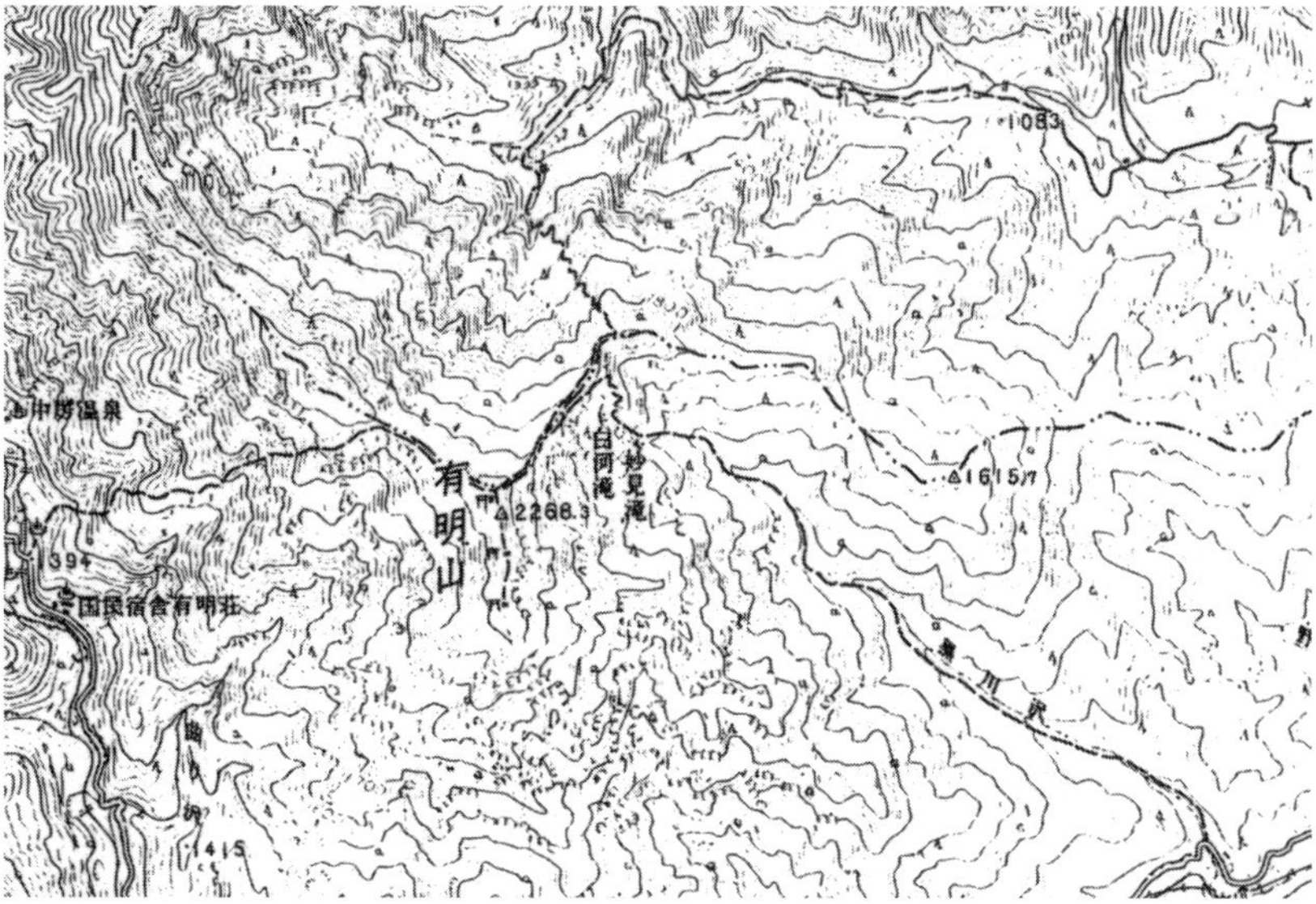

登山路がつけられたのであろう。そしてその後山頂には小祠が建てられ、夏期になると遠近の人々の登拝が絶えなかったという。

この風習は明治まではまだ続いていたらしい。その証拠に、日本アルプスの父と呼ばれるウェストン師が、大正元年（一九一二年）八月十四日にこの山へ登っている。彼も有明山が古来の名山であることを聞き及んだのであろう。

ウェストンといえば人々は直ちに『日本アルプス登山と探検』を思い出すが、その後（一九一八年）やはり日本の山のことをおもに書いた『極東の遊歩場』（The Playground of the Far East）の出ていることを知っている人は少ない。翻訳のないせいもあろう。この本の中にウェストンの有明山登山のことが載っている。

彼は燕岳と有明山に登るつもりで中房温泉へ来た。妙義山で雇った強力《ごうりき》の根本清造を伴《つ》れていた。有明登山の一行は、ウェストン、清造、温泉の主人、それにたまたま中房へ来ていたジャーナリストと画家と写真家の三人が加わった。

その時の画家が、現在木曽に元気に暮らしておられる石田吟松氏であることが分かったのは、つい数年前のことである。石田さんはその登山の折の写生帳を保存されていた。それによると頂上にはちゃんとした神社があり、その脇の岩の上にウェストン等が休んでいるところが描かれている。石田さんの話では、ウェストンは立派ななりの紳士で、登る時には「六根清浄《ろっこんしょうじょう》」を唱えて歩いたという。

ウェストンの本では、森林に覆われた山道を登ること三時間弱で頂上に着くと、そこはすばらしい視野を持った展望台であることが記されている。

上記のように、有明山は北アルプスでは最も早く開けた山であったのに、今は時勢に取り残されて、

ガイドブックの類さえその存在を無視しているふうである。現在その道がひどく荒廃していると聞いている。この山を里から眺める位置としては、真東の高瀬川のほとりから見た形が一番よく、頂は三つにわかれ、そこから左右に引いた線が美しい。信濃富士という名称もなるほどとうなずける。

35 御池山と地蔵峠（1905m）

一九六七年十二月三十一日の午後、青・壮・老より成る私たち一行九人は、長野県下伊那郡上《かみ》村の中心上町《かみまち》のはずれの橋のたもとでバスをおりて、すぐ傍にある中学校の裏手から坂道を登り始めた。いきなりこんな地名を持ち出しても、一般の人々には見当がつかないかもしれない。南アルプスの遠山郷と言ったら幾らか通じようか。もちろん他に登山者はいない。正月の一日、二日、私たちの山歩きにただの一人にも出あわなかった。

しかし今私たちと前後して、若い男女の一団が登って行く。これは登山ではなく帰郷である。けさ東京をたって豊橋まで、それから飯田線に乗り換えて平岡まで、それからバスで上町の学校前まで、それらの車の中でも帰郷者でいっぱいだった。彼等は過密地帯から過疎地帯へ散って行く途中であった。青年はリュウとした背広を着け、乙女はミニ・スカートの派手な服である。中には美智子さんのような帽子をかぶっている者もいた。彼等は都会で勤労して、新しく美しい衣裳を購《あがな》い、老いた父母の守る田園の家へ帰って行くさまに見えた。故郷を持つ者は幸いなるかな。年末年始の阿鼻叫喚《あびきょうかん》的な交通機関の混雑もなつかしいわが家へ急ぐ彼等にとっては何物でもない。

心臓から流れ出た血が身体の隅々にまで及ぶように、彼等は日本の末端まで散って行く。いま私たちの目ざす山村も、その末端と言っていいだろう。遠山川の上流、その流れをはるか下に見おろして、急斜面の山腹にある下栗《しもぐり》という部落である。まだ車は通わないから、バス停から五百メートルの坂を登らねばならない。途中まで新しい車道が出来ていて、その終わりで帰郷の若い乙女はハイ・ヒールを運動靴に穿《は》きかえた。

　昔を言うのは老年の悪い癖だが、三十余年前私は南アルプスへ登るため下栗へ行ったことがある。その時は粗末な山道で、急な尾根を越えて村へ出た。今度は尾根越えの代わりに山腹を巻く迂回路が出来ていた。道はよくなったが、倦き倦きするほど長かった。

　昔の記憶は茫としているが、その時泊まった家のそばに共同井戸のあったことを覚えている。板の間に茣蓙《ござ》を敷いて蚤取粉を撒《ま》き散らして寝たことを覚えている。時勢は変わった。井戸があったから昔と同じ所かもしれないが、ちゃんとした宿屋になって、電気用品もテレビもそなわっていた。

　ほかに客はいなかったから私たちは家族用の大きな炬燵《こたつ》を独占して大晦日の夜を過ごした。お銚子が

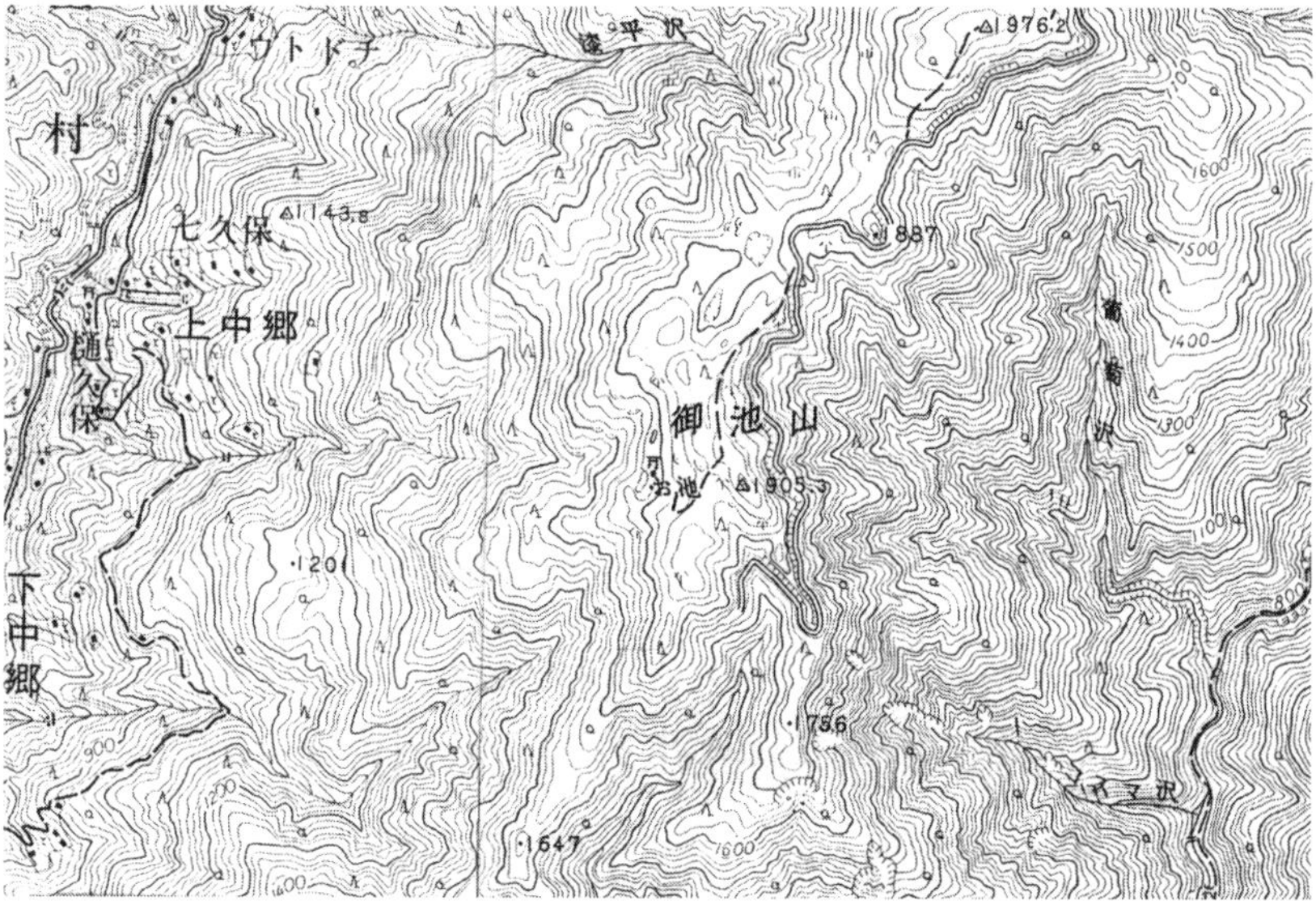

御池山と地蔵峠　▲時又（左）と赤石岳（右）

次々と空になったことは言うまでもない。二階の寝床に引き上げて一眠りしたあとでも、まだ下の炬燵から飲んべえたちの高い話声と歌が聞こえた。

一九六八年の元朝七時半、私たちは宿を出た。目標は御池《おいけ》山、一九〇五メートルである。こんな山の名を言っても、知らない人が多いだろう。地図には道もついていない。村の背後の斜面をてっぺんまで上ると小学校がある。そこから細々した山道が通じている。雪が敷いているが道を隠すほどではない。

途中の炭焼山（一五五四メートル）へ着いたのは十時。やや長い休憩を取る。そこから少し下って、いよいよ御池山にさしかかる。曇天で陽はささず、寒いには寒いが、登りになると薄い汗をかく。だんだん雪が深くなる。樹林の山腹をトラヴァースすると、急な坂になった。一つのコブを越える。

そのあたりから私は辛くなってきた。前面に広い雪の斜面が見える。ようやくそこへ取りつくと、雪の下は芒《すすき》の原で、膝までもぐり、歩くのに大苦労した。

私はいよいよ辛い。斜面の上に出て、頂上がまだはるか彼方《かなた》にあるのを見た時、私は消え入る思いであった。一人だったらここまで来ないうちに引返してしまっただろう。こんな時ほど仲間のいるのを恨めしく思うことはない。

もう道はなかった。一行の中の若い三人が深い雪をラッセルしてくれたので、その雪のツボに一歩ずつ足を入れながら喘《あえ》ぎつつ登って行く。まことに苦しい。私と同年配が他にもいて、それらが弱音をふかないかと待っているのに、いっこうその気ぶりを見せない。ことに私より七つも上の不二さんが元気に登って行くのを見ては、どうして私が降参出来よう。山登りは痩せ我慢である。法悦は痩せ我慢の末に来る。

もう私の限界が来たと思いつつ、小高い岩を攀《よ》じ登ると、その上が頂上だった。全員が揃って立てな

いほど狭い頂上だった。吉例によって罐ビールの乾杯、私も息を吹きかえした。

　頂上の寒気は格別だった。ちょっと外した間にも手袋が凍ってしまうほどきびしかった。期待した南アルプスの大観は曇天のため得られなかったが、一月一日の雪の頂を獲得したことで、私は大満足であった。

　途中の休みを繰り返しながら、先頭より一時間もおくれて宿へ帰り着いたのは、もう夕方だった。透徹した赤い夕陽が明日の晴天を予約しているようであった。

　果たして翌朝は雲一片ない快晴、友の声に急がされて表へ出ると、遠山川の谷の奥に、それこそ一と目千両の荘厳な景色が待っていた。中央に大きく高くそびえているピラミッドは聖岳、その左には兎岳、右は上河内岳に続いている。いずれも雪をかぶって、折しも差してきた朝日に頭を染めている。日は頭から次第に山腹におりてくる。すると今まで眠っていた山襞《やまひだ》が生きづいてきて、その一つ一つが蔭をおびてくる具合が、何とも言えず美しい。

私たちの宿もすっかり朝の日を浴びていた。しかし千メートルの高さだから、空気はつめたく、地は凍みつき、寒さで頬が痛かった。それでも私たちは立ち尽くして山を見ることに倦きなかった。

八時すぎ、凍った靴に足を入れるのに苦労して宿を出た。下栗ほど美しい平和な山村を私はほかに知らない。ほとんど平地がないから、家々は急斜面のあちこちに散らばっている。南に向いて日あたりのいい斜面は麦畑になって、もう青い芽が一、二寸伸びていた。ところどころに茶畑があり、森がまじっている。その絵のような道を行きながら、私たちはたびたび振り返って聖岳に目を楽しませることを忘れなかった。

十時までに上町へ下った。そこは秋葉街道に沿っていて、いかにも昔の宿場らしいおもかげが、狭い道筋やその両側の古い軒並みに残っていた。それでもお正月である。都会ふうな若い娘たちの晴れ着姿が目立った。

上町からすいたバスに乗って、川かみの終点、程野まで行く。そこから地蔵峠への道が通じている。村のささやかな食品店で罐ビールを買ったついでに道の様子を訊くと、

「二、三日前、山仕（山仕事をする人）が越えてきたから、道は踏んでありますよ」

「雪は深いかね」

「ツボアシでしょう」

ツボアシとは壺足のことだろうか。つまり一歩一歩雪の中に、前に歩いた人の足跡に足をつっこみながら歩いて行くことだろうか。

程野から爪先あがりに四キロほどは広い道がついていたが、地図に日影岩と記してある二、三軒の家

のある所を過ぎると、とたんに細々とした道になった。それから先はだいたい川に沿って登るが、山の腹をからんだり、川原におりたりする。ダムを一つ越すと雪はだんだん深くなった。なるほどツボアシである。山仕の通った足跡がなかったら道はわからなかったかもしれない。さすがに寒い。日蔭を歩いていて日あたりの所へ出るとホッとする。雪がそこだけ消えている日あたりのいい斜面で一休みした。大きなフジアザミの株が、花をつけた形のままで枯れきっていた。

　沢を離れて、急な雪の斜面をジグザグで二曲がりか三曲がり登ると、不意に地蔵峠の上に出た。いい峠だなあ、という声がいっせいに皆の口から出た。いかにも昔の人が、こちらの谷から向こうの谷へ越すために、最低鞍部を探しあてたといった感じである。せまい峠の上の五、六本の立木の下に地蔵尊が安置されて、赤い胸かけをつけている。その前に水を入れた茶椀や花が供えてある。同行のM君の話によると、むかし何とかいう親王がここを越えて行かれたそうである。

　私たちは新しくひらけた山の眺めをたのしみながら、三十分ほどそこにいて弁当を食べてから、また深い雪の中を反対側の谷へ下って行った。

36　笊ヶ岳（2629m）

茂知《もち》君から電話。山行きの話にきまっている。そこで受話器を取ると、すぐ私は言った。

「こんどは少し辛い所へ行ってみない？　僕たちの力の限界でね。笊《ざる》ヶ岳はどうだろう。寝袋やラジュウスを持って。もちろんポーターを連れて」

「大賛成」

茂知君は一も二もなく承知した。忙しい銀行支店長の机の上で、のんきな山行の相談に乗っている彼のニコニコした顔が、眼に見えるようであった。さっそく詳しいことをしらべておこう、という彼の返事を得て、電話を切った。

笊ヶ岳は久しく私の憧れていた山だった。南アルプスの白峰山脈が白河内・黒河内岳を最後に、高度を下げてずっと南に延びたところ、もう一度勢いをふき返したように盛り上がったのが笊ヶ岳である。標高は二六二九メートル。山の高さなどに無関心な読者のために付け加えて言えば、日本には、アルプスと八ヶ岳と白山を除けば、二千六百メートル以上の山はどこを探してもない。その意味で二千六百という数字は尊重されていい。

この笊ヶ岳を今まで私は方々の山から望んでいたが、一番印象的だったのは、数年前の三月、安倍川源頭の八紘《はっこう》嶺の雪の山頂から、西北の空に眺めた時だった。そのバックをなす南アルプス三千メートル級が遠く霞んでいたので、ひとり目前の笊ヶ岳がヒーローのようにあたりを払っていた。そのスッキリした形もよかった。屹《きつ》とそそり立った真っ白な峰頭が、胸の透くような稜線を左右におろしていた。それ以来、笊ヶ岳は私の未登峰登山予定表の中で重きを占めた。

それほど私には大事な山であったが、案外世に知られていない。山の好きな人に出あって笊の話を持ちだしても、へえ、どこにそんな山があるんですか、という顔をする人が多かった。名前は知っていても、登ったことのある人はごくわずかだった。

数日後、また茂知君からの電話で、彼が地元へ問い合わせた回答によれば、麓の保《ほう》村から二股小屋までの道は、昨年の二度の台風で非常に荒れてしまった、しかし行けぬことはないという。二股から上は相当の積雪があるだろうが、小屋から一日で頂上への往復が出来そうだ。それから持って行くものの打合わせをした。ピッケル、アイゼン、輪カンジキは必需品、それに寝袋、食糧、ラジュウス、何しろ厳

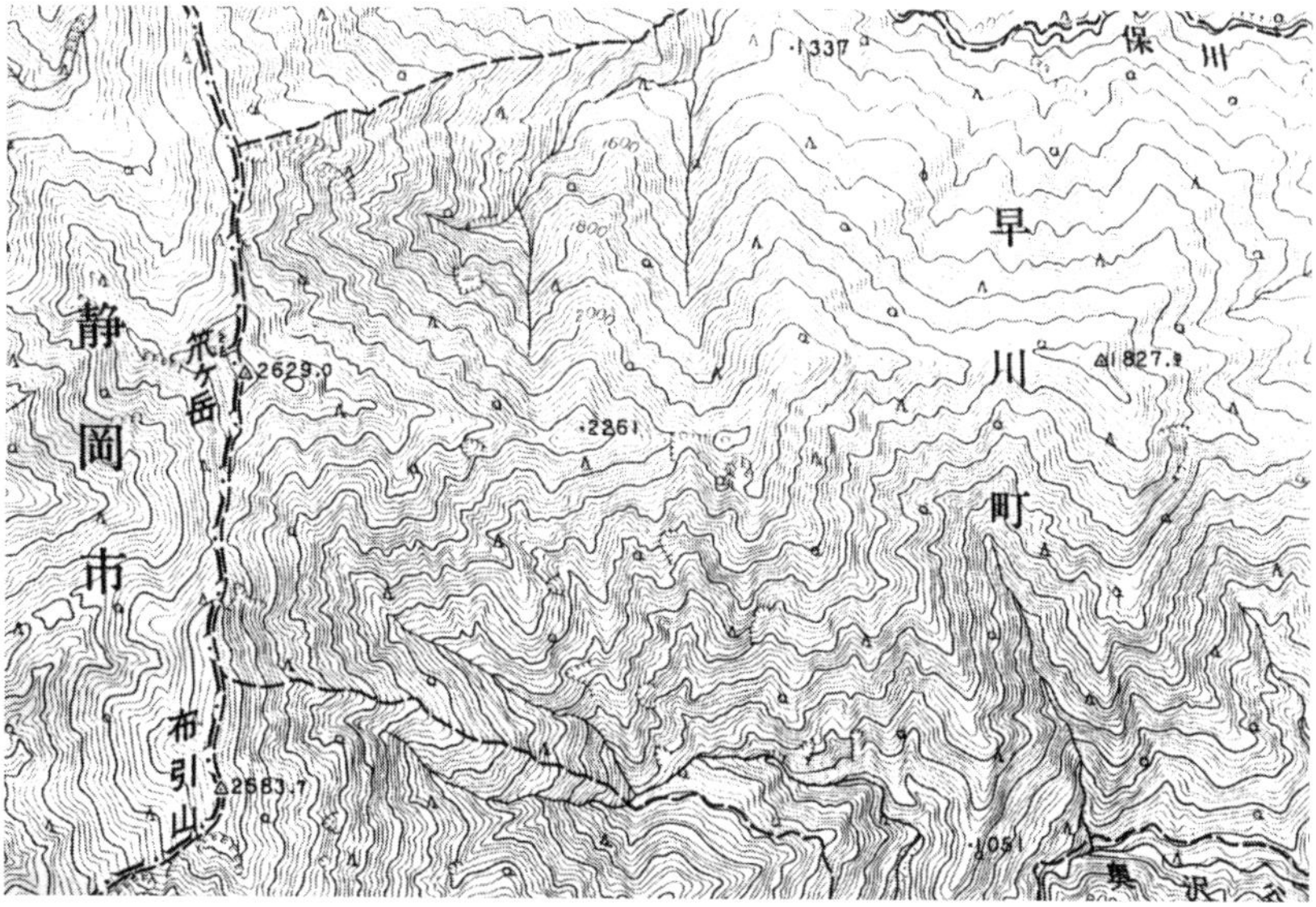

 笊ヶ岳　▲身延(西は「赤石岳」)

冬期のことだ、どうせポーターを雇うんだから防寒着は十分用意して行こうということになった。

一九六〇年一月二十二日金曜の朝、二人は新宿駅八時十分発の準急「穂高」の中で落ち合った。一つのリュックに収まり切らず、別にもう一つ小リュックを私は持って行ったが、茂知君も同様、いつものキスリングのほかに大きな包みを携えていた。窓際に向かいあって、席を占めると、すぐ山の話になる。いい天気だ。まず天候に心配はない。これも私たちが笊を選んだ理由の一つだが、この山の頂上から太平洋が見えるだろうから、表日本の山と言っていいだろう。表日本の冬は大たい晴天続きである。

笹子トンネルを抜け、勝沼から甲府盆地に駆け下りる汽車の窓から、遥《はる》か真西の空を区切る南アルプスの大観は、いつも昼の中央線で信州の山へ向かう時のすばらしい序曲。白峰三山から鳳凰、駒ヶ岳に連なる精鋭たちだが、澄み渡った冬の空に浮かんだ雪嶺の、一番見ごたえのある時期である。

甲府で身延線に乗り換える。登山者にはあまり縁のないこのローカル線も、山の眺めにはすぐれている。北には私の宿題の一つである茅《かや》ヶ岳。その左うしろに八ヶ岳の新鮮な雪の峰々。西には厖大な間《あい》ノ岳が前山のひまに輝いている。

身延駅で下車。日蓮宗大本山へ参詣の団体客で賑わう駅頭で一時間ほど待って、奈良田行のバスに乗る。このバスは富士川の支流早川に沿って山深くまで通じている。学生時代私が初めて南アルプスへ入った時は、早川の谷は全くの辺境であった。山奥の奈良田まで車が通おうとは、どうして想像出来ただろう。日本の山地に辺境を無くしたのは、水力発電会社である。事業家の眼には、山奥のどんな美しい渓流も、黄金の水に映るらしい。

一時間半ほどバスに揺られて、保村で下りた時は午後三時になっていた。停留所のすぐ脇の宿屋に入る。パーマネント屋兼業で、その店とガラス戸で仕切られた室に通されて、こたつで寛《くつろ》いでいると、そこへチョビひげを生やした小男が入ってきた。大へん失礼な紹介の仕方だが、その人が二股小屋の持主であり、茂知君が問合わせの手紙を出した平山新吉さんであった。

保から登って二股小屋を使用するには、平山さんに会って許可を得ねばならぬが、人々はまずその雄弁（というよりはむしろ怪弁）にちょっと度肝《どぎも》を抜かれるだろう。しかしその長広舌を聞いているうちに、この人はウルサイ口ほどでもない好人物であることが分かってくるだろう。保村のアウトサイダーであるらしい平山さんは、語るに足る友を久しぶりで見つけたかのように、私たち二人を前にして、彼の計画や抱負や、はては社会・政治問題にまで話を拡げて倦《あ》きることがなかった。

翌朝は快晴、七時に宿を出て、村端れの小高い所にある平山さんの住居へ行った。正しく書けば、平山さんが住職をしている宝乗寺へ行った、とすべきかもしれない。ところが平山さんには全く坊主らしい気配がなく、宝乗寺には寺らしい様子がない。この偽似住職はこの偽似寺に、これも一と目で絶対の好人物とわかる耳の遠いオババと二人で住んでいる。平山老（といっても私より二つ年上でしかない）とオババの一対は、貧乏を物ともせず、その風変わりな生活に自足している風に見えた。オババは待ち兼ねたように、私たちに黒色の液体を注《つ》いだ茶碗を出した。老の説によれば、これはオババの発明になる効験あらたかな強壮剤だそうで、シャクナゲの葉を煎じた汁の底に黒豆が一つ入っている。飲みやすいように砂糖で甘くしてあった。

昨夜頼んでおいたポーターが風邪で来られなくなったので、その代わりを探し出すために、私たちは日あたりのいい寺の前庭で一時間ほど待たねばならなかった。村のすぐ背後は、かなり急峻な斜面の畑が展がっていて、二、三寸ほど伸びた麦が青々としていた。少し離れた丘の上に、こちらの寺と対照するように、甍《いらか》をそなえた別の寺が立っている。しかし平山老の言によれば、この村は毎朝五時、彼が打ち鳴らす太鼓によって眼覚めるのだそうである。南の真正面には大きな壁のように七面山が立ち塞《ふさ》がっていた。

やっと代わりのポーターが来たので、平山さんも入れて私たち四人は八時に出発した。寺のうしろの小さな尾根を越えると、保川のへりに出る。道はこれからずっとその谷川に沿って行く。

道は昨年の七号と十五号と二つの台風のためにさんざん荒らされているとは聞いていたが、その惨状は想像以上だった。小沢《おざわ》という沢を横切る時、その橋が落ちていたのが序の口だった。隧道《ずいどう》を潜り抜けて展望台と称する所へ着く。ここから遥か谷の源頭の方向に、突兀《とっこつ》と立った円頂が初めて見えた。これは笊ヶ岳の前峰で、小笊あるいは保《ほう》ノ笊と呼ばれている。

谷はそれから先が悪くなった。災害前には左岸の崖を捲いてついていた道が、今は寸断されている。桟道の橋という橋はことごとく落ちてしまったので、そのたび河原へ降りて石の上を拾って歩かねばならない。靴を濡らすのが嫌で、出来るだけ徒渉は避けていたが、とうとうハダシになって冷たい水を一度だけ渡らねばならなかった。

三段ネジリノ滝というのは、短い滝が三本捩《ねじ》るよう連続して落ちていたが、その滝を越すには、左岸の崩れ易いガレにピッケルで足場を作って渡った。茂知君が先に立って壊れた道を探しあてながら、岩を攀じ登ったりズリ下がったりして進んで行く。厄介なのはその岩が薄い氷で覆われている個所で、そんな所では靴底のビブラムも役に立たない。冬の真ん中のこととて、岩からの水滴は氷柱《つらら》の林になってブラ下がっている。

私たち二人は何とかそんな道を択《よ》って行ったが、重荷を負ったあとの二人は、そんな危険な岩伝いは御免だと言って、冷たいが安全な、谷川をジャブジャブ渡る方式を取った。丈の低い平山さんは腿《もも》のあたりまで濡れて、凍てついて固くなったズボンには白い氷の粉がふいている。

千丁淵の上の滝を越えて、渋沢に着いたのは十二時頃。道のよかった時にはここまで二時間だそうだが、私たちはその倍もかかった。渋沢から高捲きの坂を登って山ノ神に出た。ちょっとした平地で祠《ほこら》がある。もとここに金鉱採掘の小屋があったのを、平山老が上流の二股へ移したのだそうだ。甲州の金《きん》はこの保川の谷がおもな産地で、信玄の時代から掘ったという。その金鉱に平山さんは大金を出資したが、相棒の若僧の大馬鹿野郎にまんまと持ち逃げされて、今はこんな貧乏をしていると老は嘆いた。

山ノ神を過ぎてからも相変わらず悪路が続き、とうとう途中でポーターが戻ると言いだした。いくらなだめすかしても聞かない。仕方なし日当を与えて帰した。それから小一時間ほどでやっと二股の小屋に着いたのは三時半、二里くらいの道のりに七時間もかかった。

小屋は地図（身延）の二股より少し手前で、右手から無名の沢が入ってくる、その沢を渡った所にあった。十人も入ればいっぱいになりそうな小さな小屋だが、ともかく今夜の泊まり場についてホッと一息ついた。茂知君と平山さんはさっきポーターの残して行った荷を取りに行き、私は小屋に残って焚火を起こした。火はすぐ燃えついた。

二人が戻って来た時には、もう谷間は薄暗くなって、チラチラ風花が舞っていた。夕食の準備。焚火に飯盒《はんごう》をかけ、ラジュウスで味噌汁を沸かす。

アセチレン・ガスの下で、アペリティフのウイスキー、晩餐、食後のココア。すっかり打ち解けて、平山老はいつの間にかトウチャンと呼ばれるようになった。話好きのトウチャンは口の絶え間がない。いろいろのことをよく知っており、いろいろの境遇を経てきたらしく、その多種多様の経験談から察するに、いつもアイデアはいいのだが、いざ実行にかかるとドジばかり踏む種族に属するように思われた。

雪を踏んで外に出ると、空は粉をふいたような銀砂子で、ちょうどオリオン座が谷の上にかかっていた。その三つ星の下の小三つ星は、近頃の濁った東京の夜空では見られないが、ここでは中央の星雲もハッキリ認められ、桝形《ますがた》星の名を得ている形も鮮やかであった。

私たちが寝袋に収まっても、トウチャンの話が追いかけてくる。寝ながら、トタンの一枚はがれた屋根の空間から星が見える。親切なトウチャンはずっと起きていて火を焚いてくれた。

翌朝暗いうちにトウチャンに起こされる。もう朝食の用意が出来ていた。少し薄明るくなるのを待って、六時半に小屋を発つ。トウチャンは二股まで送ってくれた。二股の右の沢は黒棚《くろだな》、左の沢は本棚《ほんだな》と呼ばれているが、道はその中間の尾根に通じている。坂は急で、初めジグザグ道がおぼろに認められたが、やがて雪の下に消されてしまった。ずっと森林の中を登って行く。

登るに従って雪は深くなってきた。時々倒木があって跨《また》いだり潜ったりする。十歳の年の違いが現れて、先頭の茂知君におくれずついて行くのは骨が折れた。途中でアイゼンをつける。

富士見小屋に着くまでに四時間もかかった。一坪くらいの掘立小屋で、屋根も周囲も剝《は》がれた哀れな体である。しかしここから振り返った富士山はすばらしかった。全く富士という奴は、他の山々との均衡を破って図抜けて大きい。二人はその図抜けぶりを賞しながら、弁当のサンドイッチを食い、テレモスのココアを飲み、元気をつけて、また登りにかかる。

雪が深いのでワカンを穿《は》いた。が、粉雪のため、もぐることは同じでいっこうその効き目がない。時々私もラッセルを交替して先に立ったが、その辛さが身にこたえた。深いところは腰のへんまで雪にもぐり、しかも急坂続きなので、両手で雪につかまりながら登るような恰好になる。森林の切れ目から、笊から北へ続く山が見えた。これは生木割《なまきわり》山と名づけられているが、偃松尾《はいまつお》と呼ぶのが正当だそうだ。堂々とした山である。そんな眺めのある所へ出ると、それを口実に一休み出来るのが嬉しい。

道はずっと尾根筋を登っている。森林の中だから気を紛らす眺望もなく、ただ一歩一歩、雪から足を引き抜き、次の足を雪に踏み入れる、単調な、息の切れる運動を繰り返すだけである。木はオオシラビソかトウヒだろう。遠くから見た時山は黒かったから、雪は少なかろうと思ったのは大間違いで、木の下にはドッサリ積もっていたのだ。

動いている時はあたたかいが、しばらく休んでいると寒さが身に沁《し》みてくる。茂知君は足の指が凍傷気味だと言う。私はヒマラヤで使った特別製の靴を穿いていたのでその方は大丈夫だが、ワカンの紐を忘れて不便したのは大失策だった。

ようやく眼界が展けて、深い谷を距《へだ》てた向こうに笊の頂上が見える地点へ達した。まだだいぶある。時刻は二時半、この進行状態では頂上まで行けそうもない。行けるにしてもこの深雪では三時間近くもかかるだろう。そして帰りは暗くなるだろう。登山の英雄主義者であるためには、私たちはもうあまり苦しい目にあいたくない年になっていた。

「このへんで引返そうか」

茂知君の提言に、もちろん私は不服がなかった。慎重な退却なんて偉そうなものではない。「もう帰ろうや」の一致にすぎない。笊と小笊の二つの峰を持った頂上あたりには、よほど烈しい西風が吹いているとみえて、煙のように粉雪が帯になってなびいていた。それを見納めに私たちは下りにかかった。

帰りは早かったが、私たちの足取りが何となく調子づかなかったのは、やはり頂上を逃した残念が心にあったからだろう。小屋に戻ったのは暮れがただった。留守番のトウチャンは豪勢な焚火をして待っていた。太い薪をそばに山のように積んで、

「今夜は寒い目にあわせませんよ」と誓った。

ところがその夜の寒さといったらなかった。隙間だらけの小屋だから、いくら火を焚いても外から侵入する寒さに対抗出来ないのは当然だが、その夜の凍ては特別だった。寝袋の中にからだを縮こめて一夜をあかした。

あとで知ったが、保村では零下九度だったそうだ。新聞には、二十年ぶりに日本全土を襲った寒気で、東京では零下五度六分まで下がったと出ていた。私たちは択りに択って一年の一番寒い晩を、通風のいい山小屋であかしたわけになる。寝袋を持たないトウチャンは焚火のすぐ脇で横になっていたが、彼を寒気から守ったのは火だけではなかったことは、翌朝ウイスキーの瓶がすっかり空になっていることでわかった。


その寒さの代償は、翌朝の底抜けの晴天だった。今日は下るだけだ。ゆっくり寒さの緩むのを待って、八時五十分小屋を後にした。ポーターがいないので、その分担が私たちの肩にかかった。この重荷で、いくらかアクロバットじみた、帰途の岩の攀じ上り攀じ下りをしなければならないかと思うと、少なからず憂鬱であった。誰かポーターが迎えに来るように一昨日言いつけておいたし、私たちはそれを信じていたが、全保村を軽蔑しているトウチャンは、そんな殊勝な者はいないと言う。しかしこの賭けはトウチャンの負けだった。一時間ほど下った時、向こうからひょっこり男が現れた。私たちを迎えにきた保の望月正一君だった。日本山岳会長の日高信六郎さんが三年前の秋の末、この正一君を連れて笊ヶ岳

に登られた。日高さんの保証付きのポーターである。保証に違《たが》わず、彼は無口ではあるが始終先頭に立って、通行の邪魔になる枝を伐り払ったり、渡渉の時には流木で橋をかけたり、よく気のつく、有能な若者だった。行きしなには登りばかりに気を取られていたが、今度はもっと余裕をもって、この谷を眺めることが出来た。滝と巨岩の連続である保川は、切り立った岩壁や、深く見下ろす瀬や、さまざま変化のある風景を宿して、美しい谷の一つに挙げられよう。昨夜からの寒気で、先日よりいっそう氷化して、谷全体、白い化粧をほどこしていた。陽のあたる所には、長大な氷柱群がキラキラ輝いて、水晶殿のように美しい。

山ノ神で小休憩して昼食。ここからも富士山が鮮やかに望まれたが、もう富士山には食傷しているので感動はない。

三段ネジリノ滝の横のガレをトラヴァースしようとした途端、無警告にバラバラ落石が降ってきた。とっさにかたわらの岩にへばりついて、頭上に石つぶてをやり過ごす。氷がゆるんで、今までそれに縛られていた石が落ちてきたのである。滝はすっかり氷結して、氷の大理石の上を水が落ちていた。私たちは滝の下までおりて、真冬でしか得られないそんな珍しい眺めに見入った。

帰途は早かろうと思ったのに、やはり悪路に暇どって、休憩も入れて六時間近くかかった。小さな尾根を越えると、保村の傾斜畑のあたたかそうな麦の緑が眼に沁みた。宝乗寺に近づくと、トウチャンは大声で、

「バアチャン、……ババア……ツンボ！」

だんだんゾンザイになったのは、それだけ親しみがこもってきたのだろう。

オババが強壮剤の液体で私たちを迎えてくれたことは言うまでもあるまい。

親切なトウチャンは、保から近い大金山鉱業所に連絡して、私たちのために入浴の準備を整えさせてあった。熱い湯に浸って、寒さでちぢかんだ皮膚を伸ばし、いい気持で上がると、鉱業所主の花屋さんが熱燗を用意して待っておられた。笊ヶ岳登山路は、鉱業所のある大金山から稜線伝いに通じるべきである、というのが花屋さんの強力な意見であった。

私たちは夕方のバスに乗った。早川に沿って下って行くうちに、ふとうしろの窓から、夕空に小笊の頭がスックと立っているのが見えた。いい形だった。

「やはり立派だね」

そう言い交わした私たち二人の共通の願いは、むろんもう一度笊ヶ岳へやってくることに相違なかった。

身延へ、それから甲府へと引返し、甲府で辛うじて最終の新宿行に間にあった。

37 七面山（1989m）

旅の好きな人は誰でも、いつも胸中に旅行のプランを幾つか持っているに違いない。旅と言えば、特別の用でもない限り、僕にはいつも山登りのことである。温泉めぐりとか名所遊覧とかが目的の旅をほとんどしたことがない。そんな暇と費用とがあったら、一つでも多く山へ行きたいのである。年老いて体力が利かなくなるまでに、僕は日本の著名な山をあらかた登り尽くす念願でいる。したがって僕の胸中にはいつも登山のレパートリーが用意されている。なるべく今のうちに困難な山に登っておいて、老後には易しい山を残したい。そういう方針でいるのだが、芝居や音楽の上演予定表にも思わぬ番組替えがあるように、僕の登山レパートリーも、その時の事情によって、変わることがある。これから述べようとする七面山登山なども、さしずめ僕の胸中の予定には入っていなかったのだが、ふと思いついて登ってみる気になったのである。

七面山という名はあまり人の耳に慣れていないかもしれぬが、身延《みのぶ》山と言えば知らぬ人はないだろう。日蓮宗の大本山のある所だからである。七面山はその身延山のさらに奥にある高山で、身延に参拝しただけではまだその信仰心の満足させられない篤志家は、さらに進んでこの七面山に登るのである。もっとも僕にはそんな宗教心があったわけではない。信仰の山としてよりも、純粋な登山の対象としてこの山を選んだのである。その頂上から眺めた富士山や南アルプスの大観が、まず僕の空想をそそった。それから都合によっては、頂上からさらに南へ山を伝って、安倍《あべ》川上流の梅ヶ島温泉へ出てみよう、と計画したのであった。

七夕さんというより、むしろその頃（昭和十七年）の世間の空気では日華事変記念日としての方が、強く印象されていた七月七日のことであった。今もなお思い出される酷しい暑熱は、すでに朝からのムッとしたその日の温気《うんき》が予告していた。鎌倉を出て大船で下りの東海道線に乗る。山へ行くのに東海道線を走って行くのは、何だか方向違いのような気がしたが、富士駅で降りて、富士身延鉄道の電車に乗り換え、富士大宮を過ぎ、富士川の流れに沿うようになると、（富士という名称の何たる氾濫！）始めて山へ来たという気持が湧いてくる。

電車はずっと富士川の左岸を行くが、この富士川の川幅は全く広い。真っ白な川原が初夏の強い陽差しに照りかえっている。暑さはすでに車中から始まっていた。上着を脱ぎ、ワイシャツを脱ぎ、薄いクレープ一枚になっているのだが、それでも暑い。いったい暑さ寒さというものは、その極盛期よりも、まだ身体がその温度に慣れない初期の方に強く感じられるものだが、今日の暑さは、そういう感覚的な暑さではなく、寒暖計の目盛が示す絶対の暑さであった。

身延駅で下車すると、そこから一キロばかりの身延の町までバスがある。総本山を控えて、旅館や土産物店などの並んだ一筋町である。そこを通り抜けると鬱蒼《うつそう》とした杉の巨木が生い立っていて、立派な山門がある。その山門を潜ると、見上げるような高い石段になる。二百八十何段とかあるそうで、高さも高いが、その急勾配は、上に立つと、臆病な人にはちょっと眼がまいそうである。そういう人たちのために、別に石段の脇の杉林の中を電光形に登る道がついている。

その急坂を登り切った所に、広い前庭を持った日蓮宗総本山久遠《くおん》寺の建物が金色燦然と（そういう印象を受けるのである）立っている。第一の目的が参拝ではない登山家は、幾らか軽蔑的な眼ざしをそれらの壮麗な建物に与えただけで、すぐ暑さを凌ぐために前庭にあった参詣人休憩所に入った。そこに具えてあった腰掛で弁当を開くと、お菜の中の卵焼きはもう怪しい匂いを発しかけていた。

正午の境内は真夏のようにシンと静まりかえっていて、参拝人の姿もあまり見えない。この暑さでは動くのも大儀になって、僕は腰掛の上に横になっていた。周囲の壁には、宗祖御一代記といった風な、俗悪な額がかけ並べてある。いずれもいわゆる善男善女向きの低級な絵ばかりで、およそ近代精神の知性に訴えるといったようなものは、つゆほどもない。

日蓮は僕の好きな人物の一人で、中学生の時図書館へ通ってその伝記を読んだこともあった。おそらく日蓮につづく、日の字の付いたその後の坊さんにも傑物が多かったに相違あるまい。そういう傑出した精神を思うにつけ、こういう低劣な絵を平気で懸けておく現代の僧侶およびその雰囲気に、軽蔑を感

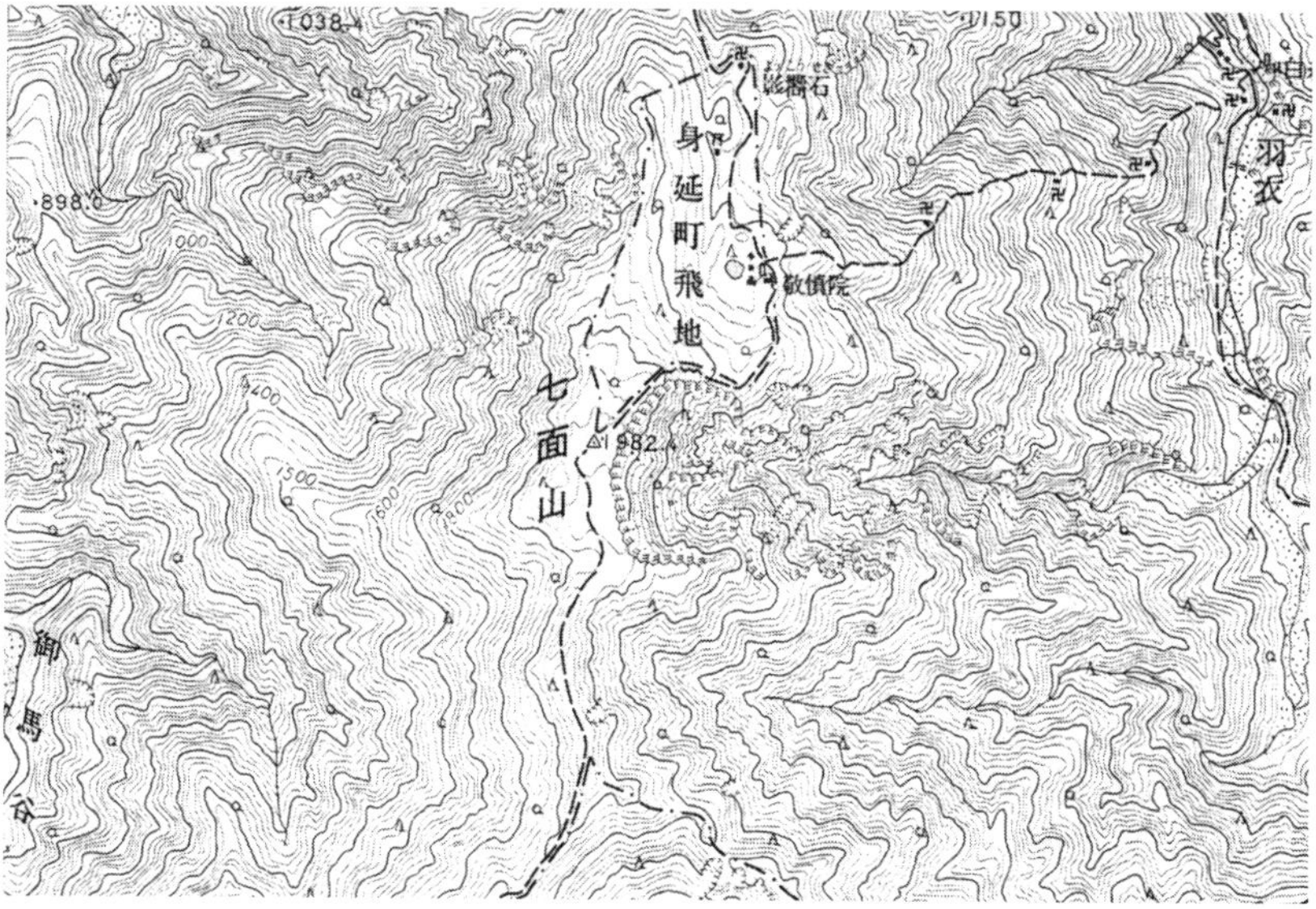

七面山　▲身延

じるのである。絵は一例に過ぎない。しかしこれが万事を象徴しているのである。これはここの総本山に限ったことではない。参詣人で賑わう社寺の境内で一番目立つものは、寄付金の金額順に姓名を書き並べたあの高札である。単なる習慣として見過ごすにはあまりに醜い。社寺という神聖な場所こそ、そういう世俗的なものを最も嫌悪すべきではないか。

いや、今日いわゆる善男善女（いうのは奉捨を受ける側の言い方で、ある意味では愚男愚女でもあり得る）に人気のある寺社は、一種の商業市場《マーケット》の如き観を呈している。お札やお守りを売るのはまあいいとして、おみくじとかお福銭とか、中には幸運の指輪と称するものを販売している有名な神社もあった。ああいう民衆の迷信を助長するものは、よろしく禁令をもって厳に取り締まるべきであろう。社寺の当事者の自覚を俟《ま》つには、あまりに神主や坊主がその神聖なるべき職務から堕落しすぎている。彼等がその祭神や宗祖を売り物にして商才を働かせていることは、あたかも熱海の海岸が貫一お宮で儲けていることと、大した距たりはない。

宗祖の偉大な精神を少しも現代の社会に活かそうとせず、ただその余威を借りて、いたずらに形ばかりを立派にしている寺院（しかもそれは金がかかっているというだけで、いささかも芸術的ではない！）を見るたび、僕はこうした反感を覚えるのである。

さて、この不信心者はようやく身を起こして、久遠寺の裏手から奥ノ院に通じる、幅の広い赤土の道を登りだした。間もなく三光堂に達する。そこを過ぎて奥ノ院まで約一時間ほどの道のりで、途中右手に富士川を美しく見下ろすことが出来た。その流れの彼方《かなた》に富士山が聳えているはずだが、今日は雲に隠れて見えず、ただその外廓をなす天子山塊が立ちはだかっているばかりであった。

豪勢な久遠寺に比べて、奥ノ院は貧弱な建物であった。ここが身延山の山頂で、一一四八メートルの独立標高点がある。そこに着いた時は暑かった一日もようやくその終わりに近づいていた。一夜の宿を乞うと、ここは宿泊の設備がないので、と一応は断られたが、結局泊めて貰うことになる。さすがは一千メートルの山頂だけあって、厚い蒲団を行儀よく被て寝た。

　朝早くおつとめの太鼓の音で眼がさめる。寝ながら読経の声を聞いていた。ここはごく小人数で、お経をあげているのも坊さん一人である。立ちしなに、宿料はと尋ねると、お志でよろしいという、気持のいい宿だった。

　そこを出発して、昨日来た道を引返さずに、直接に七面山の方へ行く道を採る。細工の加えられていない静かな好もしい山道だった。それを下って行くと、幾ばくもなく久遠寺からの七面登山道と合した。これが本道で、今までの野趣のある山道にうって変わって坦々たる道路になり、途中に何々坊や休み茶屋が幾つかある。やがて標高八四三メートルの赤沢峠に達する。

　昨日ほど暑くはないが、それでも空中に温気が充満しているような天気で、峠の上から幸福な山岳展望は得られなかった。これからいったん春木川の谷まで下って、そこから七面山に取りかかるわけである。峠の春木川側は一面の畑になっていて、その間を斜めに道が下っている。降り切った所が赤沢の部落で四、五軒の宿屋がある。いかにも田舎田舎した宿で、少年の頃読んだ大町桂月の紀行文の挿絵には、よくこういう宿屋が描いてあったと、なつかしい思い出をそそられた。

　そこから春木川に沿って約二キロほど遡《さかのぼ》ると羽衣橋という名の鉄橋があって、ここが七面山の登り口になっている。橋のこちら側のたもとに白糸ノ滝がある。この滝は、昔、養珠院《ようじゆいん》（おまんの方）が女人として始めて登山するために、ここで荒行をして心身を浄めたと言い伝えられている。もっともこういう伝説は身延山七面山の、およそ目ぼしいと思われる岩や樹木や水にはすべて付随しているので、いちいち取りあげるのも馬鹿馬鹿しいが、しかし一般参拝者というものは、こういう土産話がないと物足りぬらしい。実際名所と呼ばれる所は、下らぬことが有名になるものである。智恩院の鶯張りの廊下とか、三井寺の弁慶の引き擦った鐘とか——そして大事なことは皆忘れてしまっても、こういうことだけはよく覚えている。名所がいろいろな伝説をこしらえあげるということは、そういう人間の卑俗な興味性をねらった、参詣客誘引の一つの商略かもしれない。

その白糸ノ滝の手前にある茶店へ寄って、僕は弁当を食べた。このへんは春木川両岸の山が迫っていて、山裾にわずかに道を開いた形で、茶店の前も直ぐ河原に続いている。僕の他に休み客が居て、茶店の爺さんと昨日の暑さの話をしていた。何でも甲府あたりは百度に近い温度だったそうである。

腹を充たして元気をつけると、羽衣橋で春木川を渡って、そこから直ぐ登り坂になる、七面山表参道にかかった。ここから頂上まで五十丁、一丁毎に番号を刻んだ石灯籠があって、登山の目安になる。手入れの届いた階段風の道だが、相当急峻である。一人旅はとかく足が速くなってビッショリ汗をかく。十三丁目に肝心坊という休憩所があった。時々下山客に出あう。女づれを二組ほど追い越した。どの顔を見ても、例の伝説を喜びそうな善男善女のたぐいで、精神的のひたむきな欲求から聖地へ憧れるといった風な、近代青年型には一人も出あわない。

おそらく日蓮が生きていたら、現代の知性人が西田幾多郎や川上肇に憑《つ》かれたように、否それ以上の魅力を感じて、この思想と実行とを併せ有した大哲人の教えを乞うため、五十丁の坂道を物ともせず、天下の秀才が押し寄せたであろう。かつての宗祖はそれだけの牽引力を持っていたのだ。そして彼の籠もった場所は、取りも直さず日本の知性の淵源にもなったのだ。しかるに今はどうか。宗祖宗祖と騒ぎ立てるだけで、青年を山へ引きつけるだけの一人物もいない。ラジオでは浪花節が一番好きだといった程度の人々だけが参詣するのである。彼等の持物を全部しらべたところで、岩波文庫一冊出て来まい。こういう連中を相手にして安閑としているところに、現代の仏教の済度すべからざる堕落がある。

　そんなことを考えながら登って行く。中の茶店という所へ出る、ここでやっと半分かと思うと、この登りもあまり楽ではない。婆さんたちがよくも登ってくるものと感心する。それにこういう階段風の登山は、歩きよいようで案外疲れるものである。道に変化がなく退屈する。この退屈ということが疲労の大きな原因になるものだ。

　三十六丁目に晴雲坊というのがある。だいぶ疲れてきて、一丁目毎の石灯籠が待ち遠しくなる。三つか四つの石灯籠を算《かぞ》えては休む。やがて急に道が広くなって電柱が立ち並んでいる。いよいよ到着したのだ。大きな総門が現れる。「和光関」と書いた大額が懸かっている。その総門を潜って左手に登ると、広場があって、そこに随身門が立っていた。この門の正面に本殿があるのだが、僕はそこへ入る前に、まだ暮れるには時間があったので、何よりの目的であるところの七面山の地理的頂上を極めて来ることにした。

　その道は随身門の前から通じているが、よほど物好きな人でない限り、伝説も何もないそんな頂上へは行かないと見えて、すこぶる粗末な道である。途中大きなガレの上に出る。相当凄い崩れで、久遠寺や身延駅からはここの大ガレを目じるしに、七面山を拝するそうである。そこを過ぎてなお登って行くと、道は針葉樹の林の中に入る。しばらくして林の中の少し開けた個所に出たが、それが頂上で、道ばた（というのは道はさらに南に続いている）に三角点（一九八二メートル）があった。実にあっけない頂上である。棒杭が一本立っていて、「ひそだひら」と書いてある。檜曽平《ひそだいら》の意であろうか。するとこの林は檜であろう。まだあまり丈の高くない若木である。この立木に邪魔されて展望は全くない。

大いに期待してきた頂上がこのさまで、がっかりした。余談になるが、この山旅の帰途、汽車の中の退屈を凌ごうと甲府駅の売店で『甲斐の山々』という最新刊の小冊子を買った。七面山の所を開いてみると、下のように書いてあった。「山頂の眺望は白根三山を初めとし、聖・赤石・塩見の大山脈が手にとるばかりに見え、遠く太平洋すら望むことが出来……云々」この本の著者の杜撰《ずさん》に呆れたが、あるいは昔はそうだったのかもしれない。

頂上の三角点を踏まないと気が済まないという登山家に通有なこの奇妙な習癖さえなければ、何も苦労して頂上まで行く必要はない。随身門の前の広場が、充分にその役をしてくれるのだ。参詣者はここで御来光を拝み、霊峰富士に接し、所々の高山を望むことが出来るのである。もっともその幸せは僕には恵まれなかった。夕方薄暗くなるまで待っていたが、雲の合間に、富士山の斜線の一部が見えたきり、ついにその姿を現さなかった。

受付で宿泊を申し込むと、すでに先客のガヤガヤ居る室に通された。その先客というのが女ばかりで出来た団体で、幸いに婆さんに近い人が多く、若い人で四十歳以上に見えたのでまず気持を落ちつけることが出来た。越後の三条市の御連中だそうで、これから甲府へ行って、善光寺へ行って、と前途のプランを話しあっていた。僕も話の仲間へ引きこまれたが、彼女たちの旅の話に関連して、僕の足跡の広いところを示すと、すっかり感心されて、あなたは何商売かと訊いてきた。

旅に出て、この質問が僕には一番困るのである。著述業などと、代議士に立候補する時職業として使うような、勿体ぶった言い方もしたくないし、文士などと言うと、ひどく安っぽく見られるのはいいとして、食い逃げでもしはしまいかと怪しまれそうに思えるし、さりとて小説家、作家、文筆業、いずれもぴったりとしない。何か誤解されそうな、日本の社会の一般教養である。でそういう時、僕はいつも無難な返答として教師と詐称することにしている。今度もそう答えたら、どこの学校かと問い返してきた。僕の友人が明治大学の文芸科の先生をしていることを思い出して明治大学と答えると、相手はあらわに尊敬の眼ざしをもって僕を眺めた。大学の先生という職業は、庶民の間にあっては最も光輝あるものらしく思われる。ややあって彼女達の一人から、大学の先生は幾らほど月給を貰うものかと訊かれた時には、とっさのこととて返答につまった。すべての事柄を一度金銭に換算してみないと、その価値が飲みこめないということも、現代日本の庶民の一般教養を示すものである。

　旅の浮世ばなしとは大かたそういうものであるが、さて寝る段になって困った。室いっぱいの長い大蒲団を一枚敷き、その上にこれもまた同じ大蒲団を共通に著《き》て寝るのである。一番端っこに、隣の老いた女性に触れないように、僕は一晩足を縮めて眠った。

　翌朝は早朝暗いうちに起こされて、本殿に引率される。正面には壮麗な仏壇およびその装飾があり、数人の坊さんが色とりどりの袈裟を付けて、読経唱題の声を和す。その朝の供養が終わると、最後に参詣人の布施に応じて、その家族安全、商売繁昌の祈禱があった。現代仏教の悪口をもう繰り返したくはないが、この高山の早朝のおごそかな霊気の中で、商売繁昌などという高らかな坊さんの声を聞くことは、何としても心になじまぬものがあった。

　おつとめが済んで部屋に引き上げると、朝食が出た。御飯に味噌汁に漬物が付いている。食糧難の今でこそこういうものが限りなく羨ましく思われるが、その頃の社会状態では、まだ「まずいなあ」と呟くだけの余裕があった。この宿泊所は寮と呼ばれていて、三つの寮があり、室数は総計三十以上あって、七百人の参詣人を泊める設備が出来ているそうである。ともあれ二千メートルに近い山頂に、かくも大きな建物の存在しているところは、わが国には二つとあるまい。

「七面山とは山の名なり、七方開いて一方閉づ、或はこの山高うして七浦を見る、古来よりこの両義あり」と七面山縁起に書いてある。その山の名に由来してか、七面天女の言い伝えが残っている。竜女《りゅうじょ》成仏《じょうぶつ》の伝説である。日蓮宗徒にとっては文字通りの聖地であるが、この七面山の開創は日蓮ではなく、その入滅後十六年目の永仁五年九月十九日、日朗と波木井実長の二人で、赤沢の村人の案内で、道もなきこの山に踏み分け登り、翌二十日早朝頂上の池のほとりで神霊に遭遇して、そこに祠社を造ったのが七面山の開創だと伝えられている。

　朝食を終わって、同宿の婦人達はもちろん、たいていの参拝者は皆引返して行った。少しでも違った道を歩きたい僕は、裏参道を下ることにして、影《え》向石《こうせき》という旧蹟のある方へ足を踏み出す。あたりの闊葉樹には朝霧が立ちこめ、湿りのある土が足裏に快い弾みをつけて、誰一人行く者のないこの静かな道は、始めて山へ来ているのだという倖せな気持を抱かせた。手の加わった表参道よりは、自然のままのこちらの方がずっと僕の気に入った。影向石までは割合平らで、それから下りになるが、この下りは四十八丁、やはり一丁毎に石標がある。

　道は木立や方向の関係で、明るい所に出たり、蔭へ入ったりする。三十二丁（下から数えて）という石標の所で道は二つに分かれる。左は硯《すずり》の石の産地で名の聞こえている雨畑に下る道で、右は、僕がこれから行こうとする、角瀬《すみせ》を経て飯富に出る道である。半ば頃まで下ると周囲の山が展けてきた。行手に穏やかな大金山の山並みが見える。何と言っても下りは早い。途中安住坊を見過ごして、ドンドン足の調子に任せて下る。麓の角瀬へ著《つ》いた時はまだ十一時前だった。しばらく待つうちに、ここが終点になっているバスが来た。

　早川に沿って車は走って行く。この早川が最初眼に入った時の僕の感動は、ごく山の好きな人にしか分かって貰えないだろう。それは日本の最も高い最も奥深い山岳地帯から流れ出て来たのだ。その水量と言い水勢と言い、一流の川の貫禄を具えている。早川の流れを見ながら、僕はその源流をはぐくんでいるところの、雪と岩と森林の高山を眼のあたり描くことが出来るのだ。その水上に僕は幾多の山旅の思い出を持っている。そういう所から次第に大きくなって流れて来た川だと思うと、あたかもその幼年時代を知っている人の成人した姿を見るように、限りないなつかしさを感じるのである。

　さて我々のバスは、この早川が富士川に合しようとする所に架けられた橋を渡って、飯富を過ぎ、鰍沢《かじかざわ》を過ぎ、市川大門を過ぎて、一散に甲府に向かった。甲府に着いたのは一時頃。駅前の食堂で昼食を喰べたが、この日も実に暑かった。その後我々が集まってよく諸国の話をする時、「甲府は暑い町だよ」といつも僕が言い張るのは、この日の経験に基づくものである。

38 十枚山（1726m）

先日初冬の山へ行ってきた。

静岡県と山梨県との境にある山で、名前をいっても知っている人は少なかろう。十枚山という。だれもいない静かな山であった。山が混雑するのは有名な山ばかり目がけるからで、こういう名もなき山を捜して行けば、登山ブームなどどこにあるのかと思う。

名もなき山とはいいえ、登りがいのある山であった。静岡県側の村でバスをおりて、十枚山の頂上まで高度差約千三百メートル。たっぷりした登りの分量である。

無風快晴の頂上から、雪をおいた富士山がきれいに見えた。ちょうど富士山の西面、大沢がまともに見えた。問題の大沢である。この沢の崩壊がはげしいので、何か手を打たねばならぬという説があがっている。それが政府の議題にまでなっている。

大沢のくずれは今に始まったことではない。昔から有名である。ほっておくと富士山の美しい形がくずれるというが、笑止な話だ。くずれるものはくずれしめよ。それならばまた別の美観が生じるだろう。自然の摂理はデタラメではない。一つの美の崩壊のあとには、次の新しい美を用意している。自然の美観をこわすのはむしろ人工である。

十枚山の頂上のちょう望を楽しんでから、尾根を伝って次に下十枚山に登った。高さ一七三二メートル、丹沢山よりも高い。下りは夜道になった。朝八時に歩き出してから、夜七時半、自動車の便のある山梨県側の村へ出るまで、ほとんど歩きづめだった。

疲れた、実に疲れた。しかし力を出し切ったあとの快感があった。ほかのスポーツでは、身体が苦しくなるとゲームを放棄することができる。ところが登山では、どんなにつらくても頂上まで登らねば終わりにならない。それからさらに下りがある。われわれの平生の生活で、全力を出しきるという機会はめったにない。中途でやめてしまう。登山はそれを許さない。しかし当座はいかにつらくても、力を出しきったあとのなんという快さ！

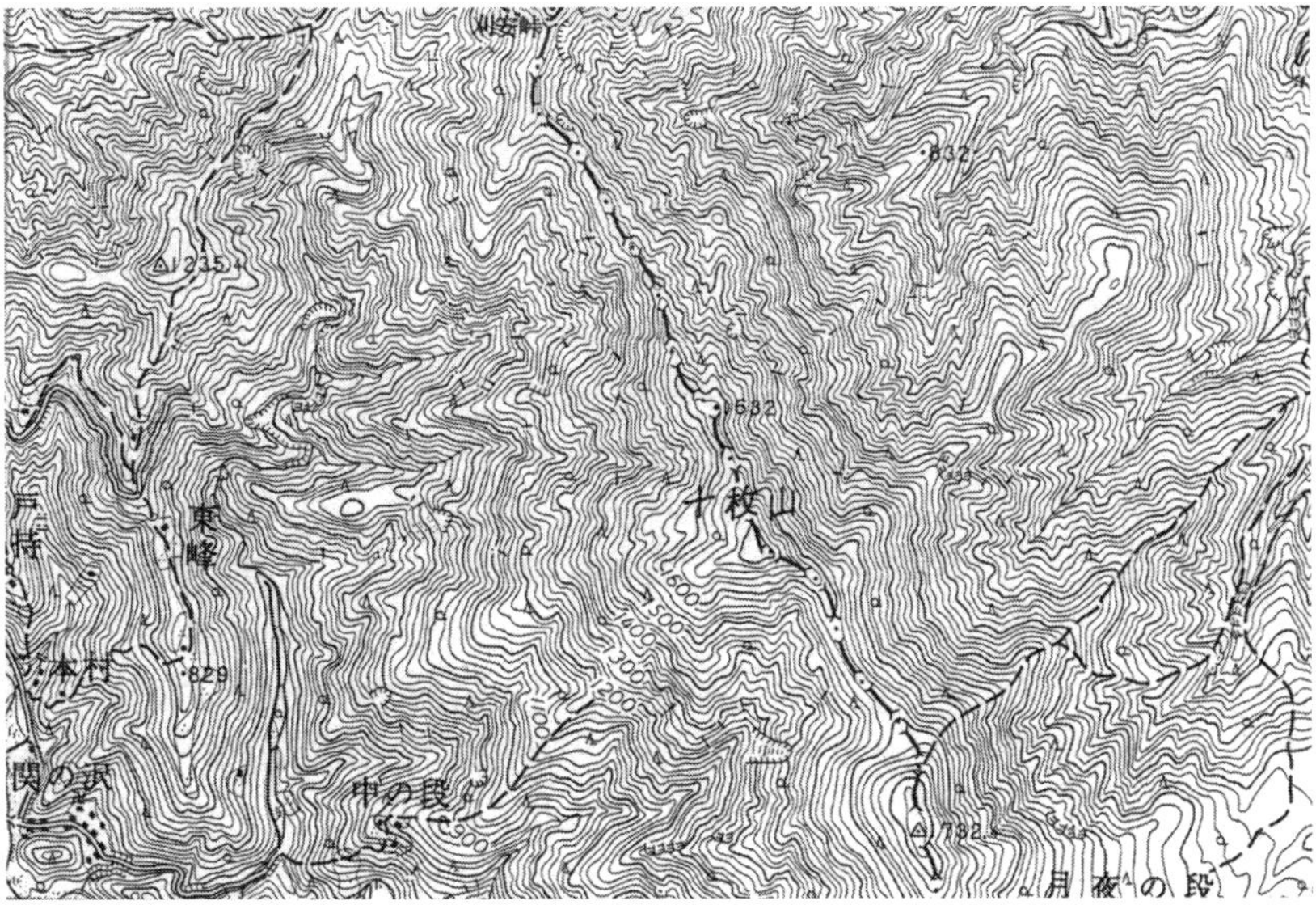

39 蛇峠山と大川入山[40]（1664m／1908m）

七十四歳を頭に、あと二、三年で七十になろうとする五人、一番若いのが五十六歳、以上の七人、雪の山へ登ろうとしてやってきた。ところは信州伊那谷の飯田からさらに南へ二十五キロくらい、山間の谷川に臨んだ浪合村。時は、去る十二月三十一日。藤岡屋と呼ぶ親切な田舎宿には、私たちのほか誰も泊まり客はなかった。

暮から正月へかけての四日間、群集を避けて静かな雪山へ登る習慣が、私たちの間で七、八年続いている。誰も人の行かない山で、適当に高山の気分が味わえ、しかもあまり深い雪で難儀をしないところ、という条件だから、そういう山を探し出すのが先決問題である。これまでは毎年それに成功してきた。私たちだけで雪の山を独り占めにする楽しみを持った。しかしそんな条件にかなった山は、しだいに数少なくなってきた。

今年の山は七十四翁が見つけた。この仁は五十有余年の山歴を持ち、今なお月に一回は相当の山へ登らねば収まらないという稀有の人物である。昨年の秋から山の詮索にかかり、目標をつけた現地に数回問合せの後、ようやく山が決定した。その山の名を言ったところで誰も知るまい、蛇峠山一六六四メートル、大川入山一九〇八メートル。私にも初めての名だった。

浪合村は、伊那から三河へ出る三州街道（足助街道）の宿駅で、標高約千メートル、徳川時代にはここに関所を設けて行人を検したという。現在は人口一千弱、古いおもかげの残った好もしい山村である。午後おそく到着した私たちは、夕食までの暇に、村端れにある浪合神社へ参詣した。六十数段の高い石段の上にある。

そこへ私を誘ったのは、歴史の好きな五十六歳の最年少者であった。この村に後醍醐天皇の御孫尹良《ただなが》親王の遺跡のあることを彼は知っていた。親王は南朝の軍を率いて三河におもむく途中、土賊に襲われてこの地で戦死されたという。森に包まれた社の拝殿の左手に、御旧跡の碑があり、その奥の方に親王の墓があった。土盛りの塚で、その上に大きな切株だけが残っている。昔は鬱蒼《うっそう》とした大樹だったのだろう。塚には柵がめぐらしてあり、表に宮内省の掲示板が立っていた。なおこの近くに武田信玄終焉《しゅうえん》の地もあるそうである。街道が古いだけに歴史も古い。

浪合村から街道を四キロほど進んだ所に、治部坂と呼ぶ峠があり、一つの分水嶺をなしている。浪合

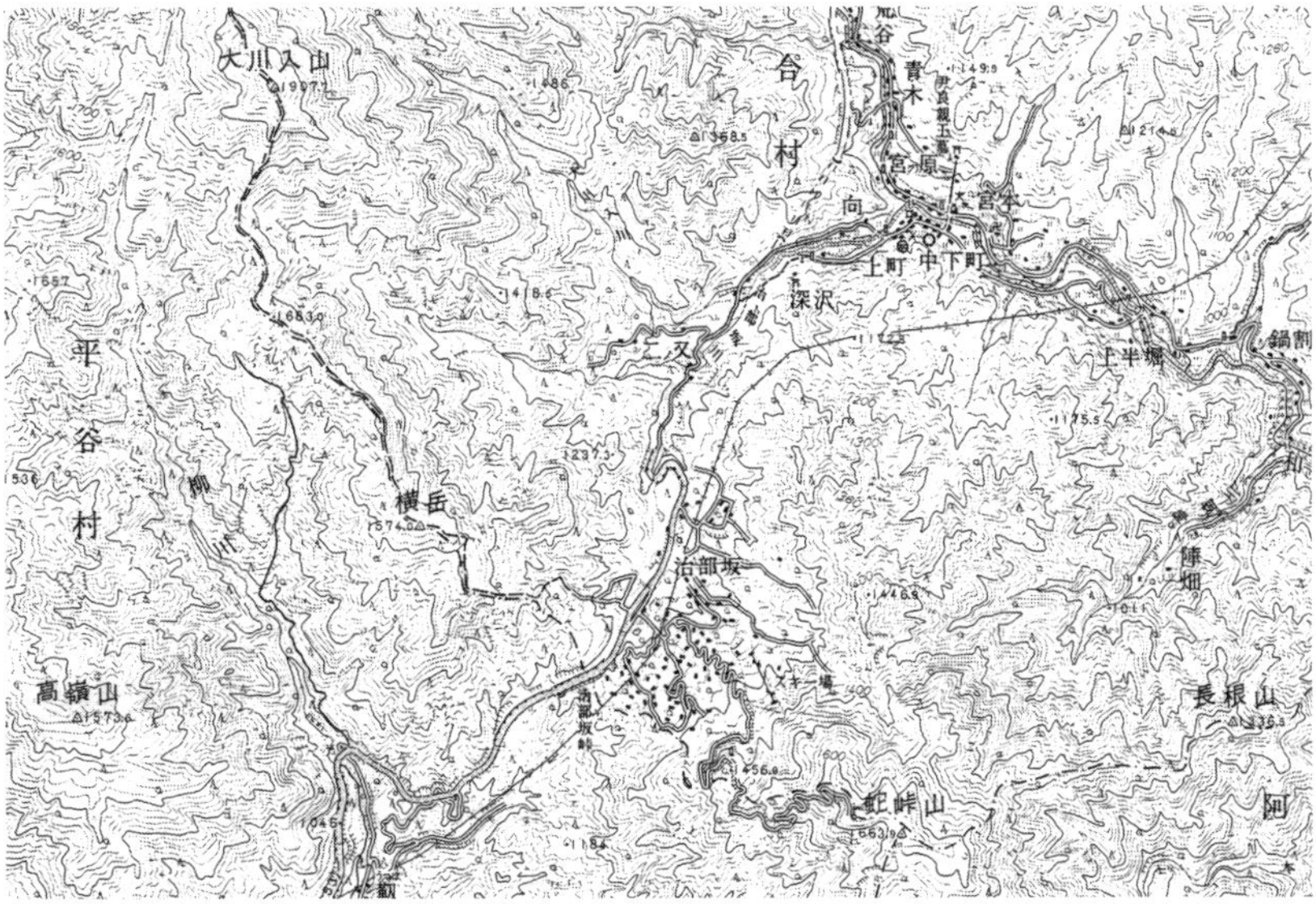

蛇峠山と大川入山　▲中津川（縮小）

村では数年前から、この治部坂一たいの高原を拓き、別荘地に貸している。一月一日、私たちはそこから蛇峠山へ登った。

登り初めから、膝までもぐる雪であったのは、大晦日《おおみそか》にどっと降ったものであった。しかし元旦は快晴に明けて、降り積もった雪はいっそう私たちの山を清浄にしていた。美しい白樺の森の中を通り抜けて、馬ノ背と称する丸山に達する。そこから急な坂を登り切ると、平坦な尾根へ出る。蛇峠山の頂上三角点はその尾根の向こう果てにあった。

雪の中に、前の人の付けた足跡のツボに一歩ずつ忠実に入れて、登って行くのは疲れる。だが頂上に立つと、弱音はふっ飛んで、ただ雪山の醍醐味しかない。それに一点の雲もない今日の晴れかたはどうだろう。

北のかたには中央アルプス（木曽山脈）、これは縦に見る形だが、東のかた南アルプスの連嶺は、私たちの面前に一列横隊で並んでいた。仙丈岳から白峰三山、塩見、赤石、聖岳に至るまでの、三千メートルの日本の高峰群が、まぎれもなく眼に痛いほどの輝かしさで、名乗りをあげていた。それらすべての頂に、かつての私の足跡が残されている。それだけに見る眼が違う。

一九七一年の元日は、かくして私たちだけの山をまた一つ獲得した。私たちの年齢は先に述べた。職業は、最年長の毎日サンデー居士を除いては、頭取、社長、重役、山林主など、いずれも世間では相当見ばえのある存在だが、山へ来ればカタなし、ここにはキャディもいなければ、お供の車も待っておらぬ。

二日もまた見事に晴れた。大川入山へ登る日である。宿を出るとすぐ、もう自分たちで足跡をつけねばならぬ無垢の雪面である。昨日も今日も黒い土は一歩も踏まなかった。森林中の急坂を登って稜線に取りつくと、あとはだらだら登りの尾根道になる。雪のない頃ならば、わけのない登山であろう。しかし降って間もない雪の中は、そう簡単にいかない。

ラッセルという労役がある。これは交わる交わる順番が廻ってくるのだが、七十四翁が先頭に立って、歩幅広く雪を蹴って進むさまは、まさに懦夫《だふ》を立たしめる概があった。弱兵の私は三十歩ほどラッセル役を引き受けただけで兜《かぶと》を脱ぎ、あとは貨物列車の最後につながる一両のように、ただ曳《ひ》かれて行くほかなかった。大川入山の頂上はずっと遠方に見える。横岳を越え、道の半ばを過ぎて一六六〇メートルあたりまで達したが、この状態では頂上まで行くのは無理と判断して引返すことになった。私にとっては嬉しい宣言であった。

もう登る用のなくなった帰途の、尾根みちのブラブラ下りほど楽しい山歩きは私には久しぶりであった。無風快晴、満目の雪景色、昨日と同じく綺羅をつらねた南アルプス。私は一人おくれて歩きながら、倦くこともなく碧空の下のその連嶺に見入った。

雪嶺をかぞへあまさずかなしみき

これは加藤楸邨氏が私に軸に書いて下さった句だが、何かしら私にも私のかなしみが湧いてくるようであった。

41 京丸山（1469m）

昔の四国順礼とか熊野詣《もう》でとかは宗教的行事には違いなかっただろうが、その中におのずから遊興の楽しみもあったに違いない。現代ではそういう聖地はほとんど観光地化している。昔から名山と呼ばれてきたものも同様である。富士山にしても立山にしても白山にしても、頂上にお宮があって、先達《せんだつ》に引率された白衣の信者が群れた。信仰登山などと言われているが、天下の絶景に接するという代償がなかったら、そんな苦しい山登りをしたかどうか疑わしい。徳川時代に盛んだった講中登山にはたぶんにレクリエーションの気分がある。山からおりてくると精進おとしと称する遊里もあった。

秋葉山という山がある。各地に秋葉神社があり、秋葉街道という往還もあるくらいだから、昔からよほど参詣者があったに違いない。秋葉街道は伊那の飯田から小川路《おがわじ》峠を越えて上町に出、さらに青崩《あおくずれ》峠を越えて遠江《とおとうみ》に至る。およそ街道と名のつくもので、これほど寂《さび》れ果てた街道も稀だろう。小川路峠は三十年前に私が越えた頃はまだ途中に茶屋があったが、数年前通った時には、ほとんど一日かかる長い峠の上り下りに一人の人にも出会わなかった。が見晴らしのよい峠の上には大きな地蔵さんが並んで、昔の盛時を偲ばせた。上町は狭い道の両側に軒の低い古い作りの家々が並んで、いかにも秋葉街道花やかなりし頃の宿駅のおもかげを残している。「秋葉みち」と彫った石が道ばたに見棄てられているのも侘《わび》しい風景であった。青崩峠はもっとひどい荒れ方で、やがて廃道になるのは月日を待つばかりといったおもむき。この峠の上にも、字の読めないほど風化した小さな石碑があった。

この山越えの長い街道を通ってむかし大勢が参詣した秋葉山とはどんな所だろう、一度訪ねてみたいものと思っていた。その願いが一九六五年一月一日に果たされた。出発点は東海道線浜松駅、東京組の村さんとヨシベーと私は、三重からくる加和さんと落ちあって、十二月三十一日の正午、駅前から出る秋葉行のバスに乗った。それから二時間信州街道を北上したが、これが信州へ入ると秋葉街道となる。

坂ノ下というところで下車。ここが秋葉山の登り口で、土産物屋や食堂が並んでいたが、季節はずれでどの店も閉まっていた。そこから急な登り道になる。地図の等高線で計ると今夜の宿まで六百メートル登らねばならない。途中見晴らしのいい場所があって、富士山がよく見えた。

三尺坊《さんじゃくぼう》へ着いたのが午後四時、立派な門があって、秋葉大権現と書いた立派な額が懸かっている。権現と言えば寺だろう。それが秋葉神社と同居の形

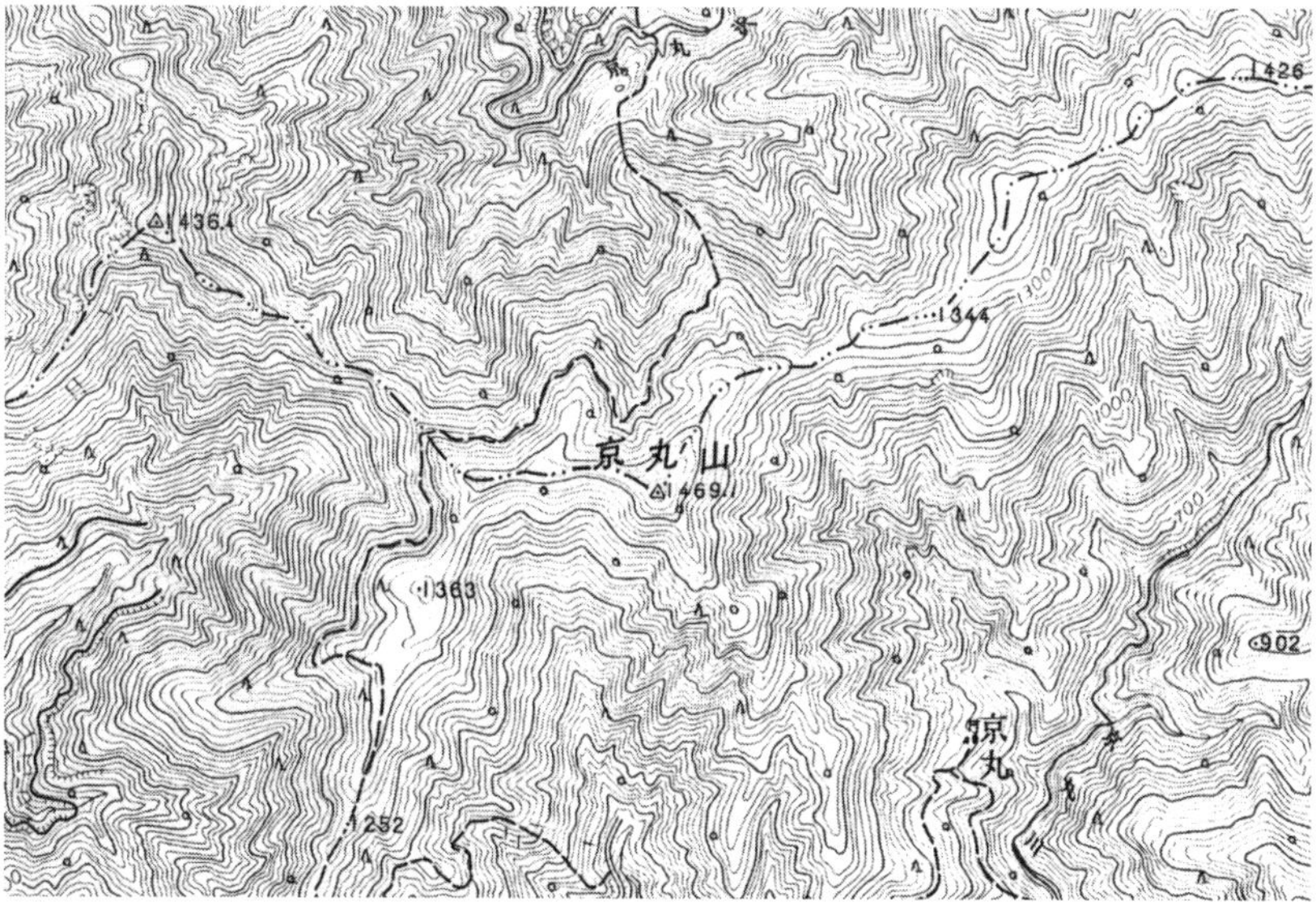

京丸山　▲佐久間

であるのは、日本のあちこちに古くから存在した現象で、だから明治維新に廃仏棄釈などというお布《ふ》れが必要だったのだろう。しかし天下りの政治力は庶民の生活力の根強さに敵《かな》わない。神仏混淆《こんこう》はこのように今も生きている。

私たちは三尺坊の宿坊に泊まった。参詣の季節にはここも賑わうのだろうが、今は大きな建物がガランとして、寒さが余計に身に沁むようである。年末年始の数日間をこういう人気《ひとけ》のない山登りで過ごすのは、数年来のわれわれの慣わしであった。常連の加和さんは獲れたばかりの見事な伊勢海老を持ってくるのが例になっていたが、今年も私たちの期待は裏切られなかった。海老の身を掘り出しながら夕食の酒を飲んだ。

村さんとヨシベーは放っておけばキリのない酒飲みである。加和さんはイケないが、私は二人のおつきあいはできる。どのくらい飲んだだろうか、青年ヨシベーの声が私に向かって生き生きと大きくなったのには理由がある。彼は私の家内の姪にあたる女性と結婚の約束があったのである。それを羨ましがるには他の三人は年寄りすぎていた。そろって還暦を越えたところであった。

翌朝、夢の中に音楽が入ってきた。意識がハッキリしてくると、それはラジオの元旦の和楽であった。一人六百円の宿料を払って八時すぎ出発、約百メートル（高度）のゆるい登りで秋葉神社の山門の前に出た。大きな杉が何本も立っている。山門を潜《くぐ》って頂上の秋葉神社は石段があるだけで、焼けたのか取り壊したのか神殿はなかった。いずれは建立されるのであろう。私たちはその敷地に立って、元日の朝晴れて雲ない四方《よも》の景色を眺めた。何となく今年はよいことありそうである。

帰りは裏道を採った。静かな杉並木の木下道を行くうち、急な坂になって久保田という村へ出たのは十一時であった。ここで加和さんと別れる。この銀行頭取は、大晦日《おおみそか》から元日へかけての世間づきあいのうるささを逃れたので、これから家へ帰ってゆっくり家族と正月を楽しもうというのであった。

残りの三人には次の行程がある。秋葉山は前奏曲で、本当の目的は京丸山にあった。こんな人知れぬ山を探し出したのは村さんである。この会社重役は、重役の大きな卓の上で、会社の書類よりも五万分の一の地図にウェイトをおいているフシがある。

柳田国男さんは、その厖大な著作を読めば読むほどその偉大さに頭の下がる人だが、ちゃんと京丸のことを書いている。この山奥から大きな牡丹《ぼたん》の花が流れ出るという伝説について書いている。京丸という名前のいわれも書いている。ここにそれを引用する余白はない。好学の士は『定本柳田國男集』第二十巻、二百六ページ、京丸考の一文をご覧願いたい。

私たち三人は久保田のバス停留所で日向ぼっこしながら、新年の晴着をつけた人の往き来を眺めながら、気田《けだ》行のバスを待った。眼前には広い河原を持った気田川が流れている。この川は山間の川らしく迂《うね》り迂って、末は天竜川に入る。

終点の気田で下りた私たちは、そこの食堂で昼食をすまし、ハイヤーを雇って、気田川支流の石切川に臨む石切という部落まで行った、途中川沿いの道は渓谷のおもむきで、冷や冷やするような危ないところもあった。

石切から歩き出す。中腹の道を小俣《おまた》まで約六キロは大したこともなかった。小俣は高い台地にある部落で、以前は九軒あったそうだが、いま人の住んでいるのは、二、三軒しかない。廃屋のあちこちに残っている侘しい風景がそこにあった。

小俣から背後の京丸峠への急な登りには疲れた。峠を越えると、川っぷちまで五百メートルの下りである。もう暮れかけていた。川を渡ってまた始まった急な登りで、とうとう私は参った。まっくらになった道ばたに意気地なくしゃがみこんで、疲労からしばしうとうと眠った。そんな私に京丸までの道は長かった。

　京丸でただ一軒の藤原忠敬さんの家に辿《たど》りついて、しばらくは物を言う元気もなかった。藤原さんは、大昔この奥山に移り住んだ貴族藤原氏の子孫だという噂を前に聞いていたが、面と向かってそんな失礼な質問をするわけにはいかない。しかし家の作りも奥床しく、ご主人の顔にも品があった。ここも他の家はみな立ち退いて、藤原さん一家だけが残っているのは、先祖のお守りをしなければならないから、というお話であった。

　翌日、京丸山に登った。登る人はごく稀とみえて、道らしい道ではなかった。初めは山仕事の道がついていたが、次第に怪しくなり、背丈を越す笹藪の中を分けたり、踏み跡に迷ったりして、頂上へ出るまでに三時間もかかった。

　一四六九メートルの三角点のある頂上は、ブッシュに囲まれた猫額大の平地で、見晴らしは利かなかった。吉例の罐ビールで乾杯して、弁当を食べ、帰途は反対側の京丸沢の方へおりた。初め一時間ほど稜線を辿り、その鞍部から沢へ下るのだが、いい道ではなかった。

　沢へ着いてから道はよくなったが、中腹を巻いて辿る道はだらだらと長かった。京丸沢が気田川に合流する地点まで来た時は、もう夕方だった。そこから川の左岸に沿って新造の広い道がついていた。すっかり暗くなった道を数メートル先に立って歩いていたヨシベーが、不意に叫んだ。建設中の道路がプッツリ切れて、彼はすんでのことで奈落に落ちるところだった。

　私たちは川のふちまで攀《よ》じおりて道を探した。河原を歩いたり、崖ぶちを辿ったりして、やっと門桁《かどけた》の灯の見えるところまで来た時にはホッとした。朝からの歩きずくめがやっと終わりに達したのである。

がそれは終わりではなかった。門桁で尋ねあてた宿屋は家に病人がいるというので断られた。もう一軒あると訊いて行った宿屋は満員だった。私たちは翌日天竜川の水窪《みさくぼ》へ山越えする予定だったので、門桁で泊まらないと困るのだが、二軒とも門前払いでは処置なしであった。

村はずれの親切な小学校の先生の家から、村でそこだけにある電話で、気田から自動車を呼んでもらうことになった。その家の玄関で車を待つ間、三人で持ち寄りのウイスキーを空にした。

気田へ着いたのは十時すぎ、宿屋の気のいいおかみさんは、夜おそく私たちの「もう一本、もう一本」と繰り返すのに嫌な顔もせず、お燗《かん》をつけてくれた。

翌一月三日、バスで浜松へ出て、山越えをしなかったため予定より一日早く東京へ帰った。

42 鳳来寺山（695m）

名古屋を出たのは、暑い一日が終わろうとする頃だった。デカさんの運転する車で、うしろの席には私とジャコさんがいる。デカとかジャコとかいうのは、山仲間のあいだの呼名で、この二人はそれぞれ名古屋市内で登山用具店を営んでいる。本来なら商売仇《がたき》というところだが、二人とも山が好きで開いた店だから、店より山が大事らしく、お互いに山行を共にして仲がいい。私も年来の知合いである。

行先は鳳来寺山。名前だけは昔からよく聞いているが、まだ行ったことがない。午後名古屋で講演があった。それを済まして私は鳳来寺へ行く予定にしていた。心易くしているデカさんに電話をかけた。すぐ彼は応じて、ジャコも誘おうということになったのである。どうもこの二人は山へ行こうという話になると、店が忙しいから、などと言わないらしい。

しかし二人とも高い険しい山へ行き慣れているが、鳳来寺山なんて低い山（六八四メートル）には興味がなかったらしい。デカさんはずっと前その寺を訪ねたことがあるそうだが、ジャコさんはとんとその在りかさえ知らない。自動車で名古屋は出たものの、どう行っていいか誰も知らなかった。豊橋まで行って道を訊こうということになった。

それは昨年（一九六八年）七月十一日のことで、東名高速道路はまだ全通しておらず、快適な走行は岡崎で終わりになり、それから先豊橋までは大混雑の国道一号線で暇どった。さっきから腹が減った減ったと繰り返していたデカさんは、駅前で袋にいっぱい竹輪《ちくわ》を仕込んできた。この山男は腹を空《す》かせる名人で、いつも何か食べたがっている。デカさんが餌にありついたので、代わってジャコさんがハンドルを執る。免許証を忘れてきたよ、大丈夫さ、などと話しあっている。

豊橋から国道を離れて北上する。豊川、新城《しんしろ》などの町を通り抜け、だんだん山の中へ入って行く。寒《かん》狭《さ》川に沿って走っていたが、川からそれて上り道になった。今や全く山中で、すこぶる閑寂なのがよろしい。

鳳来寺の門前町に着いた時は、もう暮れていた。教えられた宿は、坂になった一筋町の一番上にあった。昔の茅葺きの建物を改装したものらしく、すべての作りが鷹揚《おうよう》で、柱も梁《はり》も戸も黒く光って重厚、近代まがいの嫌いな私には心地よかった。

この宿は「民芸と山菜」を自慢にしているようで、民芸とは、古くから田舎に伝わった道具類、つまり自在鉤とか臼とか行灯《あんどん》とか、そんなたぐいが置いて

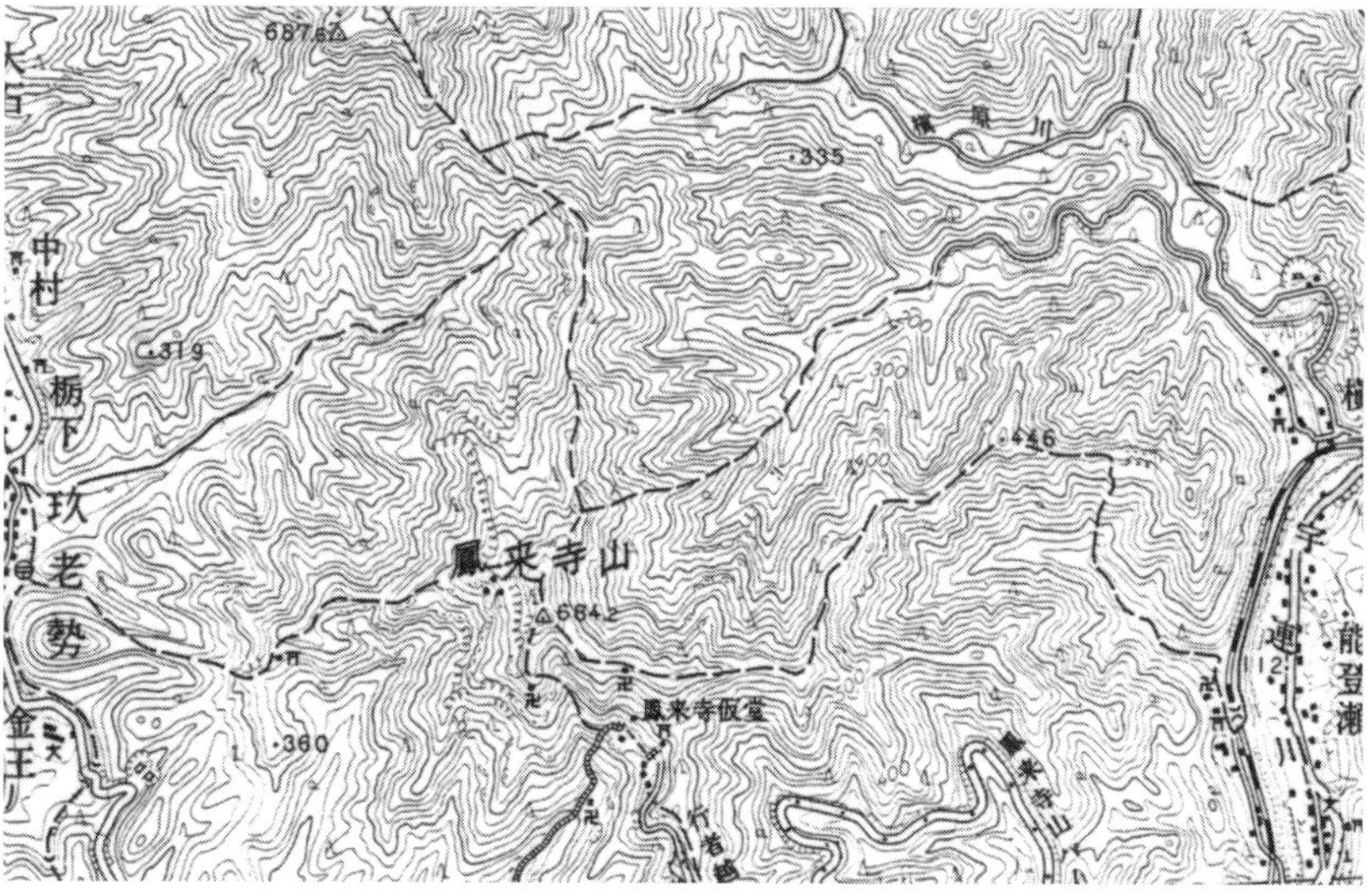

あることを指すのだろう。これはあまりに過ぎると嫌味になる。山菜とは、おそい夕食の膳に付いてきた大皿に盛った物が、すべてこれ何かを揚げたものであった。山菜は新鮮であってこそうまいと私は思うが、保存したワラビや竹の子ではあまり値打ちがない。蜂の子や舞茸、天ぷらの中には桑の葉まであった。これが二晩も続いたら私は辞退するだろう。

本屋の方はどこかの中学生の一行が泊まっていてうるさかろうというので、私たちには独立した別棟があてがわれた。御堂ふうな瀟洒《しょうしゃ》な建物で風呂も付いている。翌朝見ると屋根の上に九輪が立っていた。

鳳来寺の参道は宿の近くから始まっていた。まず古い大きな仁王門があって、「真言宗五智教団大本山鳳来寺」と書いた看板が掛かっていた。縁起によれば、推古天皇の御代利修仙人の開山で、文武天皇御悩の時仙人を召し加持を修めしめられるや、御悩直ちに癒ゆ。よって鳳来寺と号せしめられたという。もと一山すこぶる繁昌したが、明治に至り衰微その極に達したとある。

仁王門を潜って、素朴な石段が高く上っている。参道の両側は鬱蒼《うっそう》と樹木が茂っている。そのおもむきはなかなかよかった。鳳来寺の評判として仏法僧の話をずっと前から耳にしていたが、ブッ・ポウ・ソウというその鳴声はもう聞こえなくなったそうである。木が伐られたからだという。それでもまだこれだけの繁茂が保存されている。杉、檜、樫《かし》、栂《つが》などの大木で、密林のおもむきさえある。これは大事に守らねばなるまい。

石段は上へ上へと続く。高さにして約三百メートルの登りである。途中片脇の石段の上に古い建物の医王院があった。一山繁栄した時には、参道に沿って多くの堂塔があったとみえて、その跡が空しく残っていた。

ようやく石段を登り切ると、明るく開けて、そこが昔の鳳来寺のあった所だろう。今はあまり有難みのない新しい堂が建ち、茶店や展望台などあって、一種遊園地ふうになっている。ここにケーブルカーのかかっていないことが、私を喜ばせた。永遠にそんなもののかからないことを、私は祈った。鳳来寺はあの高い石段を足で登ることに真価がある。

すぐ横にみごとな岩壁が立っていた。樹林の間にそこだけ岩の肌が現れているので、なおさら見ばえがある。昔の坊さんはよい所を選んだものである。鳳来寺山の頂へはそこから山道がついていた。山腹を捲き、急な坂があって、見晴らしのよい大きな露岩の上に出ると、もう頂上までは尾根道で幾らもなかった。

頂上は三角点のほか何もない平地で、木に囲まれていた。里からそう遠くもないのに深山の感じがするのは、見えるものは山ばかりだからだろう。北に続いて、棚山（七五八メートル）、宇連山（九二九メートル）など、あまり世に聞こえていない静かな山がある。名古屋の二人の山好きも、手近にこんな人知れぬ山のあることに興味をわかしていた。

宿に戻っておそくなった昼めしを食べ、もとの道を豊橋まで走って、そこで私はデカ、ジャコ両君にわかれて、新幹線で東京へ帰った。

43 越中の二上山（273m）

万葉集に北陸の歌が多いのは、大伴家持が越中国守として五ヵ年をそこに過ごしたからであった。その間に長短約二百二十首を作った。私たち山岳党にとって誇りとするのは、その中に立山を讃えた長歌のあることだ。今から千二百二十余年前の作である。世界中こんなに古い山の文学はどこにもない。

立山のほかに二上《ふたかみ》山の歌が八つある。私は万葉集に出ている山にはたいてい登ったが、別にそれを意図したわけではない。あちこち登っている中に万葉の山も含まれてきたのである。しかし登山である以上、あまり低い山には気が向かない。万葉の古蹟を尋ねて丘陵を歩き廻る風流気は私にはなかった。

大峰山や大台ヶ原山には登ったが、大和の万葉の名所を私はほとんど知らない。ただ大和と河内の境にある二上山という山が私の眼を惹いた。高くはないけれど、二つの峰が品《ひん》よく並んだその山の形を美しいと思った。登山の行き帰りのその麓を通りすぎるたび、私は倦《あ》かずそれを眺めた。そしてある暑い夏の日ついにその頂上に立った。頂上には宮廷葛藤の犠牲となった悲劇の人物大津皇子の墓があった。そして万葉集に皇子の姉の大来皇女《おおくのひめみこ》の、

　うつそみの人にあるわれや明日よりは
　二上山を弟世《いろせ》とわが見む　（巻二）

という腸を断つような悲痛な歌のあることを知った。

　わが国には二上山という名の山が幾つかある。それは二つの峰を持ち、むかし信仰の厚かった人たちは、それを雄神・雌神とみなした。両神山という山もある。二上山は二神《ふたかみ》山から来たのであろう。

　大伴家持に詠まれた越中の二上山とはどんな山であるか、ひそかに私は期待していた。そして高岡から麓の海老坂へ向かう途中、あまり山へ近づかないうち、二つの峰を並べた美しい二上山を望むことが出来た。私にはこんなことが大満足なのである。

　この二上山は高さ二七三メートルに過ぎないが、海岸からすぐに立っている。家持の「二上山の賦一首」を全部ここに引用するのは長すぎるので、その大意を述べると、「射水川が行きめぐれる二上山は、春の花の咲く盛りに、秋の黄葉の色づく時に、出て立って振り仰いで見やると、領する神の格のせいか非常に尊く、山の格のせいか大へん人を引きつける。

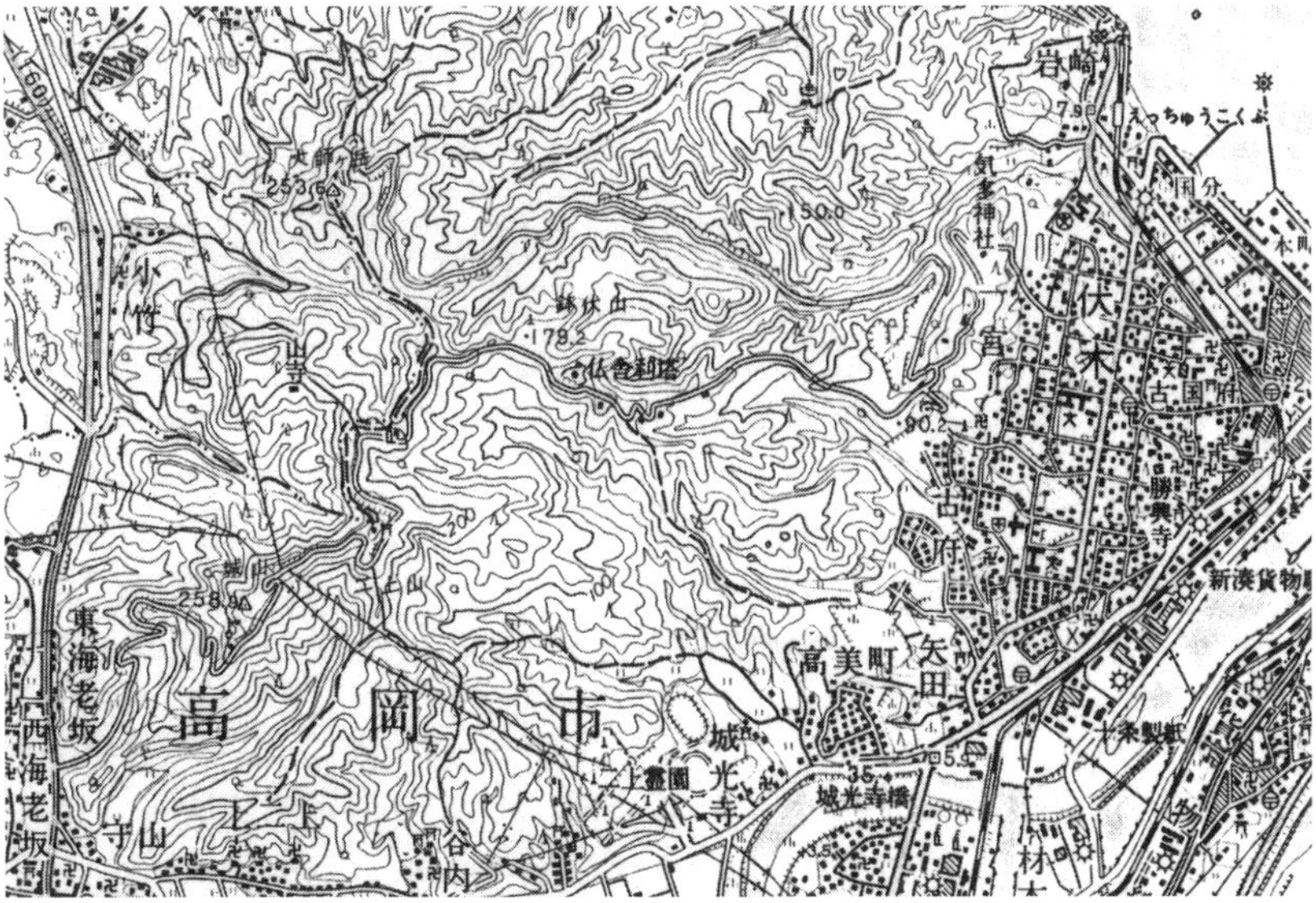

越中の二上山　▲富山

土地を領する神のましまます裾廻の山の渋谿《しぶたに》の崎の荒磯に、朝凪《な》ぎに寄せてくる白波や、夕凪ぎに満ちて来る潮のいよいよまさるように、絶えることなく昔から現在に至るまで、これだからこそ見る人すべて、心にかけて二上山を嘆賞するのであろう」（岩波の古典文学大系による）。

　大伴家持の館のあった越中の国府は、この二上山の東の麓にあった。したがって彼のおびただしい数の越中の歌の大かたは、その周辺で出来たと言っていいだろう。国内巡察に出て、能登（当時越中に属した）や早月《はやつき》川で詠んだ歌もあるが、大かたは二上山の周辺であった。奈呉《なご》ノ浦、渋谿ノ崎、布勢《ふせ》水海、多祜《たこ》、藤波など、みなそうであった。

　北陸旅行の途次、一日の暇を二上山で費やそうと決めた一番の誘因は、その頂上から越中平野を距《へだ》てて立山連峰を見たいためだった。そこからは白馬も薬師も白山も見えるはずである。ところが期待に反してその日は曇り空であった。高岡から日曜休日には万葉周遊バスが出るそうだが、週日にあたった私は氷見《ひみ》行の普通バスに乗るほかなかった。

　二上山登山口でおりると、すぐ登り道になる。軽トラックに一台あったほか、全く通行のない静かな道だった。まず二上山の二つの峰の一つ、城山に達する。頂上は広く平らに均《なら》した城址で、遠山の眺めは利かなかったが、北のかた複雑な地形の海岸段丘の彼方に、氷見の海岸が見えた。

英遠《あを》の浦に寄する白波いや増しに
立ち重《し》き寄せ来《く》東風《あゆ》をいたみかも　（巻十八）

とあるのは、そのあたりであろう。眼の下には小矢部《おやべ》川が蛇行しながら流れている。これが家持の歌

にしばしば現れる射水《いみず》川に相当するが、昔の射水川は庄川を入れていたというから、もっと大河だったに相違ない。

　戦国時代守山城と呼ばれたその城址を去って尾根伝いの道を行くと、もう一つの峰に着いて、そこに二上山頂上（標高二七三メートル）と書いた棒杭が立っていた。粗末な木の鳥居と荒れた堂のほか、何もなかった。

　玉くしげ二上山に鳴く鳥の
　　声の恋しき時は来にけり　（巻十七）

草もみじの秋だったから、私の耳に鳥の声も聞こえなかった。そこから伏木の方へおりて行く道の途中、かたわらの叢の中に、越中の俳人前田普羅の

　雪山に雪の降り居《を》る夕《ゆふべ》かな

の句碑を見つけた。

伏木の町へ出てまず訪ねたのは、古府の址だった。勝興寺というお寺があって、そのあたりが越中国庁のあった所とされている。広い境内に壮大な建物のたった実に立派な寺であった。寺を出て町を歩きながら家々の標札をのぞくとみな「古国府町」と書いてあった。その町名から推してもこのあたり一帯、大伴家持の過ごした土地であることがわかった。

それは河岸段丘の小高い所にあって、日本海を見おろし、立山連峰の眺められる、景勝の地だった。私の訪れた日は、立山も見えず、すぐ眼下は煙の多い伏木の工場地帯であったが、千二百年前に、「館の客屋は居ながらに蒼海《あほうみ》を望む」のどかな所であったに違いない。

東風《あゆのかぜ》いたく吹くらし奈呉《なご》の海人《あま》の
釣する小舟漕ぎ隠る見ゆ
（巻十七）

44 笈岳 (1841m)

私の生地は石川県大聖寺町、今は付近の町村を集めて加賀市となっている。晴れた日は町の正面に越の名山白山がよく見えた。その白山から北の方へ山なみを辿《たど》って行くと、その果てに二つの山が並んで頭をもたげていた。ピラミッド形が笈岳《おいずる》、梯《はしご》形が大笠山、両方とも千八百メートルを抜いている。

この笈、大笠の話を聞いたのはもう五十年も前、私の中学生の頃であった。同じ町に稲坂謙三という山の好きな、五つ年上の先輩がいた。大正十年五月、当時金沢医専の学生であった謙三さんは、立山の名ガイド佐伯平蔵を呼び寄せ、地元の人夫二人を連れて、残雪の白山山脈を縦走した。まだ今日のように登山が普及しない頃だったから、この初縦走はパイオニーア的な山行として、今でも白山の近代登山史には高く評価されている。私はその頃から謙三さんと仲がよく、私が今のように山が好きになったのも、この先輩のおかげであるが、笈、大笠という、一般にはあまり知られていない山を知ったのは、この先輩の登山談からであった。

稲坂謙三さんは父の代からの名門の医業を継いで、今も大聖寺町に健在である。学生時代から今日に至るまで、私は帰省する毎に訪ねて、酒を酌みながら語りあうのを楽しみにしている。謙三さんは博覧強記で歴史に詳しく、どんな史実についても卓抜な一家言を持っている。京洛綺語ノ人、幽棲ノ野翁ニ愧《ハ》ズ。本当の意味のインテリゲンチャである。

終戦後数年間、私が家族を伴って郷里に疎開していた時は、稲坂家の隣の別宅を借りていた。その頃年若い碩学下出積与君も大聖寺に住んでいて、よく謙三さんのとこへ集まり、談論風発のていで語りあったことをなつかしく思い出す。

謙三さんが縦走された白山山脈は、主峰の白山から北へ向かって、妙法山、野谷荘司山、三方岩岳、瓢箪《ふくべ》山、笈岳、大笠山、奈良岳、大門山と続いている。中で笈と大笠が高い。明治三十八年（一九〇五年）の夏、参謀本部陸地測量部員が、土地の人七人を山案内として連れ、三角点を設けるため笈岳に登った。すると前人未踏と思われていたその頂上に、経筒二個、和鏡、太刀、黄金仏、木仏、ヤジリ、法《ほ》螺《ら》貝《がい》などを発見した。

その経筒の一つには「武州大田庄、光福寺住僧実栄、奉納大乗妙典六十六内一部」と刻んであり、永正十五年（一五一八年）の年号が入っていた。もう一つには「大聖寺住僧善養坊同行十二人、奉納六十六部如法経」と刻んであった。両方とも秘宝として東京帝室博物館に納められた。他の品はどうなったか、話によると、すべて金沢の骨董屋に現れた。そしてそれらを運び出した村人たちは、その後祟《たた》りを受けて窮死したと伝えられる。

経筒の一つの「大聖寺住僧云々」の大聖寺はわが故郷の町であるとおもしろいのだが、どうもそうではないらしい。そういう名前の寺が関東にあったらしい。それにしても武州大田庄の住僧がわざわざ白山山脈の一峰までやってくるとは、どういう因縁があるのだろう。

昭和三十六年、下出積与君が吉野谷村中宮《ちゅうぐう》の笥笠神社から、坊主の「修業修了札」を発見され、それが文明十六、七年（一四八四、五年）のものであったそうである。「修業修了札」とはどういうものか知らないが、中宮は笈岳へ登る根拠地であるし、頂上で発見された経筒の年号と修了札のそれとがほぼ同時代のものであることからして、今は登る人もごく稀な笈岳へ、その当時はかなりの人が登ったのかも知れない。

　白山山脈の中に妙法山という山があり、昭和七年、植物調査に登山した金沢営林署の一行が、その頂上で銅製の経箱を見つけた。翌年金沢商業山岳部員が登ってその経箱を持ち帰ったが、貴重な資料である箱の中の板碑《いたび》を捨ててきて、郷土史家を大変残念がらせたということである。

　白山を中心としてそれに連なる山々、およびそれを取り巻く山麓は、考古学的に、民俗学的に、宗教学的に、歴史学的に、非常に興味の多い所のようである。『一向一揆の研究』の大著のある金沢大学の井上鋭夫君は下出君の後輩、やはり私たちと同じ大聖寺仲間で、謙三さんのとこへよく集まった頃はまだ東大の学生であった。山好きの私に向かって、彼は白山山脈は学問の宝庫であるが如く説くが、残念ながら私にはその素養がない。ただ登山の楽しみを見つけるばかりである。

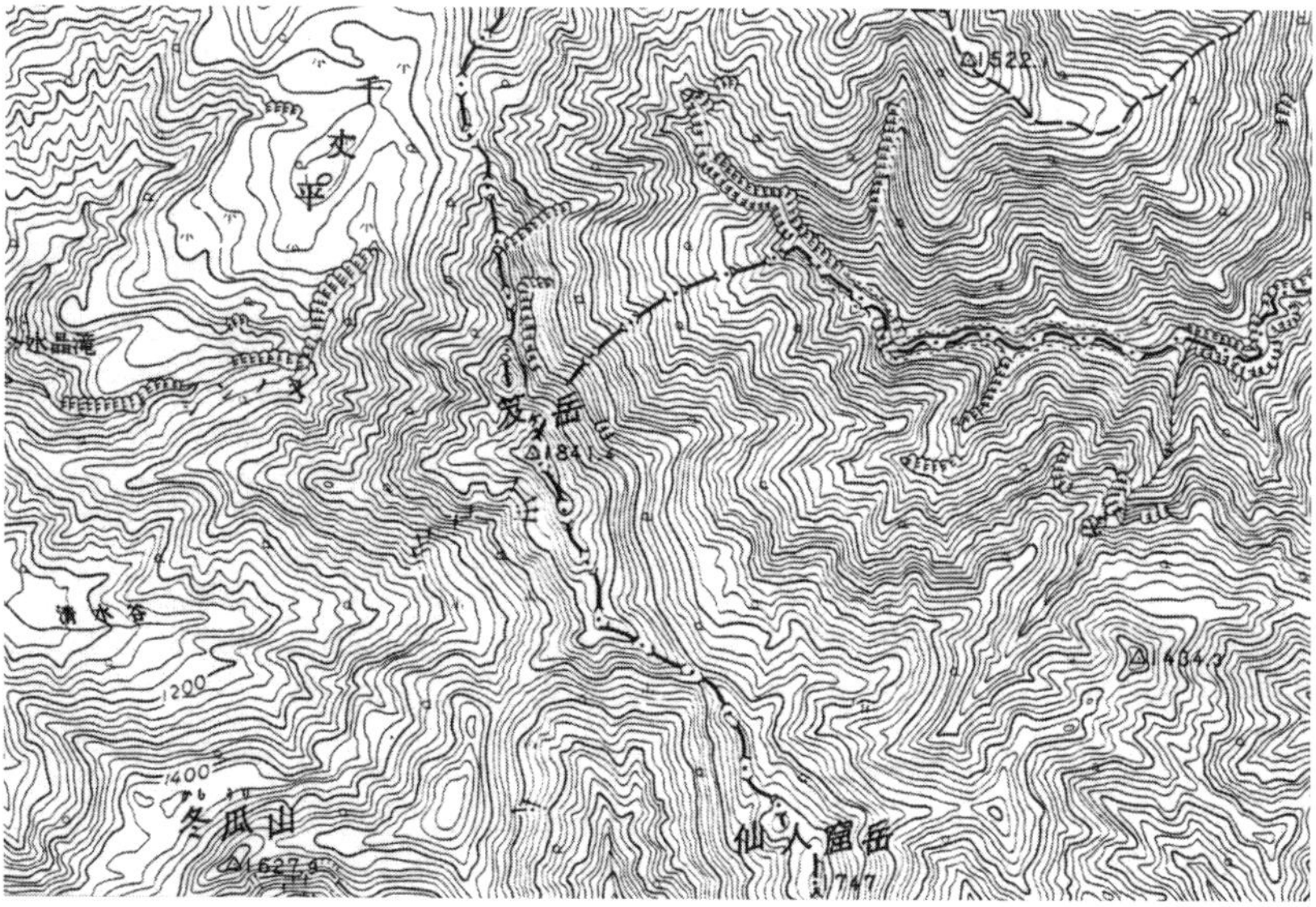

255　笈岳　▲白川村

笈岳登山は多年の私の念願であった。しかしこの山には道がない。藪がひどいから残雪の頃を見計らって登るほかない。その残雪も少し時期が早いと深くもぐるし、少しおくれると雪の消えた所に厄介な藪が出てくる。ちょうどいい時分というのはわずかである。毎年、今年こそはと思いながら時期を失してしまう。それに山に明るい人の案内がいるし、雪上にテントを張って一晩過ごさねばならない。あれやこれや考えると、なかなか一筋縄ではいかぬ山である。しかしその念願をとうとう果たした。

一九六八年五月十日。苦しさは初めから覚悟していた。私たちの今いる小屋の標高は約六百メートル、目ざす笈岳の頂上は一八四一メートル、途中若干の上り下りがある。それを計算にいれて、一日千五百メートルの登りはもう私には辛い。おまけにちゃんとした登山道があるわけではない。上の方はずっと残雪を踏んで行かねばなるまい。

私たちというのは老童三人、いずれも六十代の半ばに達している。気は若いが、足腰も若いとは言えない。こんな道のない山へ三人だけで登るのは無理である。そこで日本山岳会石川支部の若い元気な青年二人に助力を求めた。そのほかに地元の人二人に、今夜の泊まり場までテント食糧を運んでもらうことにした。

手廻りの品だけを担いだ軽装で、早朝五時小屋を出発した。小屋とは、尾添《おぞ》川（末は手取川と合して日本海に注ぐ）上流の中宮温泉のすぐ手前にある簡素な二階建である。温泉はまだ開いていなかった。初めしばらく川原沿いに歩いて行くと、人のあまり行かない山でよく出くわす籠渡しへ出た。対岸に針金が張ってあって、籠の代わりに一人分の座席の板が吊ってある。それに乗ると、その板につけられた綱を引っぱってもらって、向こう岸に渡る仕掛けである。私たちは全部で七人、一人ずつ渡るのだから暇がかかる。

川を渡るとすぐ急な登りになった。かぼそい踏跡がついている。山働きのための道だから、都会の登山者の便宜など考えていない。ただガムシャラなまっすぐな登りである。岩に足をかけ、枝にすがった手で身体を引き上げる。手を遊ばせる暇がない。まるで梯子《はしご》を登るような急坂であった。ようやくその坂を登り切ると、あとは緩くなったり急になったりの尾根道が続いた。

今度の私の二人の友は、コンちゃんとペンちゃんと呼ぶ。コンちゃんは三菱系某大会社の副社長、ペンちゃんは某大石油会社の重役、二人は一橋大学以来の仲のいい山のコンビである。コンちゃんはデップリ太っているが、太っていても山登りに支障はないという証明のように山には強い。それと対照的にペンちゃんはしなびたように細くて小さいが、そんな体力でも山登りはヘイチャラという見本のようである。私が一番弱い。三人ともアルコールが好きで、酒なくて何の山ぞ、と言わんばかり。山の泊まりでは酒を絶やしたことはない。

新緑の山の美しさにはまだ早かったが、木々の芽はもうはち切れんばかりにふくらんでいた。いい天気だった。五月の太陽は燦々《さんさん》として、大気に光の粉をふりまいていた。顔がヒリヒリと焦げていくのがわかる。一休みして軽食を取る。周囲のあらゆる物が、これから始まる自然の大ドラマの開幕前の前奏曲のように、そくそくと息吹いている気配である。こういう幸福があるから、山登りはやめられない。

道に雪が現れ始め、やがてそれがベタ一面となり、もうどこにも土は見えない。急斜面を登る時アイゼン（鉄《かな》かんじき）をつけようかと考えたが、雪に強く靴底を蹴りつけることで大丈夫であった。やや広い雪の原に出た途端、私たちが歓声をあげたのは、そこからのすばらしい展望のためであった。蜿蜒《えんえん》と続く白山山脈が私たちの前にあった。その一番奥に白山の主峰が群を抜いて高く立っていた。春の山らしく、真っ白な頂上の稜線は、青い空と溶け合うようにおぼろであった。反対側にはこれから登ろうとする笈岳、それに続いて大笠山が、まだベッタリと雪をつけて、はるか彼方にあった。すぐ眼の前にあるのは冬瓜《かもうり》山で、さっきまではこれが丸帽の大きな山に仰がれたのだが、今は小山にすぎない。冬瓜山は本当は冠《かんむり》山で、それをカモウリと聞き違えたという説がある。私たちは地図を拡げて、すべての見える山々のアイデンティフィケーションを行ってから、そこで昼食を拡げた。

テントを張る用意はもう出来ていた。重い荷を運びあげた土地の二人はそこから下り、あと私たち老童三人と若い二人だけの世界となった。

春の山

春とは言っても、北国ではまだ山の頂は雪に包まれていた。平地では桜も終わり筍《たけのこ》の出る時期になっていたが私たちは雪の上にテントを張って、そこから頂上へ向かわねばならなかった。

白山山脈の北にある笈ヶ《おいずる》岳（一八四一メートル）は立派な山であるのに、登山路がなかった。だから残雪のあるころ、雪の上を踏んで行くのが一番よかった。私たちはその前山の下にテントを張った。そこから頂上まで、距離にして二キロ半くらい、標高差にして二五〇〇メートルくらいだから大したことはあるまいと思ったのに、なかなかそうではなかった。

六十を半ば越えた私たち老童三人に、二人の青年が付いてきてくれている。テントを出発して前山の中腹をトラバースする時は、青年が先に立ってずっとステップを切ってくれた。こういう雪の急斜面ほど、歩き出しの時の怖いものはない。下は深い谷に落ちこんでいる。スリップしたらそこまでズリ落ちそうである。ステップを一歩一歩踏んで行くにも何か不安定で足が震え出しそうである。しかしすぐそれに慣れて平気になってくるのは、長年山を歩いてきた経験のおかげだろう。

　トラバースを終えて支尾根に取りつくところが、短い距離だがひどく急だった。雪の上に出ているブッシュ（やぶ）につかまりながら、はい登るようにして尾根の上に出た。それからゆるい上りの尾根をたどって行くと、尾根筋が落ちこんでいる。地図で見るとせいぜい等高線二本くらいの下りだが、雪の山ではそれがこたえる。登山の途中の「下り」ほど人をがっかりさせるものはない。

　仕様ない、いったん鞍部まで下って、それからまた尾根を登り始める。尾根をどこまでも登って行けば国境（加賀・飛騨）稜線に出る。しかしそれでは回り道になるので、私たちは尾根の中途でそれから離れて、また中腹の雪の上を登り気味にトラバースした。雪が切れてしばらくの間ブッシュをかきわけて行かねばならなかったがわずか二、三十メートルを横切るのに、何という悪戦苦闘であっただろう。

　わが国の二千メートル前後の山のブッシュの手強さは、経験した人でなくてはわかるまい。灌木の枝の上を渡って行くようなもので、遅々としてはかどらない。

　ブッシュを通り抜けて雪の上へ出た時はホッとした。しかし今度はひどく急斜面である。どこの山でも、稜線に出ようとする間ぎわの急傾斜は避けられない。やっと国境稜線に出ると、目ざす笈ヶ岳の頂上までずっと雪が続いていて、頂上だけが黒い頭を現していた。藪を押しわけて頂に出る。五人座るといっぱいになりそうな小さな平地だった。

　朝からの快晴は午後になっても崩れなかった。長い間あこがれていた山の頂上に立って、私の喜びは限りなかった。そこから見渡すかぎりの山々は、まだどっさり雪を付けていた。もう春の息吹きは空気の中にみちあふれ、木々の梢の赤みをおびた芽用意にも感じられた。

笈ヶ岳登山の好期はわずかの期間である。もう少し早かったらまだ十分に雪が緊まっていなかっただろう。もう少しおくれたらブッシュが出て邪魔をしただろう。ちょうどよい条件の時に登りしかも快晴に恵まれて、幸運だったと言わねばなるまい。

帰途は、さっきのブッシュを避けてずっと雪の上をたどるために、ひどい急傾斜をおりねばならなかった。ザイルを張って一人一人慎重に下った。前山のトラバースもやめて、谷川の近くまで急斜面をおりてそこの平地を歩いた。

テントへ帰ってきた時は、もう暮れかけていた。雪の上に大きなたき火をして、それを囲みながら、老童三人は青年二人の作ってくれた夕食に舌つづみを打った。それから一つのテントに五人がぎっしり詰まって寝た。疲れたせいか、寒さも感じずにぐっすり眠った。

北国の春の山、それは季節を逆にたどって、もう一度雪の中へ返ることである。雪の山からおりてくると、もう里はすっかり新緑に覆われていた。

45 日野山と木ノ芽峠（794m）

新しい地図が出来ても古い地図を棄ててはならない。それを特に感じたのは、越前の万葉古蹟味真野《あじまの》のありかを確かめようとして、近年出た国土地理院の四色刷の五万分の一「鯖江《さばえ》」図幅を拡げたが見当たらず、中学生の時使った参謀本部の五万分の一を取り出して、そこに味真野村という地名を見出した時であった。ついでにその近くにある、和紙の生産地として有名な岡本を探すと、これも元の五万分の一には載っているが、新しいのには抹消されていた。味真野村も岡本村も武生《たけふ》市に編入されてしまったからである。

東京の昔から親しみのあった町名が、かの忌わしき町名地番変更の犠牲になったように、地方では市町村合併という田舎の行政家の手によって、由緒のある古い地名が惜しげもなく消えて行くのは痛ましい。劃一《かくいつ》で簡略なことを直ちに合理的とする浅見と言わざるを得ない。

私たち福井中学の同年生が芦原《あわら》温泉に会合して、一夜歓談しようという計画は前からあった。それが今年の四月五日に実現したのは、同じクラスであった石田和外君が最高裁判所長官に任じられたので、そのお祝いも兼ねての会となった。東京、関西、それに地元の福井県下の面々、三十名が集まった。何しろ大正五年の入学生だから、五十年ぶりで顔を合わす者も少なくなく、会社重役、大学教授、医師、著述業など職業は別々でも、つながるところは同じ少年時代の思い出であった。石田君も童心に返り、肌脱ぎになって皆と差しつ差されつした。こんな時一番話題に上るのは昔の悪童ぶりで、自分では忘れてしまった話を旧友から聞かされるのも楽しかった。

私は福井中学出身であるが、郷里は石川県の大聖寺町である（町村合併で今は加賀市と呼ばれるが、私は絶対に加賀市は使わないことにしている）。町は両県の境に近く、母は福井から来ており、親戚も福井に多かった。だから私は加賀と越前の両方の血を引いている。この両方には、それぞれ前田藩と松平藩の時代から受け継いだ風習や作法に差別がある。ことに顕著なのは言葉で、人は一がいに北陸弁などと言うけれど、加賀弁と越前弁との間には、一と声聞いただけでもすぐ分かる、はっきりとした訛《なまり》が区別がある。

この両方に属しているおかげで、私は両方の気質を受け、両方の歴史や地理に対する興味をおぼえ（一般に人は隣の国には無関心なものである）、両方に友人・知人のあることを倖せに思っている。つまりふるさとを二つ持っていることになる。

芦原でクラス会の一晩を過ごした翌日の午前私は武生へ行って、おくれて東京から来た妻と落ち合った。日野《ひの》山へ登るのが目的であった。私は所用で旅行する折には、その旅行先のどこかの山へ登ることを例としている。そのためには小型のリュックサックを持ち、キャラヴァン・シューズを穿《は》き、いつでも旅行者から軽登山者に変身出来る用意をしている。日野山はかねてから私の目をつけていた山だった。学生時代からの北陸線の往復で、鯖江、武生のあたりから見るこの山の美しい姿に私は惹かれていた。平野からすぐに立っており、車窓からも目近に仰がれるので、高さ八百メートルの山とは思えない貫禄をそなえている。当然昔からこの地方の名山である。こんな山へ登らずにおくのは、私にとっては一種の恥辱であった。

日野山のついでにその北麓に拡がる味真野を訪ねることにしたのは、近年万葉集の勉強を始めた妻を誘い出すためでもあった。万葉集巻十五の後半に、味真野へ流された中臣宅守《なかとみのやかもり》と、奈良に残った妻の狭野《さのの》茅上娘子《ちがみのおとめ》との間に交わされた、熱烈な相愛の歌が数多く載っている。宅守の流罪の確かな原因は分からないが、身分の低い女官の娘子を娶《めと》ったためという。あるいはそれは口実で、時の政争に関与したためと説く人もある。新婚後間もなく、たぶん天平十一年に、娘子が宅守を越前へ送り出す時の歌、

君が行く　道の長手《ながて》を　繰畳《くりたた》ね
焼きほろぼさむ　天《あめ》の火もがも

その長い道の途中で宅守の作った歌、

うるはしと　吾《あ》が思《も》ふ妹を　思ひつつ
行けばかもとな　行きあしかるらむ

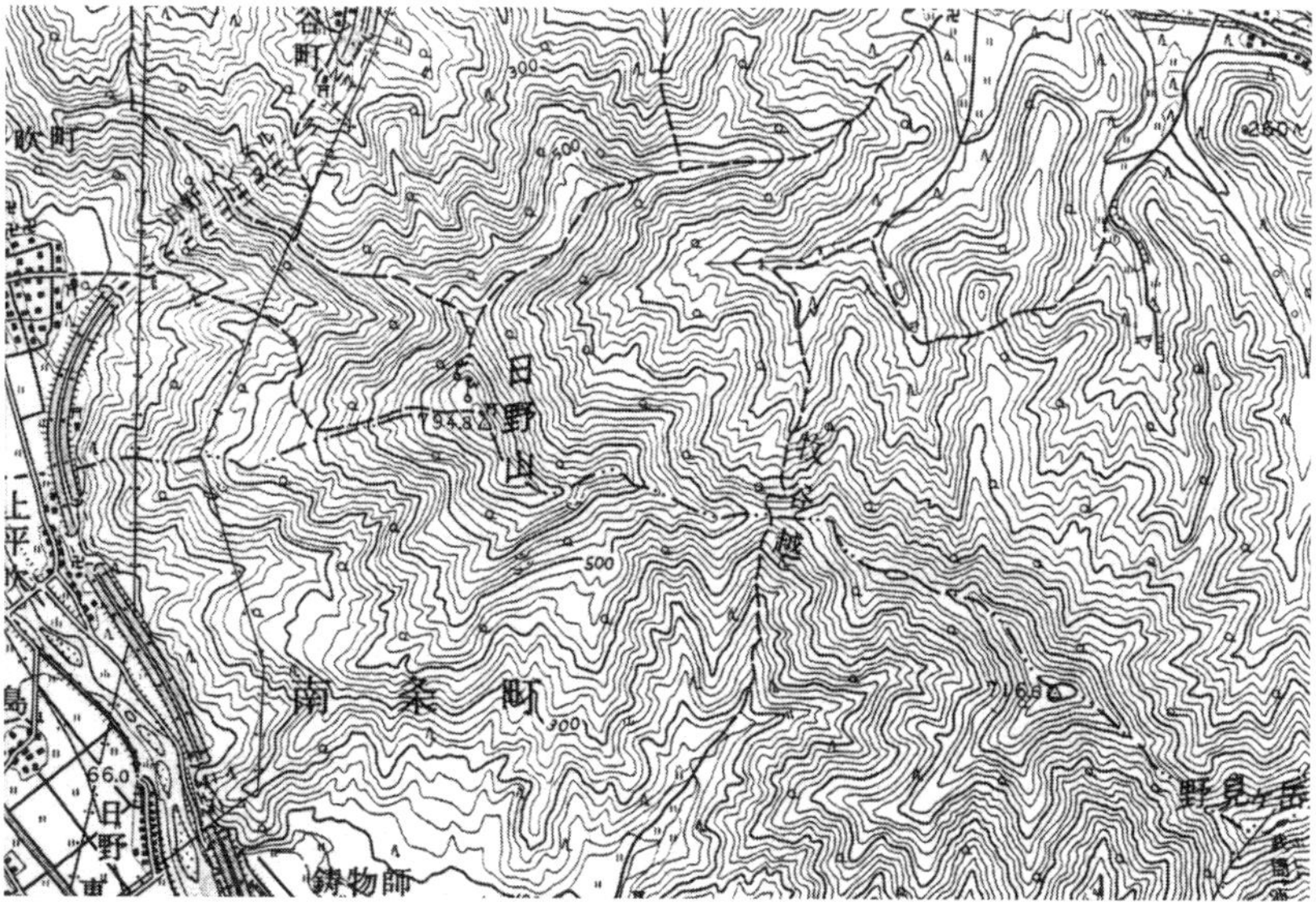

▲鯖江（木ノ芽峠は「今庄」）

はげしい思いの籠もった歌は、その後配所と都との間にしきりに続いた。

吾妹子《わぎもこ》に　恋ふるに吾《あれ》は　たまきはる
　短き命も　惜しけくもなし
味真野に　宿れる君が　帰り来む
　時の迎へを　何時《いつ》とか待たむ

天平十二年六月大赦の勅令が出て、流人は都へ帰ることを許されたが、その中に宅守はいなかった。
それを知った時の妻の歎きは、

　帰りける　人来《きた》れりと　いひしかば
　ほとほと死にき　君かと思《おも》ひて

配所に残された夫は、花を見、鳥を聞くにつけても、

　恋ひ死なば　恋ひも死ねとや　霍公鳥《ほととぎす》
　物思《も》ふ時に　来鳴き響《とよ》むる

以上は二人の恋愛歌のほんの一部にすぎない。万葉集巻十五の目録に「……ここに夫婦の別れ易く会

い難きを相嘆き、おのおの慟《いた》む情《こころ》を陳べて贈答する歌六十三首」とある。万葉の中でも秀歌に数えられている。その歌を生む機縁となった味真野という土地を、私も妻も見たかった。

しかしそこを訪れる前に、もう一つ行く所があった。それは私の母かたの祖先の墓参りであった。母の実家はもと福井市の勝見に酒屋を営んでいた。そこは大野へ行く町の出口にあたっていた。母の少女時代には酒倉が幾つも並んでいたというから、相当大きく商っていたのであろう。それが数度の大火にあって次第に落ちぶれ、私のおぼえている限りでは、もう家系さえ絶え絶えになっていた。もとの姓を名乗って残っているのは、私の祖母と独身の伯父だけだった。私は中学二年生の秋、八十を越えたその祖母と頭の変になった伯父と三人で、福井の町はずれの小さな家で過ごしたことがある。

祖母は気丈で信心深かった。私を可愛がってくれた。その墓参りをしたかったのである。初めて尋ねるその墓は遠かった。広い田んぼの中の村を幾つか通り抜けてようやく山際に達すると、西大味《にしおおみ》という村があって、そこのお寺の裏山が墓地になっていた。母の実家の墓は山の斜面の木の蔭にひっそりと立っていた。周りの境界もなくただ小さな一つの石で、側面に「大味屋」と刻んであるだけだった。大味屋は屋号である。墓はつつましいのが好ましいと平生から思っている私には、この母かたの先祖の墓が大いに気にいった。妻はあたりの土を割って花を出した猩々袴《しょうじょうばかま》を一輪摘んだ。

武生へ戻って、そこから車で味真野へ向かった。上代の国府であった武生から東へかけて、日野山を南に控えて、盆地が拡がっている。その盆地の東南隅一たいが味真野である。大昔、近江から深い山路を辿《たど》って越の国へ入った時、最初に出あう平野がこの盆地である。旅人はさぞホッとしたことであろう。

それにこの小天地はどこか大和に似ている。四周を山に包まれていることや、その野のあちこちに独立した丘陵の立っていることや、山河のたたずまいのおだやかなことや。私たちが味真野の継体天皇の御宮跡に立った時はもう夕暮れであったが、山も、木立も、村も、おぼろに霞《かす》んで、しきりに大和を感じさせた。

二十五代の武烈天皇の後皇統が絶えようとしたので、十五代の応神天皇まで溯《さかのぼ》り、その五代目の孫の男大迹皇子《おおおとのみこ》を立てることになった。皇子は当時味真野に隠棲していたが都へ迎えられた。それが二十六代の継体天皇である。皇統はそれからずっと継体系になった。

何せよ皇后のほかに八人の妃があり、合計十人の男の子と十一人の女の子があったというから、皇嗣には困らなかった。謡曲「花筐《はながたみ》」はこの天皇を取り扱っている。男大迹皇子が継体天皇となるために味真野を去る時、寵愛の照日《てるひ》の前《まえ》に形見として花籠を与える。照日の前は皇子を慕い花筐を持って都へ上り、紅葉の行幸の道に待ち受ける。天皇もそれを見てあわれに思い、面白う狂うて見よと仰せられ、再び召し使われるという筋である。

男大迹皇子が住んだという鞍谷御所趾は、現在村社味真野神社となっている。山を背にした平らな境内は、いかにも隠棲するのに似つかわしい所に思われた。無人の社殿は雪除けの蓆《むしろ》を下げたまま森閑としていた。前には杉が立ち、後ろは竹藪になっていた。

味真野の中心五分市《ごぶいち》には宿屋が無かったので、私たちは粟田部《あわたべ》まで車を走らせた。山添いの道の途中で、不老《おいず》、岩本、大滝、新在家、定友のいわゆる五箇《ごか》ノ庄《しょう》を過ぎたが、この五箇ノ庄こそ昔から越前和紙の本場で、昔東大寺の写経にも、太政官札といわれた紙幣にも、フランスで出版された豪華な画集にも、ここで漉《す》かれた紙が用いられた。山裾《やますそ》に何本も煙突の見えるのは、今も製紙の盛んなことのしるしだろう。

私が旅行する時には、都会の旅館はなるべく避けて、田舎の宿屋に泊まることにしているのは、その方が安いことは無論だが、それよりも親身に扱われることが多いからである。粟田部の宿屋も、御商人宿風の粗末な部屋であったが、廊下を女中がバタバタ走る都会の宿よりも、どれだけ落ちついて気持がよかったかわからない。

　翌日、日野山へ登る日は申し分のない天気で明けた。「さだとも」から「ごぶいち」まで電車に乗った。南の空に仰ぐ日野山は、武生から見た時のようなピラミッドではなく、長い尾根を左へ引いた形であった。全山樹木に覆われていて、その隙間に白い雪が点々と見えた。

　五分市の町で罐ビールと夏蜜柑と餡《あん》パンを買って、山へ向かって歩いて行くと、途中に実に大きな寺がある。真宗出雲路派本山の毫摂《ごうしょう》寺で、築地《ついじ》をめぐらした広い境内には豪壮な本堂があり、その大甍《いらか》から落ちた雪がまだうず高く残っていた。亭々とした松がまばらに立って、その幹を透かして見る高い鐘楼や鼓楼の姿のよさも、この寺の格の高さを感じさせた。ここに本山をおいたのは、やはり味真野という土地のよろしさに惹かれたのであろう。

　町をはずれて水のきれいな川を渡った。橋のたもとの両脇の柱には、それぞれ文室《ふむろ》川、水無瀬《みなせ》川と書いてあった。両方の名があるのだろう。その川は、山の迫った谷から流れてきているが、地図を見るとその谷に文室という部落がある。文室と言い、水無瀬と言い、昔の人はこのあたりを大和になぞらえたのではあるまいか。味真野はきれいな水の湧き出る所だそうである。よい和紙の出来るのはそのせいかもしれない。

　春風駘蕩《しゅんぷうたいとう》といった日だった。耕す人の大勢出ている萱谷《かやたに》と呼ぶ行きづまりの部落まで行くと、そこから細い登山道がついていた。初め急な登りが続き、やがて緩やかになったところで一と休み。味真野が一と目に見下ろされる。眼下の村のおちついた瓦屋根の色が美しい。近頃一般に農村にも赤い屋根や青い壁などふえてきたが、山上から眺めた風景としては、やはり黒ずんだ一色の瓦や茅葺きの方が、日本の自然にマッチするように思われる。

道の辺には猩々袴が咲き、まんさくが黄色の細い花をつけていた。ようやく木々も芽ぶいてきて、その中に時々清純なこぶしの白花が目立った。登るに従ってところどころ道に雪が出てきた。今日あたりの天気ではその雪もどんどん溶けて行くのだろう。雪を撥ね返してピンと立ち直る灌木の枝を幾度も見かけた。最後の急坂で道の上に雪が続き、とうとう頂上の一端に出る。社があった。

頂上は細長い台地状をなして、間を置いて三つの社が建っていた。中の社が一番大きく、南の端の社のそばに三角点があり、日野山頂上と書いた杭が倒れていた。一応の展望を終わると、六十を越えた夫と妻は中の社の前にある腰かけで、ビールを飲み、パンをかじった。気分すこぶる爽快である。何むき今ごろ登ってくるのは物好きのたぐいであろう。夏の例祭には、麓の萱谷、宮谷、西谷、平吹《ひらふき》の各村から、それぞれの登山道によって登る人々で賑わうという。

味真野はこの山の存在によって、いちだんとその景色の美しさを加えたと言っていいだろう。そこに住んだ男大迹皇子も照日の前も、中臣宅守も、毫摂寺を建てた何とかいう坊さんも、朝夕この山を仰いでいた。昔の人は足が強かったから何べんも登ったかも知れない。そして社を置いたりしたのだろう。西側の北陸道を急ぐ旅人は登る暇など無かったであろうが、やはり注目の山であったに違いない。芭蕉も奥州からの帰途ここを通った。『奥の細道』に「漸々《ようよう》白根が嶽（白山）かくれて、比那が嵩《たけ》あらはる」とあるが、比那が嵩は日野山の別称で、日永岳、雛ヶ岳などと書かれたこともある。姿の美しい山は詩人の目から逃れることは出来なかった。

私たちはその西側の平吹へ下る道を採った。これは距離は短いがひどく急で、途中「比丘尼転《びくにころ》がし」という場所もあった。下り着いたところに立派な社殿の日野神社があったから、この山の表門はここかもしれない。御祭神は、継体天皇、安閑天皇、宣化天皇で、由緒によれば、継体天皇の前身であった男大迹皇子がこの山に登り、かがり火を焚きながら頂上で一夜を過ごして、朝日の昇るのを拝された。そこで今も八月二十五日には、近隣の老若男女が終夜頂上で火を焚く祭りが行われているという。

平吹はその西麓の山沿いに拡がった村で、村の前を日野川が流れている。ちょうど雪解けの増水時であったから、広い川幅いっぱいに滔々《とうとう》と水が流れていた。この日野川が万葉集の大伴家持の歌に出てくる叔羅《しくら》川であった。

　叔羅川　瀬をたづねつつ　わが背子は
　　鵜河《うかは》立たさね　情慰《こころなぐ》さに

越中の国守であった家持は、自分の部下であった大伴池主《いけぬし》が越前に転勤したので、使いの折に歌を贈った。これもその中の一首で、叔羅川の瀬を求めて、心を慰めるために鵜飼をなさいという意である。

日野川の長い橋を渡って、私たちは北陸線の「おうしお」へ出た。「おうしお」は王子保だが、この村名も新しい地図から消えて、駅名に残っているだけである。おそらく王子保の「王子」は男大迹皇子のことであろう。「保」は一定の戸数の集まりである。こういう古い良い名前が、市町村合併の犠牲となって消滅して行くのは惜しいことである。

その「おうしお」から汽車に乗って、三つ目の今庄で降りた時は、もう暮れかけていた。古くから北陸線を何回も往復した者にとって、今庄という駅はなつかしい。そんな山間の寒村に急行が必ず停まったのは、そこで機関車に石炭や水を積む必要があったからだろうか。駅には実においしい蕎麦を売っていた。北陸トンネルがついてから、急行はこの駅を見棄てて走るようになってしまった。

私たちが駅前の宿屋に泊まったのは、翌日木ノ芽峠を越えるつもりだったからである。素朴な親切な宿であった。この今庄からいよいよ山にさしかかるのだが、京へ行くのにそのルートは三つあった。

一つは西へ山中峠を越えて海岸へ出、敦賀に至るもの。中学生の時私はこの敦賀湾に沿う道を歩いたことがある。その時使った五万分の一図を出してみると、歩いた道を赤く塗ってある。五十年も前だからたいてい忘れてしまったが、杉《すい》津《づ》あたりから見た海の美しさが記憶にある。地図の赤線で察すると、その時は武生から歩き出して、今庄を通らずに、春日野隧道を経て大《たい》良《ら》で海岸に出、敦賀まで南下した。現在国道八号線はほぼこれと同じコースを辿っているようである。

第二のルートは、いわゆる北陸道（北国街道）であって、今庄から山の中を南下、栃《とち》ノ木《き》峠を越えて、琵琶湖の東岸へ出るもの。これは越前の柴田勝家が開いた道であった。勝家は武将として偉かったのみでなく政治家としても優れていて、架橋や道路工事にも意を用いた。敦賀廻りの道は近江へ出るには遠すぎる。そこで栃ノ木峠を越えて柳《やな》ヶ瀬《せ》へ直接通じる道を作ったのである。しかし柴田勝家の作ったその道が、賤《しず》ヶ岳の敗戦で彼の退却路となったとは、皮肉な運命である。この旧国道は、国道八号線が海岸沿いについて以来、さびれる一方だそうである。

以上二つの道の中間にあるのが、私たちの辿ろうとする木ノ芽峠の道であった。これが開かれたのは平安時代の初めだという。中世以後この道には数多くの歴史が織りこまれているが、現在は廃道に近い。だから私は歩く気になったのである。木ノ芽峠、名前もいい。そしてちょうど木ノ芽どきであった。

日本一の長さを誇る北陸トンネルは、今庄を出ると間もなく地下にもぐり、敦賀の近くでようやく地上に現れる。この潜行区間の山地が昔からの旅人の難関であった。

み越路《こしぢ》の　雪降る山を　越えむ日は
留れるわれを　懸けて偲ばせ

万葉集にある笠金村の反歌のごとく、その「雪降る山」こそ越《こし》の国へ行くのに越さねばならぬ障害であった。反対に、都へ帰る人を送る時には、大伴家持の歌にあるごとく、

可敝流廻《かへるみ》の　道行かむ日は　五幡《いつはた》の
坂に袖振れ　われをし思はば

その可敝流は、今は南今庄と名が変わったが、以前の帰《かえる》である。今庄の宿を朝立った私たち二人は、鹿蒜《かひる》川に沿うその帰部落を過ぎて、上新道部落から谷沿いの道を木ノ芽峠へ向かった。昨日の快晴に引きかえ、今日は雨の来そうな曇りであった。

日野山の脇を過ぎて来た芭蕉もこの道を採ったとみえて、「燧《ひうち》が城（今庄の近くにあり、木曽義仲の城址）・帰山に初鴈《はつかり》を聞きて……」とある。

峠へかかろうとする最終の部落を二ッ屋と言い、そこに「明治天皇行在所」と刻んだ石碑が立っていた。明治十何年かの北陸巡行で天皇が越えられたくらいだから、その頃は立派な道がついていたのだろう。しかし峠を利用する人もなくなった今日、二ッ屋の部落には家の立ち退いた跡があちこちに見えて、何か侘しい風景であった。

部落の出はずれで砂防工事をやっていて、まるで泥の海のような所を過ぎると、そこから緩い登りになる。いかにも廃《すた》れ行く道といった感じで、両側から雑草で狭められ、細々とした踏跡が続いている。人が通らなくなってから何十年になるのだろう。道端には蕗《ふき》の薹《とう》など萌え出ているが、いまだ木の芽は固い。道に雪が出てきた。途中に言《いう》奈《な》地蔵という萱葺きのお堂が立っているのも、古い峠みちらしい。

峠の上に近づくあたりは、ずっと平らな道で雪を踏んで行った。ようやくそこに着くと、杉木立にかこまれて萱葺きの家があった。これは明治天皇の御休憩所として建てられたものらしい。それと向きあって道を挟んで、石垣をめぐらした大きな石塔が立っていて、それには「道元大禅師」と彫ってあった。曹洞宗の開祖道元は越前の永平寺で、著作『正法眼蔵《しょうほうげんぞう》』と弟子養成のため十年を過ごしたが、建長四年、五十三歳の夏ごろから病気勝ちになり、それが次第に重くなったので、翌五年八月療養のため京都へ向かうことになった。そしてこの木ノ芽峠の上で弟子の徹通師資と訣別《けつべつ》された。それを記念した石塔であった。道元はそれから間もなく京都で亡くなっているから、この峠越えの時は相当身体が衰えていたのに違いない。

峠から反対側へ下る道は初めしばらく急であったが、やがて谷川へ出、それから新保部落まで大した道のりではなかった。

新保はどの家も改築したばかりのようで、小ざっぱりと新しく、自動車の置いてある家もあり、たいていの屋根にカラー・テレビのアンテナが立っていた。

「私たちの家よりはずっと現代的ね」

「うちほど旧式なところはないよ」

新保からバスに乗って敦賀に出、米原から新幹線で東京の旧式なわが家に帰った。

46 御在所山の岩壁（1212m）

御在所《ございしょ》山へは三度行った。最初は霞の棚びく四月の末、二度目は頂上にまだ雪のあった冬の終わり頃、しかしこの二回とも上りはロープウェイに乗ったから、登山とは言えない。私は日本中の多くの山へ登ったが、幸いにしてロープやケーブルのつかない前だった。近年観光行楽が盛んになって名のある山にはたいてい「遊覧者引揚機」が敷設され、その誘惑に負けまいとするには勇気が要る。

三度目の御在所山は機械力に頼らず足で登った。六月初旬、名古屋に住む若い山友達が一緒だった。二台の自家用車で来た私たちは、ロープウェイの出発点に車をあずけて、裏道を登り始めた。名古屋の連中は御在所をいつでも遊びに行ける裏山くらいに考えている。彼等にとって魅力のあるのはそこの岩場である。

御在所山には表道と裏道がある。藤内壁《とうないかべ》と呼ばれる岩場は、その裏道に添っている。この前ロープウェイに乗った時、案内嬢が眼下の岩壁を指して「日本三大岩場の一つです」と言った。他の二つはどこかと訊《き》いたが知らなかった。あとでそれは谷川岳と三ッ峠山だと教えられた。

日本三大岩場とは恐れ入るが、しかし岩登りのトレーニングの場としては、この三つの選定は当を得ている。藤内壁は関西や中京のクライマーたちの道場になっている。ここで多くの優秀な若者が育った。アルプスの一番むずかしい三つの壁を日本人として初めて完登した高田光政君もこの岩場の出身である。

そしていま私と同行の人たちはいずれも、高田君と一緒にここで岩登りに励み、新しいルートを拓いた連中である。

　裏道を登って藤内壁の下まで来ると、クライマーの雛《ひな》たちがあちこちの岩にザイルを垂らしていた。私たちは裏道から逸《そ》れて前尾根に取りついた。これは岩の連続した尾根で、岩登りのトレーニングの場となっているが、もちろん私の仲間は、ザイルで私を引き上げて心胆を寒からしめようという魂胆のあるわけではない。登りついた地点はヤグラのコルと呼ばれて、それから上には別段冷や冷やするような所もなかった。

　前尾根の岩場を過ぎるとあとはブッシュの道となり、頂上まで幾らもなかった。遊園地化した御在所の頂上については、また何をか言わんや。山上の宿で懇親会を開いて一夜を明かした翌日、帰途は国見岳の方へ廻った。出あう人も稀な、静かな素朴な山道であった。

　その国見尾根を下って行くと、最後の急坂の途中から、対岸に藤内壁の全体が見えた。スケールと変化に富んだ岩場で、それぞれのルートに幾組ものザイル・パーティがへばりついていた。日曜だったせいか、壁は満員だった。彼等の中にはやがて一流のクライマーとなって、ヒマラヤの壁を克服する者が出てくるかもしれない。私は激しい羨望を感じた。しかしすでにおそい！

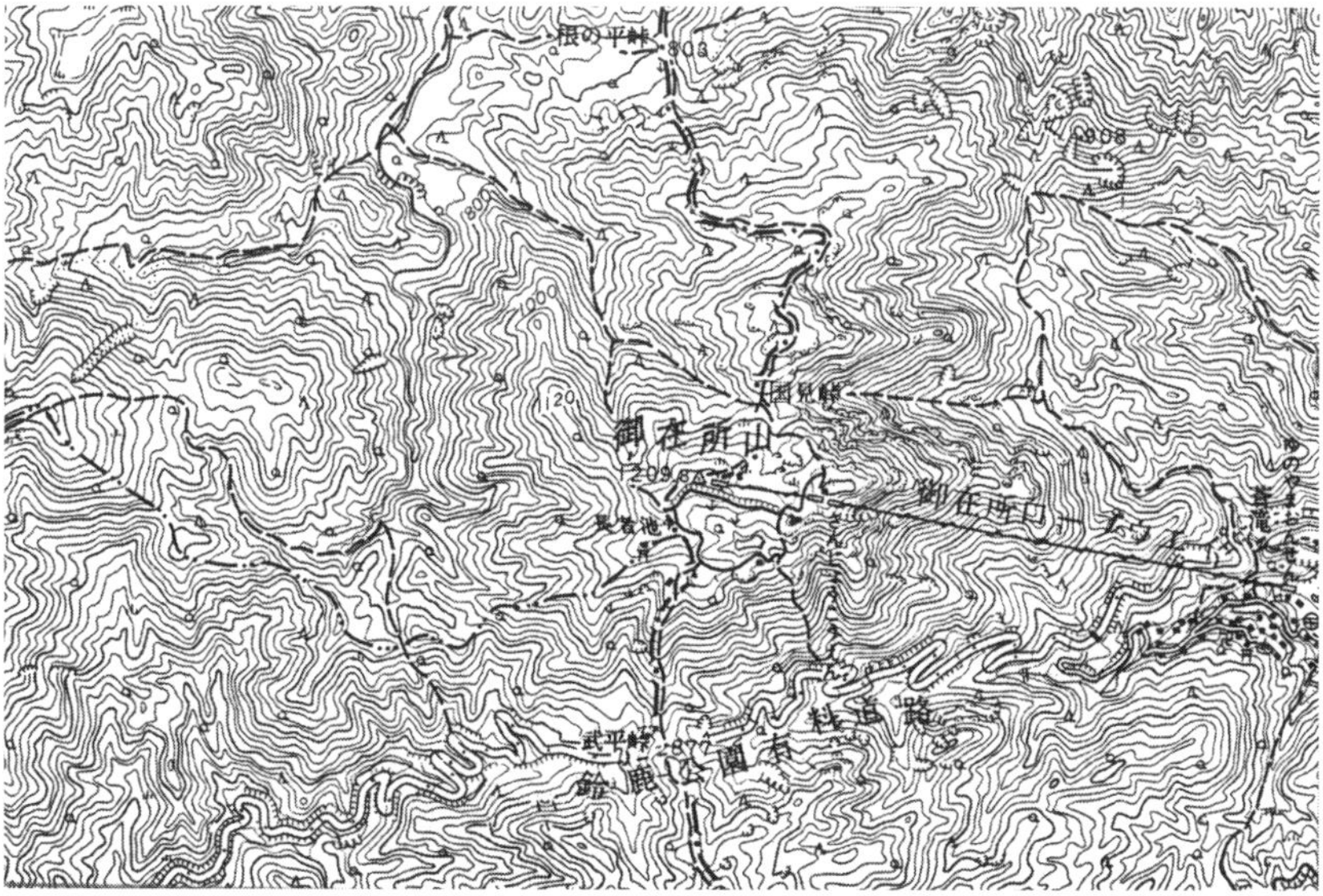

275 御在所山の岩壁　▲御在所山

47 伊勢街道の高見山（1248m）

高見山は、奈良・三重の県ざかいを走る台高山脈の一番北にあって、標高は一二五〇メートルに過ぎないが、古くから有名な山である。神武天皇東征の時この山の上に立たれたと言われている。また蘇我入鹿が中大兄王子に誅《ちゅう》された時、その首が飛んでこの山上に座ったという伝説もある。本居宣長にあちこちの山を詠んだ歌が多いが、ここにもある。

白雲に峰はかくれて高見山
　見えぬ紅葉の色ぞゆかしき
高見山谷より登る白雲の
　八重ふみわけて今日ぞ越え行く

私と銀行頭取の加和さんは、三重側から奈良側へ山を越えて、吉野川上流の柏木に出たところだった。日にちに余裕があったので、もう一と山、大峰山の山上ヶ岳に登ろうとしたが、山の上の宿坊はもう閉鎖されたと聞いて、地図で他の山を探した末、高見山にした。そこで柏木からバスで国栖《くず》まで下り、そこでバスを乗り換えて伊勢街道に入り、終点杉谷部落の手前の川でおりた時は、短い秋の日はもうだいぶ傾いていた。その途中、木津峠という小さな峠をトンネルで抜けたが、その出口から東の空に鋭い美しいピラミッドの峰が見えた。それが高見山であると感づいた時、私たち二人は思わず喜びの声をあげた。その夜は川の出合いを見おろす宿に泊まった。

翌朝は快晴、私たちは八時に自動車を頼んで高見山へ向かった。伊勢街道はここから高見峠を越えて松阪市に通じている。昔大和の方からお伊勢参りをするのに通った古い街道で、今は新しい広い道がつけられている。新道は車が走れるように迂回しながら、緩く次第に上っている。峠へ近づくと眼前に高見山が現れた。もう昨日見たような尖峰ではなく、ゆったりと大きな山容に変わっていた。それがほとんど全山美しい紅葉に装われている。

新道の高見峠へ着き、そこへ車を待たせて私たちは高見山に取りかかった。運転手も一緒についてきた。ちょっと上ると旧道の峠があって、もう磨滅して文字も読めないような古い石碑の立っているのも、いかにも歴史的な峠らしかった。

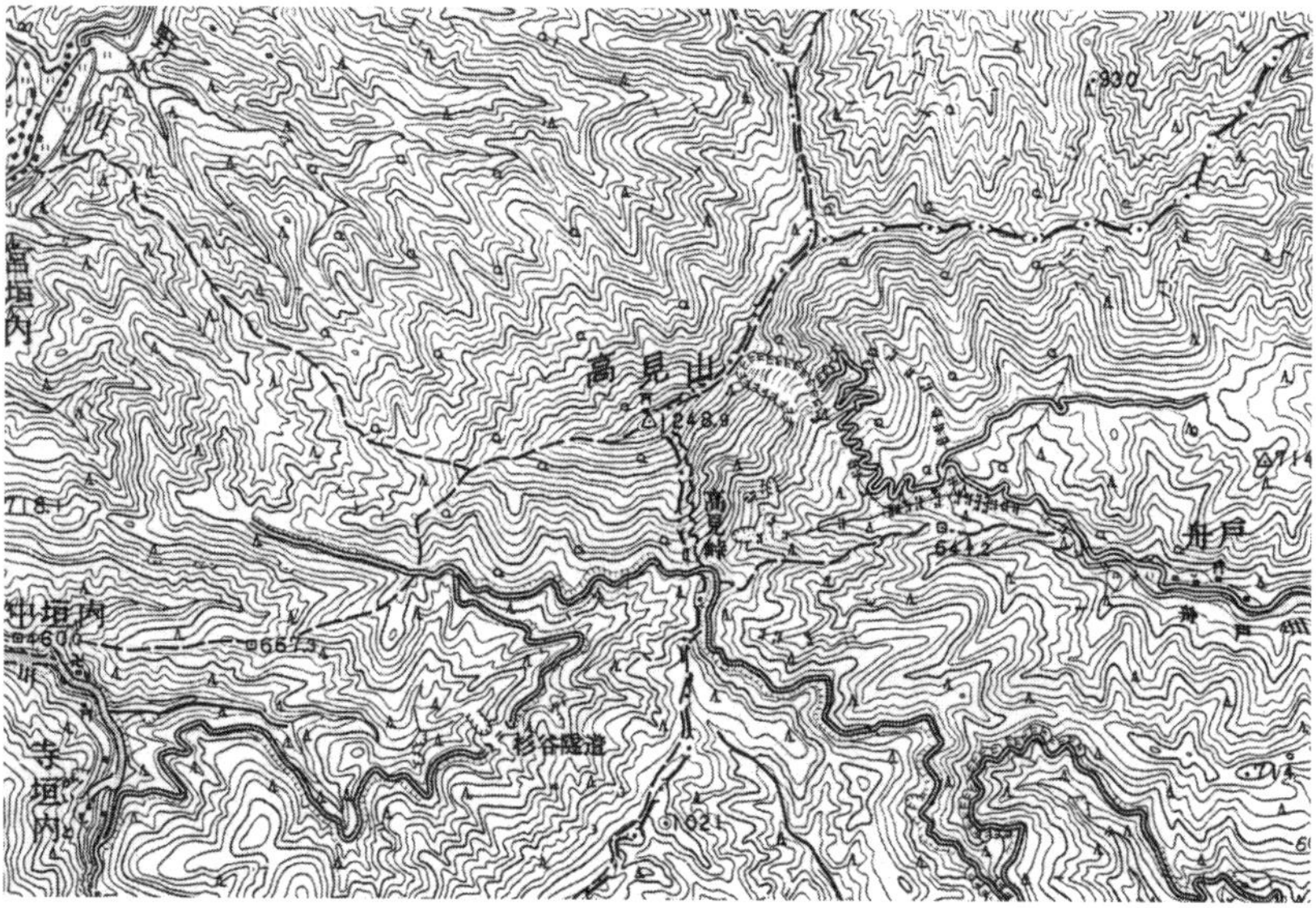

▲高見山

高見山はその峠から急な斜面をジグザグの登りで一時間くらいだった。中腹から上は丈の低い灌木叢で、道端に咲きおくれのナデシコが可憐な花をつづっていた。

頂上には、山の上としては立派な小祠が立っていた。神武天皇大和平定の時誘導したという八咫烏《やたからす》建角身命《たけつぬみのみこと》が祀《まつ》ってある。眺望はすばらしかった。伊勢方面は山が重なりあって、その中の目立った山の名を幾つも私は加和さんから教わった。この銀行家がそんなに山の名に委しいのは、忙しい本業の傍ら、暇を見ては伊勢の山々に登っているからであった。南には台高山脈の国見山、白倉山などが続く。ずっと彼方《かなた》に大峰山の連なりも見えた。

小春日の頂上で、一時間ほど眺めを楽しみながら弁当を食べてから、車の待っている峠へ引返した。伊勢側の波瀬《はせ》まで下るとまだ正午すぎたばかり。そこから松阪行のバスに乗った。松阪へ出るまで、櫛《くし》田《だ》川沿いの山間の道は長かった。しかしバスの窓から、長い峰を持った三峰《みうね》山とか、美しい尖峰の局《つぼね》ヶ岳とか、白猪山とか、烏岳とか、いろいろの山を教わることで、私は退屈しなかった。

三時間の後、町通りが狭いだけにひどく活潑に見える松阪市に着き、迎えに出ていた加和さんの車に乗り換えて津へ向かった。

その夜は、津市のはずれにある加和さんの家で松阪肉の御馳走になり、よく燃える煖炉のそばで、旅の終りの楽しい一夜を過した。

48　二上山（517m）

近鉄の南大阪線で河内から大和へ入る際に、人々は二上山の姿に眼を留めるであろう。もしそれが歴史好きの旅人であったなら、一しおの感懐をもってその山を凝視するに違いない。

初め河内側の太子《だいし》あたりからは、二上山の二つの峰が、すなわち雄岳が左に雌岳が右に、並んで見える。電車が進行して、国ざかいの穴虫峠をトンネルで抜けて大和の平野に入ると、今度は雄岳が右、雌岳が左になる。雄岳は五一五メートル、雌岳は四七四メートル、その差は眼に見てもあきらかである。

二上山という名の山はほかにもある。その一つは越中の高岡の北方、日本海近くにあって、高さは二五九メートルにすぎないが、昔の国府（今の伏木）からすぐ眼前にあったから、越中国守大伴家持はこの山をあがめて、長歌を作っている。ほかに短歌一首あり、

　たまくしげ二上山に鳴く鳥の
　　声の恋しき時は来にけり　（万葉集巻十七）

もう一つの二上山は美作《みまさか》の津山の西南方にあって高さ六八九メートル、伝教大師の草創になる両山寺によって名高い。天候がよければ頂上から瀬戸内海を望めるという。平賀元義の歌に、

かき数ふ二上山の雪の上に
霞たなびく春近みかも

以上二つの山はいずれもフタカミヤマと呼び、頂上は二つにわかれて形よく並び立っている。いにしえの人は山を尊んで、そこには神がいますと信じた。二つにわかれた峰を雌雄の神になぞらえて、二神山と呼び、それが二上山となったのではなかろうか。

これから書こうとする二上山も、もとはフタカミヤマであったのに、今はニジョウサンと呼ばれている。和語を漢語読みにした地名の例は多い。歴史のある大和の国には昔の呼びかたを残してほしいものだが、フタカミヤマという響きのいい名前をニジョウサンに変えたのは、今の人の罪ではない。すでに徳川時代に本居宣長がその著の中で、二かみ山は現在にじょうがだけと呼ばれているが、まことになげかわしいことだ、と言っているそうである。

万葉集にこの山が出てくる。

うつそみの人にあるわれや明日よりは
二上山を弟世《いろせ》とわが見む　（万葉集巻二）

大来皇女《おおくのひめみこ》の歌である。この歌が哀れ深い想いを秘めていることを解するためには、その作歌の動機を知らなければならない。皇女の二つ年下の弟大津皇子の墓が二上山の上にある。この皇子は天武天皇の

第三皇子、姿かたちは逞《たくま》しく、気品は高く、教養が深かった。詩文にも秀でていたことは、恋人石川女《いら》郎《つめ》に贈った、

あしびきの山のしづくに妹待つと
われ立ちぬれぬ山のしづくに　（万葉集巻二）

という情感に溢れた歌によっても察しられる。その剛毅にして多感な青年が、宮廷血縁の葛藤の犠牲となった。天武天皇のあとをその皇后であった持統天皇が継いだ。皇太子は持統の子の草壁皇子であった。天武が病死のすぐ後、大津皇子はそそのかされて皇太子打倒の謀叛を企てた。たちまち事があらわれて、皇子は捕えられ死罪に処せられた。果たして彼に謀叛の志があったのだろうか。一説にはわが子草壁皇子の競争相手を抹殺するための、持統天皇の陰謀であったとも言われる。

　大津皇子は時に二十四歳、死に臨んで五言絶句を作り、磐余《いわれ》の池の堤で涙とともに辞世の歌を詠んだ。

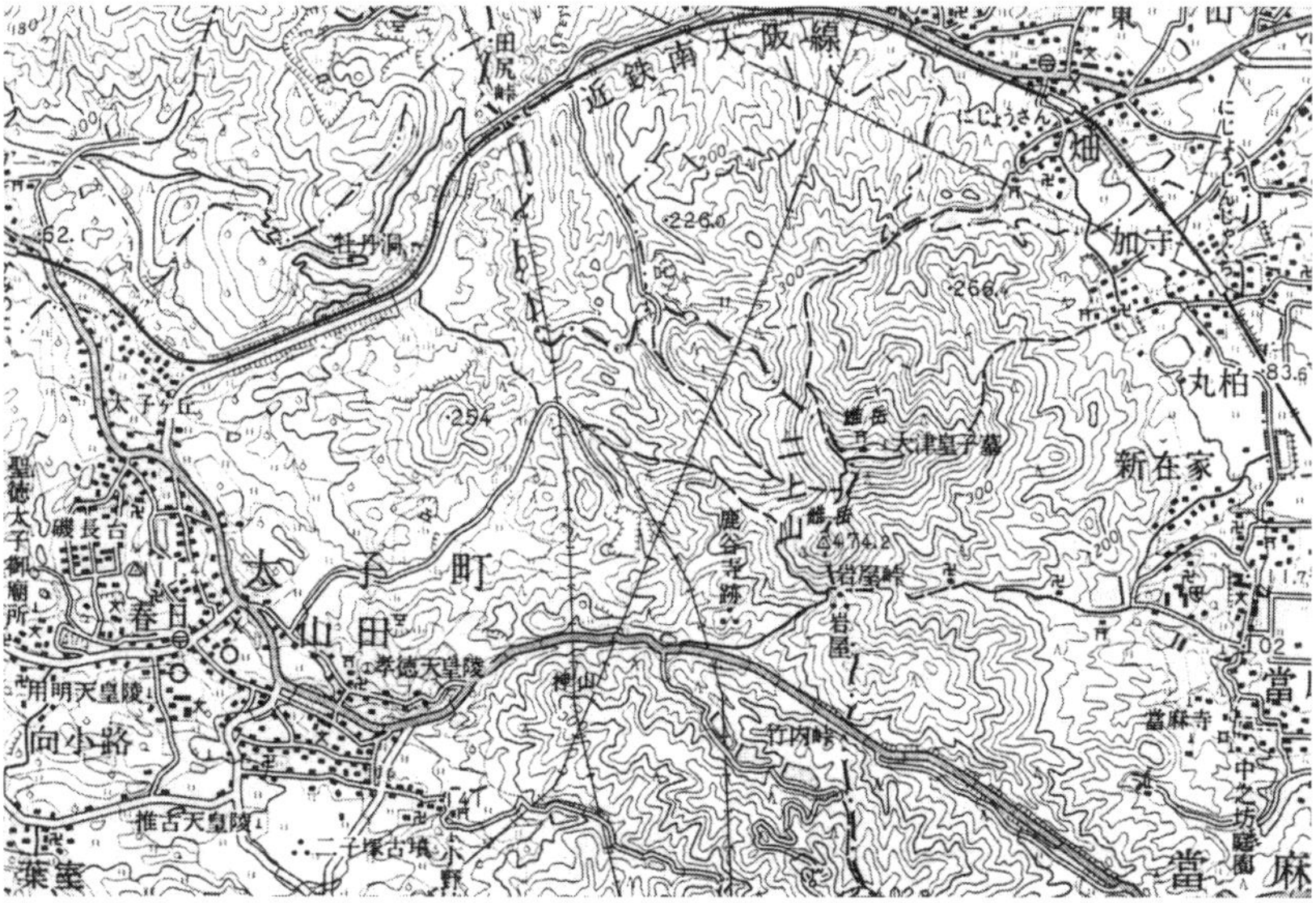

二上山　▲大阪東南部

ももづたふ磐余の池に鳴く鴨を
今日のみ見てや雲隠りなむ
（万葉集巻三）

皇子の妃山辺皇女は髪をふり乱し、はだしのまま刑場に駈けつけて殉死した。
皇子の姉大来皇女はその頃伊勢神宮に斎宮《いつきのみや》として奉仕していたが、そこで無残な弟の死を知った。この姉弟は大へん仲がよく、事件の前に皇子はひそかに姉に会いに行った。別れにのぞんで大来皇女の詠んだ有名な歌が二首ある。

わが背子を大和へ遣《や》るとさ夜更けて
暁露《あかときつゆ》にわが立ち濡れし
（万葉集巻二）

二人行けど行き過ぎ難き秋山を
いかにか君が独り越ゆらむ
（万葉集巻二）

すでに皇女は大津皇子の運命を予感していたのかもしれない。弟が死に処せられた後、彼女は任を解かれて都へ帰ってきた。心は悲しみに充《み》ちていた。

神風《かむかぜ》の伊勢の国にもあらましを
なにしか来けむ君もあらなくに
（万葉集巻二）

見まく欲《ほ》りわがする君もあらなくに
なにしか来けむ馬疲るるに
（万葉集巻二）

そして二上山を見て、先にあげた「うつそみの人にあるわれや……」の慟哭《どうこく》となったのであろう。その時もう一首作っている。

磯のうへに生《お》ふる馬酔木《あしび》を手折《たを》らめど
見すべき君がありと言はなくに
（万葉集巻二）

昨年の夏の末に、私が二上山に登る前、私の知っていた知識と言えばこんなものだった。それもおおかた私の妻からの輸入であった。彼女は数年来流行の万葉病に取りつかれ、毎年同好の友と連れだって万葉の古蹟めぐりをしている。

私の初めの計画は金剛と葛城であった。いつも河内や大和へ来て、ただ見るだけのこの二つの山へ、一度は登っておきたいと思っていた。しかし聞くところによれば、両方ともケーブルカーがついている。機械力で上まで運ばれるのは嫌である。そこで関西の山に明るい堺の仲西政一郎君に手紙で相談した。仲西君はすぐ歩く旅程を立ててくれた。それに二上山を加えたのは、ひとえにわが妻の要望であった。彼女はたびたびの万葉旅行で大和からこの山を見て、ぜひその山頂の大津皇子の墓へ詣りたいという志を持っていたのである。

八月二十八日の朝、私と妻は大阪阿倍野橋駅で仲西君と近鉄の北山君に出あった。

これから私たちはこのお二人に案内をしてもらうことになっていた。すぐ電車に乗る。河内の野を走って古市をすぎると、ようやく山地に差しかかった。車窓から樹木に覆われた小丘があちこちに見える。それが皆昔の天皇や貴族たちの陵《みささぎ》や墓であることを教えられた。

大和に入って「にじょうさん」駅でおりると、そこはすぐ二上山の麓になっている。いかにも大和の国の里らしい、古いついじの塀や美しい瓦ぶきの家の間の狭い道を歩いて行くと、格子のはまった一軒の標札に「布施」とある。布施とは山伏の泊まりの伏せからきたと何かの本で読んだおぼえがある。このあたりも昔は金剛・葛城の修験者の往き来したところであろうか。

その里を通りぬけると山道になる。沢沿いの道が、やがて沢から離れて急な登りとなり、登り切って尾根の上に出ると、眼の下に大和の盆地がひらけた。夏の温気《うんき》のため耳成山も香久山も見えなかったが、青い田畑の拡がりの中に点々として池がある。灌漑用の貯水池で、鯉や鮒《ふな》が飼ってあるのかもしれない。しかしわが妻はそんな実用むきのことより、

「磐余の池はどのへんかしら」

と、もっぱら風景をロマンチックな歴史に結びつけたいらしい。

しばらく休憩してからその尾根道を行くと、初めは割合平らであったが、しだいに急な坂になった。両側の夏草に触れるような細い山道である。山はこんもりと森に包まれ、向こうの尾根に一きわ高い木の並び立っているあたりが頂上だろう。何しき五百メートルくらいと思うが足が重い、荷が肩に痛い、汗がしとどに流れる。

「昔の貴族は足が強かったのかね」

たしかにこんな山の上のお墓参りは容易ではなかっただろう。

その大津皇子の墓が頂上の取りつきにあった。かなり広い墓域には樹木が茂り、表は石垣で仕切られて、宮内庁の禁札が立っていた。

「もしかしたら墓でなく御陵にまつられる人だったのですからね」

仲西君はそう言ってから、さらに、

「その墓は飛鳥《あすか》の都においどを向けて建てられています」と付け加えた。

話は前後するが、この旅行から帰って後、田中日佐夫氏の『二上山』という本が出版されたことを知った。すぐ買って読んで、非常に深い感興をおぼえた。本には古代の葬送儀礼のことが書いてあった。二上山の西側にある天皇や貴族たちの墳墓群。それを私は何気なく見過ごしてきたが、そこには大きな意味があった。それらの墳墓群は飛鳥時代の天皇や貴族たちのものであって、飛鳥の地から二上山の南の竹内街道を通って、山の西側に埋葬されたという。

なぜそんな遠隔の地に埋葬されたのであろうか。それは山越え他界の思想に基づくものであったという。飛鳥地方から見た二上山は、この世とあの世をわけへだてる目じるしであった。飛鳥から運ばれた柩《ひつぎ》は竹内街道によって二上山を越え、墳墓の地に埋められたのであった。

大津皇子の墓が、持統天皇の手によって二上山雄岳の頂上に作られたのは、天皇が自分の最大の敵大津皇子の魂を、この世とあの世の間にとどめておこうとしたのである、と田中日佐夫氏は書いている。だから初めに挙げた皇子の姉大来皇女の、

うつそみの人にあるわれや明日よりは
　二上山を弟世とわが見む

という歌、それは皇子を哀しむと同時に、神秘の山を肉親と見てこれを歌うことによって「皇女は二重の意味で弟のかたき持統女帝にむくいたのである。古い習俗観念を捨てさるという点で女帝の思想を越え、さらにそれによって女帝の思惑をさえうちやぶったのである」。

肉親間の憎しみあいは、他人同士のそれよりもはげしい。古代天皇家の葛藤はすさまじくもまたかなしい。二上山はその一つのシンボルかもしれない。

しかし私がこの山に登った時は、まだそういう詳しい話は知らなかった。大和を旅行する人に、古代の知識がどんなにその感懐を深めることであろうか。『二上山』を読んでいたら、私の物を見る眼はもっと貪欲であったに違いない。

皇子の墓の参詣を終えた私たちは、弁当をたべて、それから少し行くと、丈の低い萩の花の咲いた、荒廃した社の前を通った。それは一言主《ひとことぬし》を祀っていた。

一言主神というのは、大和朝廷の伝説時代に、河内と大和の境をなす葛城連峰一帯に勢力を持っていた大土豪の神格化したものであろう、という仲西君の説であった。雄岳の最高点はその社の近くにあった。

二上山は地質的にも特徴のある山で、雄岳から反対側への下りは、露出したサヌキ石を踏んで行く。これは堅い岩で、昔は矢尻に使われたという。鞍部まで下ると、そこから雌岳への登りになっていた。こちらの峰は登る人が少ないとみえて、あまり道はよくない。頂上に三角点の標石があった。

仲西君は南の方を指して、

「あれが大昔からの道である竹内街道です」

と言った。山の蔭に河内の方へ下って行く道が見えた。その時は知らなかったが、その街道こそ飛鳥時代の葬送の道であった。

大和から河内への通路には、二上山の北側の穴虫峠越、関屋越、南側の竹内峠越、岩屋峠越があって、万葉集に、

大坂をわが越え来れば二上に
黄葉《もみぢは》流る時雨降りつつ　（巻十）

とあるその大坂は、右の四つの峠のいずれを指したものであろうか。私たちは雌岳から足元の危ない急な下りで岩屋峠に出た。細い道がひっそりそこに通じていた。峠からちょっとはずれた所に古い岩屋のあるのを見に行く。

山腹に凝灰岩の洞窟があって、その内部の壁に弥陀三尊が線で刻んである。その前には大きな石塔が一基立っている。あたりは一面夏草の伸びるままに任せてあった。

峠から当麻《たいま》寺の方へ下った。寂しい道はやがて流れに沿うようになり、川ぶちにはふしぐろせんのうの花が咲いている。祐泉寺という寺のそばを過ぎると、やっと広い道になって、山地を抜けた所に当麻寺があった。二つの三重塔と中将姫と曼荼羅《まんだら》によって名高い当麻寺についても、私はその時何の予備知識も持たなかった。

　広い境内の奥にある浄土宗の寺に入って、風通しのいい広い部屋に通され、汗の身体を拭き、シャツを着換えて、ビールを飲み、おそい食事をし、ようやく生気を取り返してから、金堂、講堂、本堂と見て廻った。中将姫が曼荼羅を織ったと伝えられる僧坊の庭には、真っ赤な葉鶏頭が燃えるように美しかった。

　この当麻寺がまた二上山と深い因縁のあることを知ったのは、やはり『二上山』を読んでからであった。山の東麓、いま寺があるあたりは、古代には当麻氏の本拠であった。当麻氏は葬送儀礼の役をつとめていた。そしてその後の中将姫の伝説も、当麻曼荼羅も、みな二上山につながりがあった。たった五百メートル前後の二上山が、こんなに多くの歴史のかげを宿していようとは思いがけないことであった。今後この地方を旅しても、もうこの山を私はただの山として見過ごすことは出来ないだろう。

49 金剛山（1125m）

両側から山の迫った谷底の千早に着いたのは午後おそくだった。ここから金剛山の上まで村営のロープウェイがあるそうだが、山は歩いて登るべしという私の主義から、急な高い石段を登りだした。八月の末。私たち夫妻を案内してくださったのは、関西の山に詳しい仲西政一郎君と近鉄の北山等君。石段を登り尽くして平地に出た所が城跡であり、静寂な千早神社があった。大東亜戦争の最中はこのお宮も尊崇されたのであろうが、人間の頼り無さ、戦後の世情はすべて忠君愛国的なものを抹殺してしまった。もう南朝も北朝もない。

私の子供の頃は、教科書の足利尊氏の肖像を墨で汚すほど北朝を憎むように仕向けられていた。ある時私は楠正成の本を買って貰って読んだが、今でもおぼえているのは、千早城に立て籠もった正成が、攻めてくる敵軍に上から投げかけているものに、肥やしのあったことである。幼少年時代はオシッコやウンチにどうしてああも興味を持つのだろう。

私は軽薄でないから社の前に深く頭を下げてから、その裏手に通じる登山道を登りだした。しばらく行くと楠正儀の墓があった。彼の墓がこんな所にあるのは、ここが故郷であるからだろうか。正儀はフタマタコウヤクの人間に思われているが、小説家的な眼から見ると複雑な心理の所有者ではなかろうか。がここで彼の人物論を拡げる余裕はない。

道はずっと尾根の上を行く。高い所に松の木が生えている。そこへ登りつくまで道は急だった。とうとう日が暮れて、暗闇を懐中電灯で照らしながら歩くようになった。小さな谷川を一つ渡って、やがて頂の平地へ出た。

仲西君が懇意の参宿所は寝静まった風だったが、ようやく意が通じて一室に通され、汗ビッショリのものを脱ぎかえ、まず食事前の一ぱいのビールの味は、世にこれほどうまい飲物があろうかと疑われるほどである。

翌朝早く起きて霧の中を散歩する。宿の前にある立派な建物は転法輪寺で、役行者《えんのぎようじや》が開基した名刹であり、昔は葛城修験道の根本道場として栄えたという。その先に国見城址の高台があり、そこから八ヵ国を見渡すことが出来るので、国見の名があるという。

朝食を終えて宿に別れを告げた私たちは、次の行程に就く前に、仲西君の案内で金剛山の名所旧蹟をめぐった。老杉の立ち並んだ参道を行くと葛木神社の前に出る。祭神は一言主《ひとことぬし》神。雄略天皇が葛城山に狩猟された時、この神様に出会った話が、古事記に載っている。凶事でも吉事でも一言《ひとこと》で言い放つ神で吾はあるぞよ、と名乗ったという。

その社の裏の小高い所が最高点の一一二五メートルであった。私たちは一ノ鳥居まで行き、鉄塔のある展望台に立ったが、そこから「近畿の山野を一眸に集める」という見晴らしを得られなかったのは、天候のせいであった。

四人はそれから葛城山へ向かった。ここで少し説明を加えないと混乱のおそれがある。昔から、葛城山と言われてきたのは、河内と大和の間を南北に高い壁のように区切っていた山脈の総称であって、北の二上山もその中に入っていたことは「大津皇子の屍を葛城の二上山に移し葬る時」という言葉でもわかる。

春楊《はるやなぎ》葛城山に立つ雲の
立ちても坐《い》ても妹をしぞ思ふ

という柿本人麻呂の歌も、この広い範囲の葛城山を目指したものだろう。そしてその最高峰が今の金剛山である。

以前の五万分ノ一の地図には、今の葛城山の所にはその名も記入されていなかった。そして葛城山脈という文字が、河内と紀伊との境に記されているので（これは新しい五万分ノ一でも同様である）、初めて今の葛城山を地図で探そうとする人は戸惑ってしまう。

いま言うところの葛城山は頂上が遊園地化して俗に有名になり、葛城という名はその一峰に限定されてしまったが、昔の葛城山はもっと広い範囲の名であったことを、しかと心得ておく必要があろう。この葛城山（つまり山脈）ほど日本古代史に地勢上重大

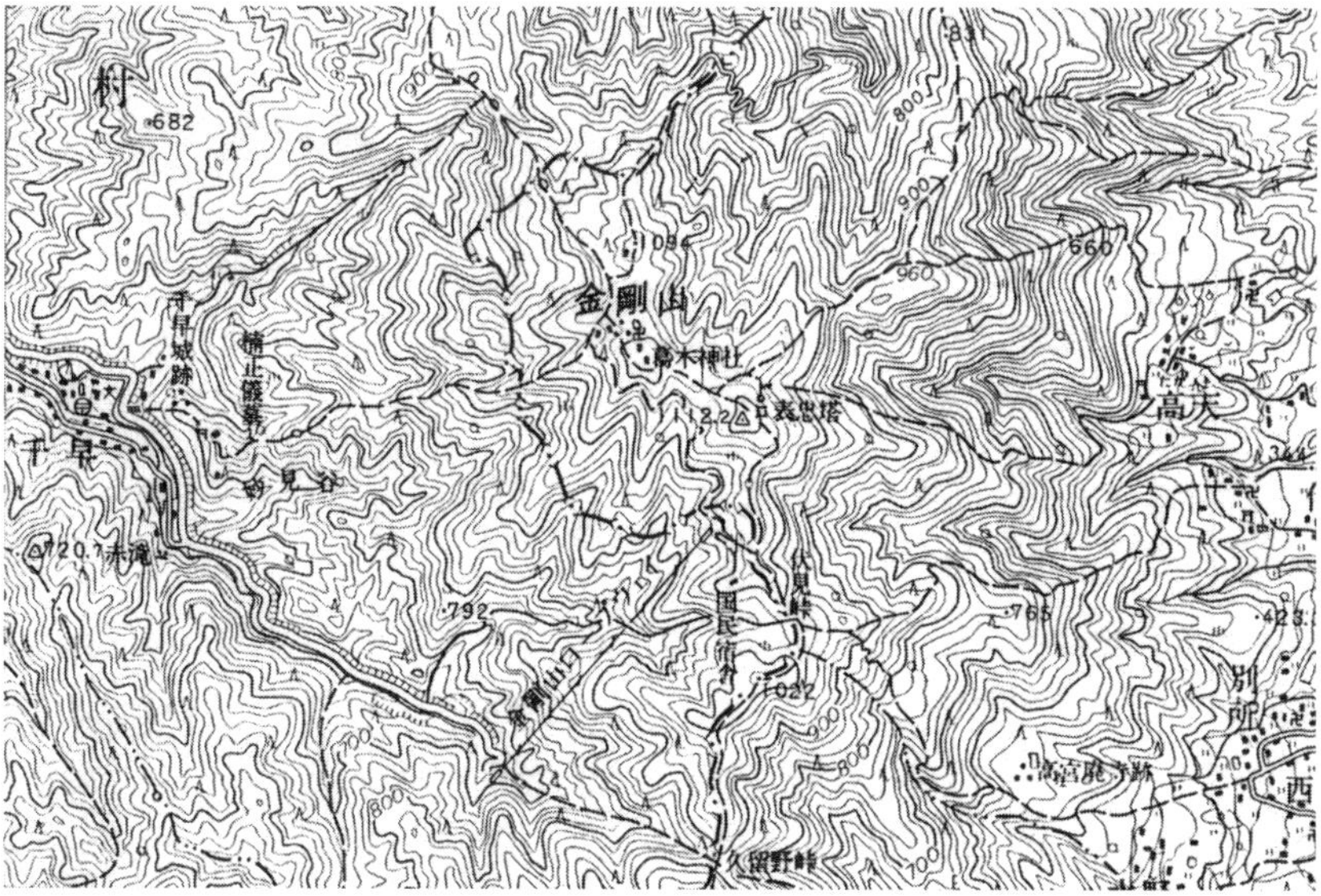

金剛山　▲五條

な役割を果たした山もないからである。大和を敵の侵略から守っただけではなく、はげしい海からの西風を防いで、「美《うま》し国」たらしめたのも、この山脈のおかげであった。

　ロープウェイの唯一の取り柄は、その周辺を俗化する代わり、ほかのところを静かに残しておいてくれることである。金剛山から葛城山までの約六キロの縦走路は、出あう人もなく、道も素朴な自然のままであった。途中でいったん水越峠という鞍部まで下り、それから凄く急な坂を息せきながら登り切ると、もう早くも尾花の靡《なび》いている原に出る。そこから遊園地葛城までは間もなかった。九六〇メートルの三角点に立つと、私も妻も頭にかぶった菅笠が手で抑えなければ吹き飛ばされそうに西風が強かった。

　金剛山の頂上の静寂であったのに引き換え、こちらの頂上は賑やかな人出だった。遊園地について何も言うことはない。下りは私たちもそのロープウェイの恩恵を蒙《こうむ》った。もちろんこんな物がなかったら歩いただろうし、その方がずっと楽しかっただろう。

50 桜島山（1117m）

鹿児島へ着く時だった。城山の下のトンネルを抜けると、乗客は降り支度を始めた。何気なくふと窓の外を見た僕は、おや？　と思わず眼をみはった。直ぐ眼の前に大きな山がそびえ立っているのだ。何山だろう？　と瞬間おどろいた後、あ、桜島だ！　と閃《ひらめ》くと、もう夢中になって窓にしがみついた。全く不意打ちだった。それにこんなに立派な山だとは夢にも思っていなかった。ちょうど夕方で、夕日をいっぱいに受けた灰色の山肌が何とも言えぬ色を出していた。静かに煙があがっていた。

桜島という名に捕われて、僕はただの島くらいに思っていた。だがこれは一つの山なのだ。海ぎしから直ぐそびえ立つ大きな山なのだ。高さは千メートルを越えている。

翌朝起きると直ぐ城山へ上って、真正面の桜島をつくづくと眺めた。全く大きい。山の姿も堂々としている。周りは明るい南国の海で、熨《の》したように静かに凪《な》いでいた。その桜島に相対して、眼下の鹿児島の町は、黒い瓦《かわら》屋根がキッチリと詰まって、それが少しもゴタゴタしたところがなくて、清潔な感じだった。なるほど薩摩出身がお国自慢をするのも無理はないと思った。

山を見ると登りたくなる僕は、もちろん直ぐこの桜島を予定の中に入れた。その翌日から十数日間、僕はほとんど一日の休みもなしに、霧島連山、開聞《かいもん》岳、さらに海を渡って屋久島の山に登った。そしてあらゆる方面から眺めた桜島を、いよいよ最後に登ることにした。

屋久島の登攀を終えた僕は、朝早く桜島の脇を通って鹿児島に帰ってきた。十二月二十一日、少しの濁りもない澄んだ晴れ方である。船中の寝不足どころではない。こんな快晴を逃してはならない。宿へ帰って朝飯を済ますと、直ぐ用意をして出かけた。

第二桟橋へ行くと、田中敏治君がすでに来て待って居られた。開聞岳、屋久島へ一緒に行って下さった山の好きな青年である。鹿児島から桜島へは頻繁に船が出る。隅田川の一銭蒸汽を少し大きくしたほどの船で、狭い船室へ入る気もしないから、二人は甲板に腰かけて錦江湾の風景を眺めていた。申し分のない快晴だけに、買ってきた新聞も拡げられぬほどの風があった。南国とはいえさすが冬の風で、手先がつめたかった。

三十分ほどで島の袴腰という地点に着いた。薩英戦争の時ここに砲台が設けられて、英国の軍艦を背面攻撃して奇勝を博した所だという。直ぐその脇が荒々しい熔岩台地になっている。これは大正三年の大爆発の押し出したものだそうだが、これだけの熔岩がグラグラ煮え立ちながら流れるところを、もし眼のあたり見ることが出来たら、どんなに壮観だろうと空想した。僕等の年頃より以前の人は、この時の大噴火のことを覚えているだろう。日本少年という雑誌があってその投書欄の作文に、四国松山の伊藤葭という少年が、机の上の埃を指先で撫でてみるとそれは桜島の火山灰であった、といううまい文章を出していたことまで覚えている。その時の火山灰は名古屋へんの空まで飛散したとのことで、僕の住んでいた北国の小さな町でも大きな話題であった。

桜島という大きな山はこの大噴火によって出来たのだろう、漠然とそういう迂闊なことを考えていたが、来て見てこの天地の大異変も、山の風景のわずかな一部を変えたに過ぎないことを知った。偉大なる山岳は、百年目に一つ出来るというような簡単なものではない。桜島も悠遠の昔からあの秀麗な山容で、煙を吐いていたのであった。

大正三年の噴火は頂上ではなしに、東側の中腹から下の鍋山と、西側の中腹の引ノ平と称する地点と、双方から爆発した。引ノ平からの噴火が、いま僕等の見ている熔岩流を海中に押し出して烏《からす》島という小島を埋没し、鍋山からの噴火は西南の大隅瀬戸に流れ出て、とうとう桜島を大隅半島と陸つづきにしてしまったのである。

袴腰に上陸した僕等は、そこに待っていたバスに乗って、海沿いの道を武《たけ》という部落まで走った。このバスはごく最近に開通したのだそうで、それまでは交通はすべて船によったものだという。そう言えば桜島の部落は海ぎしにあるだけで内部には一つもない。もっとも桜島そのものが一つの大きな山であるから、人の住める内部というものがあるはずもない。いやその海ぎしでさえ、山が迫って海に入るという部分が多いのだ。武で降りて、登山路と書いた指導標からもう爪先上がりの道である。海抜零メートルから登山の第一歩を踏み出すということは、僕

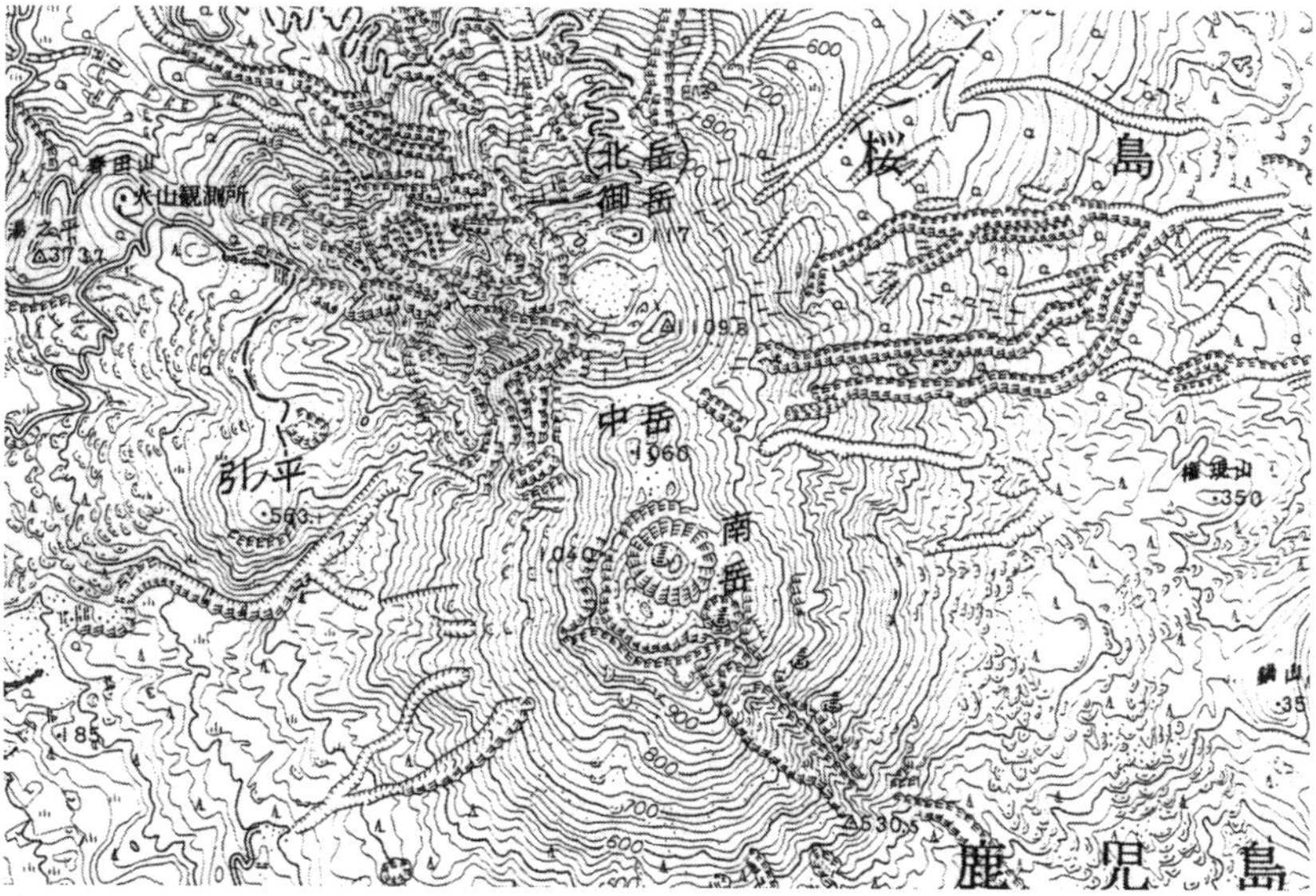

桜島山　▲鹿児島

の永い登山史の中にもかつて無いことだ。

桜島の最高峰は高さ一一一八メートル、武から道のりにして一里半足らずである。この標高とこの道程とを比較したら、山に経験のある人なら、あまり楽な登りでないことを察するだろう。地図の等高線を見ただけでウンザリという奴である。

武の部落の石だたみの小路を通り抜けて、垣根に挟まれた細い野道を上って行くと、垣根の中には蜜《み》柑《かん》がたわわに金色に実っている。それを山盛りにした笊《ざる》を担ってくる人に出逢ったから、早速分けて貰ってルックザックに詰めた。形は小粒だがあまくておいしい。島蜜柑と言って桜島の名物だそうである。畠を通り過ぎていよいよこれから山みちという所で、一服して登山の体制を整えた。ネクタイを外し上着をぬぎ、靴の紐を締め直してゲートルをつけた。いつもゲートルなどつけたことはないのだが、ザクザクの砂礫《されき》道だと聞いたので、靴に小石の入るのを防ぐためである。

しばらく緩慢な登りが続いた後、最初の小手しらべといった調子の急坂になった。歩き始めの元気に任せてそれを登りきると、見晴らしのよい台地に出た。直ぐ眼下が、例の如く波静かに明るい錦江湾で、その紺碧の上を真帆片帆が二つ三つ、と言う和歌か漢詩の題材になりそうな風景で、我々散文家はただ手をこまぬいて見惚れるばかりである。その向こう側は、地質学上有名な吉野台の絶壁がずっと海に迫って、大崎ノ鼻が行手を扼《やく》すように突き出ている。開豁で明媚であくまでも南国の風光である。

それからの登りは、まず大体において同じ急さの登りがつづく。途中ところどころ喘《あえ》ぐような急坂もある。そういう所にはたいていちょっとした平地があって指導標が立ち、さあ一服、という工合になっている。指導標には頂上までの道のりが書いてある。あと二キロという台地で、少しゆっくり休んで間食をした。登り始めはずっと黒松が多かったが、次第に木が少なくなり、もうこのへんでは葉を落とし尽くした灌木ばかりになった。岳樺《だけかんば》に似た枝ぶりだと思ったら、これはヤシャブシというのだそうだ。ここまで登ると方々が見えてきた。もう錦江湾は倦《あ》くほど眺めたから、今度は見える山々の詮議をした。まず右手にボーと霞んで霧島連山、これは先日三日かかって歩いたから、一つ一つの峰まで指摘できる。遥《はる》か正面に尾根を張っているのは紫尾《しび》山だと教えられる。千メートルを越えているから鹿児島県では高山だ。左手薩摩半島の方には、象形文字の「山」の形をした金峰山、それから開聞岳を小型にしたようなピラミッドの野間岳。開聞岳は残念ながら見えなかったが、大隅・薩摩の目ぼしい山には一通り見参したわけである。

長く休んでいるとさすがに寒い。無理もない。関東ではもうスキーの時季なのだ。日かげに入ると道に霜柱が立っていた。これから上は小石のザラザラ道で、寸進尺退と言っては理窟にあわぬが、尺進寸退の嫌な登りが続いた。疲れも加わってきて、あと五〇〇メートルという指導標を過ぎてからも頂上までは遠かった。

やっと頂上に取りついた。三時ちょっと過ぎ。武を出て間もなく正午のサイレンを聞いたから、ここまで三時間かかったわけである。さて目ざす頂上に達した喜びを語る前に、その頂上の構造を大体述べておく必要がありそうだ。桜島を鹿児島から望むと、頂の線が凸凹して長く見える。これは、多くの円錐形の火山がそうであるような一つの噴火口ではなくて、三つの噴火口が一列に並んでいるからである。そしてこの三つがほぼ同じ高さであるから、遠くから眺めると一個のコニーデのように見えるのである。この三つを、北岳（または御岳）、中岳、南岳と呼んでいるが、漫然と遠望した限りではその区別も分からないくらい、三岳は一体のように相連なって、見事な傾斜を海に引いている。現在なお煙を吐いているのはその南岳であって、僕等が今辿りついた頂は北岳である。

その北岳の頂――と言っても火口壁の一角で、直ぐ僕等の足元には深さ五、六十メートルほどの大きな擂鉢《すりばち》形の旧噴火口が、これがかつて火を噴いた穴とは思われぬ平和なさまで、あけっ放しに拡がっている。差渡し四、五百メートルもあろうか、火口壁の西側だけが嶮しい岩になって厳めしく立っている。擂鉢の底は砂礫の原で、小石を並べた大きな字で、登山記念の名前などが残してあった。

　僕等二人も火口底へ降り、その原を横切って再び対岸へ登った時、思わずあッと声を立てた。新しく展けた南側の壮観におどろいたのだ。直ぐ眼の前の中岳を越えて向こうに、南岳の噴火口があんぐりと大きい口の中を見せて、濛々《もうもう》と劇《はげ》しく噴煙が立ち騰《のぼ》っているのだ。豪壮と言うか凄惨と言うか、とにかく感激的な景観である。しばらくはただ魅されたように眺めていた。

　桜島の最高点はこの北岳（御岳）だから、ここで引返して下山してもいいのだが、少しでも違った道を歩きたがる僕は、さらに南岳まで行ってみることにして、中岳との鞍部に向かって降りて行った。これはひどく急峻な、しかもくるぶしまで滅入りこむザクザクの砂みちで、凄い砂埃を後ろに立てながら一気に下まで降りた。この鞍部を両中《ふたつなか》と称して、中岳の旧噴火口だそうである。そこからまた同じような道を中岳に上る。振り返るとさっき降りた足跡が、雪の上を歩いたようにはっきりと続いている。

　中岳は細長い平らな峰で、僕等は行手の噴煙を見、左手に遠く大隅の高隈連山を見ながら、のんきに歩いて行った。日はだいぶん傾いて二人のおそろしくひょろ長い影が、傍らの凹地に奇妙な形で動いている。やがて南岳の壁の一角に取りついた。岩につかまって恐る恐る中を覗《のぞ》きこむ。深さは百二十三メートルと地図に出ているが、まるでくろがねの桶のような噴火口だ。噴煙は南壁の中ごろから幾つか吐き出ているほかに、西壁の底から一つ猛烈な奴が立ち騰っている。こういう噴気孔は時々位置を変えるものであろうか、現に僕等の踏んでいる地面からも湯気のような煙が上っていた。噴火の写真を幾枚も

撮って、下山にかかった。帰途は南岳と中岳との間へんから、西に向かって雪崩れ落ちた砂礫の急斜面を下った。一たいの砂地だからもちろん道などない。ただ下を目がけて降るのだが、所どころに岩の骨が出ていたり、傾斜が非常に急な上に砂礫の足がかりが不安定で、用心しないと滑り落ちそうになったりして、この降りはあまり楽ではなく、初心者には勧め難い。ことに砂地から下の灌木地帯に入る道がはなはだ分かりにくい。幸い同行の田中君がここの地形に明るかったので、なるべく左へ左へとトラバースしながらようやく道を見つけることが出来た。そこから灌木の中を行く道のりは相当長かった。

　立ち留まっては振り返った。もう峰は遥かに高く、僕等の降りて来た砂地は夕方の色に薄蒼く染んで、高貴な陶器の肌を見るような、深みのある見事な色だった。それと対照して、北岳から西へ派出した岩尾根がいかめしく、軟らかな色調に緊まりのある脈を添えていた。

　麓の往還へ出た時はもう薄暗かった。持木《もちき》という部落へ出た。もう鹿児島へ帰る便船もなくなったので、三キロほど先の古里《ふるさと》という温泉まで歩いて行って泊まることにした。海沿いの往還をブラブラ歩いて行くと、冬とは思えないほどあたたかい。最近改修したばかりだという立派な道だったが、往来する人はほとんどなく、自転車が二、三台僕等を追い越して行ったばかりであった。やがて月が出てきた。観音崎という所では、右手が急な崖になっていて、下に黒い海が見えた。

やがて古里に着いた。道の傍の崖になった所に、海に沿って二軒の宿が立っている。盛んに呼び入れる一軒の軒端を過ぎて、次の一軒に入った。この温泉宿は林芙美子さんの生家だということだ。『放浪記』の最初に、「（私の）母は、九州桜島の温泉宿の娘で……」とあるのはこの家のことだと聞かされた。

家の作りは相当大きいが、裄《ゆき》の短い着物に兵児帯《へこおび》をしめた少女がお茶を運んでくるような鄙びた宿であった。海に面した三階の一室で、窓の下は直ぐ海である。女の話し声がするので見ると、その波打ちぎわの岩をくりぬいた天然風呂に、五、六人の女の浸っている姿が月の光にほの白く浮いていた。ゴトンゴトンと始終機械の動く音がしていたが、それは海岸から湯を汲み上げる動力の響きだった。

湯に行く。大きい浴槽はお客が大勢入っていたのでその隣の小さい方へ入った。あかりが付かず、女中がローソクを持ってきて立ててくれた。

朝になってこの温泉が素ばらしい眺めを持っていることがわかった。前は南国の海で、その遥か海の果てに三角形の開聞岳が小さく浮いていた。こんなに景色のいい海の温泉は始めてである。

朝飯をすまして船を待つまでの時間に、古里からさらに少し先の辰崎まで行ってみた。それから先は凄い熔岩の押出しである。大正三年の鍋山噴火の名残だ。最近この鍋山の付近からまた爆発の形勢がある、という話だった。その熔岩に囲まれるように、小さな入江になった所に有村の港があった。静かな波の上に船が二、三艘浮いていて、絵のように美しい小村だった。

桜島のこの裏側の方は、表のようにバスはなく、その代わりに村営の小さな発動機船がその役目を果たしている。海ぎしに沿って走って行く船を、部落部落で手をあげて呼びとめるのである。用がなければ素通りして行く。僕等はその発動機で鹿児島へ帰った。船が岸を離れると、宿の女中が三階の窓から、見えなくなるまで布を振っていた。

春雨の山（市房山から高塚山〔627ｍ〕へ）

九州球磨《くま》川の上流、球磨焼酎が名産の人吉《ひとよし》へ行ったのは、市房《いちふさ》山へ登るためであった。八代で鹿児島本線にわかれたローカル線は、球磨川の右へ渡ったり左へ渡ったり、絶えず流れに沿って走る。日本三急流の一と言われるだけあって、峡間を下る水は豊かで潔《きよ》かった。川のほとりはもう春の近づいた明るい景色で、車内に帰省の学生らしい姿が目立った。

うちの息子の大学入学試験の発表もきょうあたりだな。合格か不合格か。怠け学生だった私には春休みの思い出が深い。試験がすむとすぐ山へスキーに出かけた。ザラメ雪の上をすべりながら、あぶない及落の報を待っている気持は、春愁と言うには強すぎる、一種甘さの混じった哀愁であったな。

人吉は山間に開けた盆地の、静かな品のいい町だった。都会に付きもののゴタゴタのない清潔な町だった。街のすぐ裏に球磨川が流れて、その向こう岸が、織月城というやさしい名前を持つ城跡であった。本丸の上に立つと山がよく見えた。市房山、白髪《しらが》山、江代山、この三つを球磨の三岳と呼ぶそうである。北の山の方へ、球磨川の支流が深く入りこんでいた。その谷の奥に、「おどんま、かんじん、かんじん、あん人たちァ、よかしゅう……」の五木《いつき》の子守唄の里がある。いかにもそんな唄の生まれそうな、奥深い谷に見えた。

友人の家の茶の間の、

肥《ひ》のくにの球磨焼酎のよろしさは
ひとたび飲みてつひに忘れず

と壁にかかった吉野秀雄氏の色紙の下の春ごたつで、その焼酎を燗《かん》して飲んだ。口あたりのはなはだいいのについ度をすごして、果ては蹌踉《そうろう》たる体たらくであった。

翌日の午後、市房山へ登るために、湯前《ゆのまえ》行きの気動車に乗った。終点からさらにバスに乗り、湯山へ着いた。地図に温泉の記号がついているので、それをあてにしていたのに、温泉場らしい気分はどこにもないただの村で、たった一軒きりの宿へはいって、

「お湯は？」と訊《き》くと、

「夕方にならないとわかしません」という答えにガッカリした。

知らせで行くと、普通の風呂で、少しばかり温泉のにおいがした。

登山客と知って、夕食後宿のあるじが市房山のスライドを映して見せてくれた。冬の景色で、頂上付近の広葉樹にみごとな樹氷が花咲いていた。

市房山は一七二二メートル、九州本土で千七百メートルを越える山は数えるほどしかない。南の国にあるとは言え、気候によってはこんな真っ白な樹氷に覆われるのである。

翌日は朝から小雨が降っていた。春雨傘としゃれて行こう、私は携帯用のコーモリをさして宿を出た。村をはずれて一時間ほど歩くと、祓川《はらいごう》橋という朱塗りの橋があった。ここが登山口である。

鳥居があって一合目と書いてあるあたりから、坂はだんだん急になった。中腹に市房神社があって、そこまでは登山道、すなわち参道になっている。昔は信仰が厚かったとみえて、参道の両わきには大杉がスクスクと立っている。立札を読むと、これらの老木は樹齢三百年であって、樹高四十メートルから五十メートル、目通り三メートル以上のもの五十株、とある。杉に混じって常緑広葉樹も多い。しかし杉並木と呼ぶにはあまりに木立が散漫であったのは、放置の状態におかれていたからだろう。

四合目の市房神社に着いた。社はかなり大きいが、これも荒廃していた。参詣者の休憩所らしい建物は、まるで化物屋敷のようだった。小雨は相変わらず降っている。私はその化物屋敷に雨宿りしながら、買ってきた餡《あん》パンを食い、筧《かけひ》の水を飲んだ。

登ろうか引き返そうか思案した。地図を見ると頂上までまだ八百メートルはある。しかも等高線がヤケに詰まっている。相当つらい登りを覚悟せねばなるまい。

はるばるここまで来たのだ、登ろう、と心中の強硬派が言う。

この雨では、苦労して登ったって何も見えはしない、と軟弱派が反対する。単独登山の欠点は、こういう場合、手もなく軟弱派の言を容れることである。もしこれが二人以上であったら、お互い痩せ我慢しあってでも登っただろう。山登りは痩せ我慢である。

初め市房山の計画を立てた時には、湯山から登って、頂上を越え、反対側の日向臼杵《ひゅうがうすき》の椎場《しいば》村へ下るつもりであった。椎場にも何やら唄があったはずだ。しかしそんなつもりはとっくに消えていた。

雨に罪を負わせて、私は下山の途についた。いざ山に背を向けると、何だか落第生のような侘《わび》しさがあった。麓まで下ると、雲が動いて、その合間にボンヤリと山の輪郭が浮かんだ。いかにも南国の春さきの山らしいなごやかさがあった。湯山へもう一晩泊まって、明日登り直そうかとも思ったが、いったん挫《くじ》けた志は容易に立ち直らなかった。

その夕方、人吉へ帰った。友人の家で着物と履物を借りて、近くの銭湯へ汗を流しに行った。銭湯はあつい湯の溢れる温泉であった。

翌日、町の山岳会の人に誘われて、車で、三里ほど離れた高塚山（六二七メートル）へ行った。山でさえあればどこへでも登りたくなるのが、私のくせである。頂上には放送局の鉄塔が立っていた。このごろは都会の近くのどの山へ登っても、この目ざわりなものが横柄に立っている。はなはだおもしろくない。

しかしそれさえ別にすれば、高塚山は見晴らしのきく気持のいい山であった。球磨の山々に包まれて、盆地の中の人吉は小ぢんまりと平和な一別天地に見おろされた。

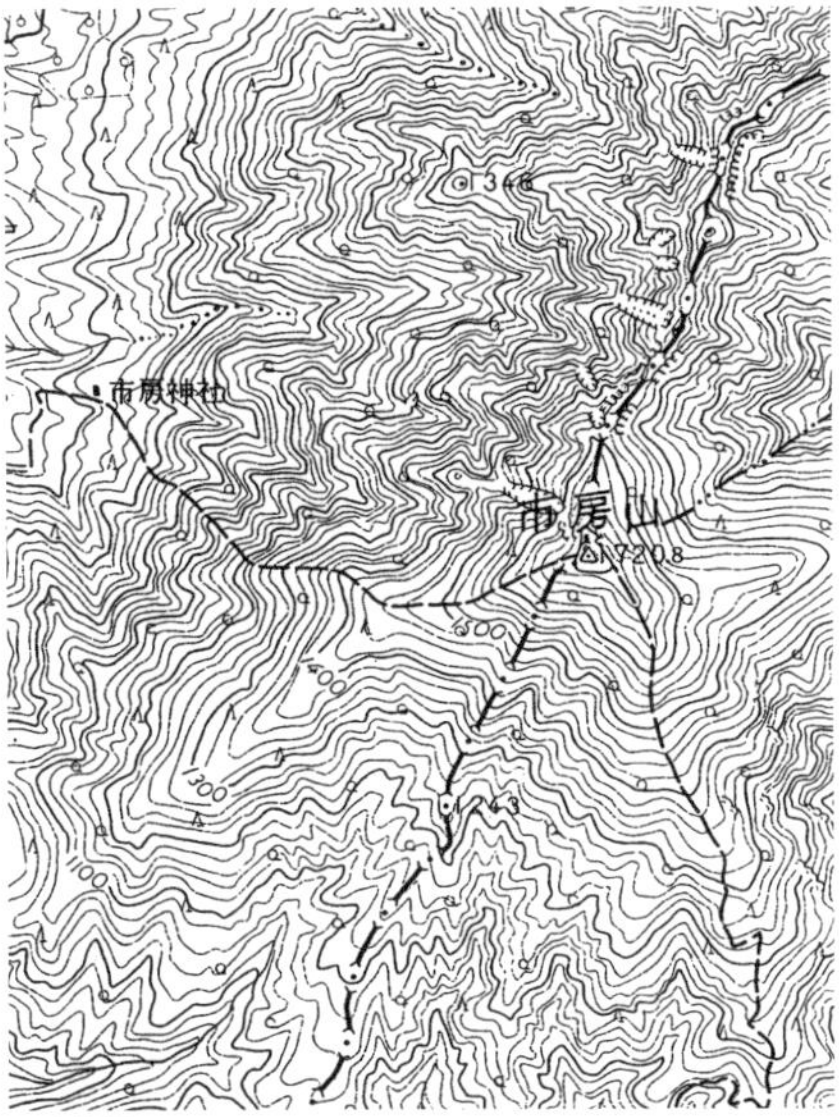

▲村所

▲大口

*初出単行本・紙誌一覧———

①〜⑤は深田久弥『山の文学全集』（朝日新聞社）

1	礼文岳	『山があるから』（文藝春秋新社, '63.6*「北海道の山旅」の1章）③
2	ピヤシリ山	『山の幸』（青木書店, '40.12）①
3	音更山と石狩岳[4]	『山頂の憩い』（新潮社, '71.7）④
5	ニペソツ山	『山頂の憩い』④
6	暑寒別岳	『山頂の憩い』④
7	芦別岳	『ABC——TV・料理手帖』（'70.7号*「私たちの登山」の1章）④
8	ニセコアンヌプリ	『をちこちの山』（山と渓谷社, '52.5）②
9	チセヌプリ	『山があるから』（*「北海道の山旅」の1章）③
10	駒ヶ岳	『山頂の憩い』④
11	大千軒岳	『山頂の憩い』④
12	南部恐山	『山岳展望』（三省堂, '37.11）①
13	森吉山	『ABC』（'70.6号*「私たちの登山」の1章）④
14	乳頭山	『山があるから』③
15	弥彦山	『山頂の憩い』④
16	守門山	『わが愛する山々』（新潮社, '61.5）③
17	未丈ヶ岳	『PHP』（'69.11号）④
18	太郎山	『山岳遍歴』（番町書房, '67.9）④
19	焼山	『山頂山麓』（青木書店, '42.7）②
20	焼額山	『瀟洒なる自然』（新潮社, '67.11）④
21	黒姫山	『山頂の憩い』④
22	子持山	『ABC』（'70.11号*「私たちの登山」の1章）④
23	荒船山	『をちこちの山』②
24	四方原山	『ABC』（'70.4号*「私たちの登山」の1章）④
25	御座山	『わが愛する山々』③
26	二子山	『山頂の憩い』④
27	父不見山	『わが愛する山々』③
28	伊豆ヶ岳	『をちこちの山』（*「元日の山」の1章）②
29	朝日岳から小川温泉へ	『山頂の憩い』④
30	奥大日岳	『瀟洒なる自然』④
31	餓鬼・唐沢[32]（&燕岳[33]）	『瀟洒なる自然』④
34	有明山	『瀟洒なる自然』④
35	御池山と地蔵峠	『山頂の憩い』④
36	笊ヶ岳	『わが愛する山々』③
37	七面山	『をちこちの山』②
38	十枚山	『スポーツニッポン』（'67.12.17）④
39	蛇峠山と大川入山[40]	『日本経済新聞』（'71.1.29）④（原題は「雪の山」）
41	京丸山	『山頂の憩い』④
42	鳳来寺山	『山頂の憩い』④
43	越中の二上山	『太陽』（'69.7号）⑤
44	笈岳	『山頂の憩い』④（*後半に「春の山」（『読売新聞』'70.4.PR版）を追加）
45	日野山と木ノ芽峠	『山頂の憩い』④
46	御在所山の岩壁	『健康』（'69.9号）④
47	伊勢街道の高見山	『瀟洒なる自然』④
48	二上山	『山頂の憩い』④
49	金剛山	『ABC』（'70.9号*「私たちの登山」の1章）④
50	桜島山	『山頂山麓』（*「薩南の山旅」の1章）②
	＊春雨の山（市房山から高塚山へ）	『瀟洒なる自然』④

＊山名タイトルの下の標高は『日本の山岳標高一覧――1003山』（国土地理院）に準拠した。

＊地図は国土地理院発行の五万分ノ一地形図を載せ、その名称を記した。特に記載のないものは原寸である。

＊本書は、深田久弥著『百名山以外の名山50』（河出書房新社、1999年８月刊）の新装版です。新たに「春雨の山」を付しました。

●

深田久弥（ふかだ きゅうや）

1903-1971　石川県大聖寺町生まれ。
小説家、山岳研究家。東京大学哲学科中退。
1933年、川端康成や友人の小林秀雄らと『文学界』創刊。
国内のさまざまな山岳を踏破したにとどまらず、戦後、
ジュガール・ヒマール探査なども行う。代表作『日本
百名山』は読売文学賞受賞。『ヒマラヤの高峰』はヒ
マラヤ登山の必読書となる。またシルクロード研究で
も知られる。主な小説に「オロッコの娘」「津軽の野
づら」、山岳書に『世界百名山：絶筆四一座』『瀟洒な
る自然』などのほか、『山の文学全集』全12巻がある。

百名山以外の名山50〈新装版〉

1999年8月20日　初版発行
2021年3月20日　新装版初版印刷
2021年3月30日　新装版初版発行

著者———深田久弥
発行者——小野寺優
発行所———株式会社河出書房新社
〒151-0051 東京都渋谷区千駄ヶ谷2-32-2
電話———03-3404-1201［営業］
03-3404-8611［編集］
印刷———株式会社亨有堂印刷所
製本———大口製本印刷株式会社
https://www.kawade.co.jp
落丁本・乱丁本はお取り替えいたします。

ISBN978-4-309-28872-7
Printed in Japan